古代歷史文化 研究輯刊

十三編

王明蓀 主編

第 12 冊

宋代廣州知州群體研究（下）

盧萍 著

國家圖書館出版品預行編目資料

宋代廣州知州群體研究（下）／盧萍 著 — 初版 — 新北市：
花木蘭文化出版社，2015〔民 104〕
目 4+174 面；19×26 公分
（古代歷史文化研究輯刊 十三編；第 12 冊）
ISBN 978-986-404-022-3（精裝）
1. 地方政治 2. 宋代
618   103026951

ISBN-978-986-404-022-3

9 789864 040223

古代歷史文化研究輯刊
十三編 第十二冊   ISBN：978-986-404-022-3

宋代廣州知州群體研究（下）

作　　者　盧萍
主　　編　王明蓀
總 編 輯　杜潔祥
副總編輯　楊嘉樂
編　　輯　許郁翎
出　　版　花木蘭文化出版社
社　　長　高小娟
聯絡地址　235 新北市中和區中安街七二號十三樓
　　　　　電話：02-2923-1455／傳真：02-2923-1452
網　　址　http://www.huamulan.tw 信箱 hml 810518@gmail.com
印　　刷　普羅文化出版廣告事業
初　　版　2015 年 3 月
定　　價　十三編 27 冊（精裝）台幣 52,000 元

宋代廣州知州群體研究（下）

盧　萍　著

目次

第六章　宋代廣州知州的政績考察

宋代廣州知州緝寇安民，修築城池，體察民情，減輕民瘼，宣化承流，爲廣州政治、軍事、文化等諸項事業作出了應有的貢獻，產生了一定的歷史影響。

第一節　緝寇安民、嚴於治軍

廣州作爲南方巨藩，蠻夷雜處，又有市舶之利，是兵家必爭之地。在中央勢力薄弱的秦末和五代，分別出現了南越國和南漢國兩個割據政權。而一時爲亂、劫掠州縣的蠻寇、海盜更是不知凡幾。有宋一代，廣南東路出現的動亂層出不窮。「五羊故多盜」，「安民莫如弭盜」〔註1〕。廣州知州除肩負廣州治安、防禦之務外，更承擔整個廣南東路的軍防要務。他們指揮若定，緝寇捕盜，安撫百姓，保證了廣東的穩定發展。以下的 10 例就集中體現了這一方面的情況，其中，北宋 4 例，南宋 6 例。

一、太祖時，潘美、尹崇珂平定叛亂，維護了嶺南統一

宋太祖開寶四年（971）平定南漢後，爲彈壓局勢，太祖任命潘美和尹崇珂兩個節度使同知廣州兼嶺南轉運使，擔負起維護統一的重責。事實證明，這一人事安排頗具成效。南漢殘餘勢力以及地方土豪一度掀起動亂，嶺南形勢進入緊張狀態。開寶四年（971）十月，「僞漢所署知州宦官鄧存忠劫土人

<hr/>

〔註1〕《西山先生眞文忠公文集》卷 46《湖南運判劉公（強學）墓誌銘》，《宋集珍本叢刊》第 76 冊第 511 頁；《楊萬里詩文集》卷 69《奏對劄子‧甲辰（1184）以尚左郎官召還上殿第一劄子》，第 1107 頁。

二萬眾攻圍（容）州城七十餘日」，知州范旻身先士卒，胸中劍矢，仍堅持督戰。他前後十五次派人去廣州求援，容州城才轉危為安。〔註2〕南漢開府宦官樂范與衛兵千餘「聚眾負海為亂」。韶州盜「周思瓊叛」，禪宗六祖慧能宏揚佛法的發源地法泉寺慘遭火洗，險先禍及六祖真身像。〔註3〕兩次叛亂均為潘美和尹崇珂平定。春恩道都指揮使麥漢瓊亦據地以叛，尹崇珂盡平其黨。開寶五年（972）七月邕容州民誘蠻人為亂，八月，廣州行營兵馬都監朱憲領兵大破獠賊二萬餘人於容州城下。〔註4〕直到開寶六年（973）九月壬子（2日），「唐州刺史曹光實為諸州都巡檢使。光實既至，捕斬之，海隅悉平。」〔註5〕

　　故此，在嶺南初定時期，廣州知州潘美和尹崇珂調兵遣將，平定叛亂，維護了嶺南統一，保證了廣州的穩定。

二、仁宗時，郎簡、魏瓘、劉湜等人平定土豪、蠻猺之亂

　　自宋仁宗統治前期起，廣州由土豪和蠻瑤引發的動亂時有發生。

　　明道元年（1032）～景祐二年（1035）間，廣州知州郎簡捕斬賊馮佐臣，境內獲安。〔註6〕

　　寶元二年（1039），詔：「如聞廣州界盜賊群行，至三百餘人，而鈐轄不能巡察。其選使臣為海上巡檢，益發舟師捕擊之。」〔註7〕

　　康定元年（1040），「廣州多蠻猺，雜四方游手，喜乘亂為寇敓。上元然燈，有報蕃市火者。」廣州知州段少連沈穩如常，聽官救焚，作樂如故。「須臾火息，民不喪一簪，眾服其持重。」〔註8〕十一月，浙東叛卒鄂鄰鈔閩、越，轉南海，與廣州兵逆戰海中。〔註9〕

〔註2〕　《長編》卷12開寶四年十月戊寅條，第241頁。

〔註3〕　（宋）贊寧撰、范祥雍點校《宋高僧傳》卷8《唐韶州今南華寺慧能傳》載：「大宋平南海後，韶州盜周思瓊叛換，盡焚其寺塔」。北京：中華書局1987，第176頁；長編卷13開寶五年七月己亥條注：周思瓊者，尹崇珂傳云韶州賊帥，潘美傳云土豪。崇珂傳又稱偽開府樂範、指揮使袁漢瓊及鄧存忠等據五州以叛。然不詳五州為何等州也，今止從美傳，以周思瓊為土豪，增樂範一人，卻依美傳總言聚眾負海，不言某州，庶免牴牾。第288頁。

〔註4〕　《長編》卷13開寶五年八月己亥條，第288頁。

〔註5〕　《長編》卷14開寶六年九月壬子條，第307頁。

〔註6〕　《宋史》299《郎簡傳》，第9927頁。

〔註7〕　《長編》卷123寶元二年三月甲寅條，第2899頁。

〔註8〕　《長編》卷128康定元年八月己酉條，第3035頁。

〔註9〕　《宋史》卷301《袁抗傳》，第10002頁。

慶曆六年（1046）十月壬申（14日），詔知廣州魏瓘與本路轉運使專提舉捕討蠻猺，若中覆不及者，聽便宜從事〔註10〕。皇祐四年（1052）五月初，廣源州蠻儂智高在邕州稱帝建元。其後沿江東下，進逼廣州。五月丙寅（22日）至七月壬戌（19日），圍廣州五十七日。前知州魏瓘從越州復知廣州，兼廣東經略安撫使，給禁卒五千，聽以便宜從事。〔註11〕

至和二年（1055）三月辛酉（3日），詔知廣州劉湜「捕擊蠻寇，緩急有不及奏覆者，聽便宜從事。」劉湜「練士兵，葺械器，作鐵鎖斷江路。有盜據山，敕貸罪招之，不出。湜知並山民居資之食，即徙民，絕餉路，盜困蹙乞降，廣人安之。」〔註12〕

三、英宗、神宗時，盧士宏、王靖、蘇寀等人整軍經武，防禦安南、交趾入寇

英宗治平（1064～1067）年間，「或傳安南舟數百泊海中，將為寇，嶺徼驚搖。」廣州知州盧士宏「灼其非，是日，從賓客宴遊為樂，民賴以安。」他與轉運使王靖「靖蠻亂，設方略，弭盜賊」。〔註13〕

神宗熙寧三年（1070），知廣州王靖言：「（廣南）東路槍手，自至和初立為土丁之額，農隙肄業一月，乃古者寓兵於農之策也。然訓練勸獎之制未備，請比三路義勇軍政教法條上約束。」〔註14〕

熙寧八年（1075）十一月，交趾入寇，接連陷欽州、廉州，圍邕州。神宗即對廣州局勢頗為擔憂，十二月丁未（20日），言「交趾攻陷欽州未即退，恐須沿海東窺廣州，不可不思審處置。」當時廣帥本命集賢殿修撰知潭州蘇寀，「以交趾入寇，嶺外騷然，疑寀不能辦」，十二月庚戌（23日），以祠部員外郎、史館修撰劉瑾知廣州。〔註15〕九年（1076）正月庚午（13日），劉瑾上言：「乞於江西及本路募射生戶及勇力亡命者軍前效用，所過州軍亦許選募強勇以行。」詔送安南招討司，仍令瑾不依常制舉將官、文臣共十人。二月庚寅（4日），詔劉瑾募武勇五千人赴廣西效用。未滿兩月，劉瑾徙知虔州，蘇

〔註10〕《長編》卷159，第3848頁。
〔註11〕《長編》卷172皇祐四年六月丙戌條，第4152頁。
〔註12〕《長編》卷179至和二年三月辛酉條，第4322頁。
〔註13〕《宋史》卷333《盧士宏傳》，第10713頁；《（雍正）廣東通志》卷39《名宦志·王靖》，第188冊第512頁。
〔註14〕《宋史》卷191《兵志》，第4745頁。
〔註15〕《長編》卷271，第6647頁。

宋依舊知廣州。詔其與本路轉運司同制置備禦交賊犯境。十二月二十一日，交趾軍隊在宋軍圍攻之下，稱臣割地求和。廣州在此戰中，雖未波及，但嶺外騷然，所受影響亦不小。熙寧十年（1077）五月乙亥（26日），知廣州曾布言：「今雖軍興之後，亦與平日無事之際不同。乞許奏辟安撫司勾當公事三兩員。」朝廷除接受他的提議外，「許於本州職官數內，依闕官條，特更闕一人，任滿依舊。」〔註16〕

四、哲宗時，蔣之奇平定岑探之亂

哲宗元祐元年（1086），新州土豪岑探掀起叛亂，「新昌有狂寇，名探其姓岑。厥初善巫咒，南民欣尚鬼。來者爭輻輳，經年惑群眾。詭術遂潛構」〔註17〕，他聚黨二千人，「謀取新興，略番禺，包據嶺表，群不逞借之爲虐，其勢張甚」〔註18〕。十一月，岑探率四五千人圍新州〔註19〕。「蚩蚩彼何知，丁壯擁前後。長驅向城郭，塵土翳白晝。刺史亟閉戶，神理默垂祐。城頭無百兵。坐待五羊救。賊中眾所見，戢戢羅甲胄。須臾薄寒陰，凍立多僵僕。平明若鳥散，賊本未遑究」。當時權廣東經略司運判張昇卿發兵千人，令將官童政與一使臣分行捉殺。童政等沿路逢人即殺，約殺三四千人，多是平民，及有全家被殺者。「權帥計倉卒，遣將速誅蹂。貪功恣殺戮，原野民血溜，嬰兒與婦女，屠割僅遺腔」。朝廷急調江淮等路發運使蔣之奇知廣州兼經略安撫使。蔣之奇尚在赴任途中，即奏請以重賞募捕首惡，除岑探不赦，凡脅從者許自陳，得以除罪，又飛檄榜示所以捕擒魁首、宥脅從之意。到廣州後，他遣兵馬鈐轄楊從先討賊，元祐二年（1087）正月乙亥（22日），生擒岑探於茶坑，送廣州伏誅。朝制言蔣之奇「應接經營，多中機會，有罪就戮，無辜獲申」。因措置有功，充寶文閣待制。〔註20〕

〔註16〕《長編》卷282，第6918、6919頁。

〔註17〕（宋）郭祥正《青山續集》卷2《新昌吟寄潁叔待制》，《文津閣四庫全書》第373冊第399頁。

〔註18〕《宋史》卷343《蔣之奇傳》，第10916頁。

〔註19〕《長編》卷391元祐元年十一月丙子條，第9519頁。

〔註20〕以上見《長編》卷394元祐二年正月乙亥條、卷398元祐二年四月癸巳條、卷408元祐三年二月乙巳條，第9606、9706、9941頁；（宋）曾肇《曾文昭公集》卷1《蔣之奇寶文閣待制制》，《宋集珍本叢刊》第26冊第660頁。

五、林遹、季陵、曾開、連南夫等人抵禦和平定高宗時期的廣東陸寇

宋高宗建炎（1127～1130）、紹興（1131～1162）之際，「嶺南水陸盜賊充斥，劉宣自章貢擾揭陽，鄭廣、周聰抄海道，而曾袞據釜甑山者七年。其餘妄稱大王、太尉、鐵柱、火星、飛刀、打天之號，凡十八火，動數千人也。」〔註21〕紹興元年（1131）九月丙辰（23日），宰相呂頤浩言：「閩中之寇最急，廣東之寇次之。蓋閩中去行在不遠，二廣未經殘破，若非疾速剿除，為患不細。」〔註22〕紹興四年（1134）八月辛卯（14日），殿中侍御史張致遠言：「廣東循、惠、韶、連數州，與郴、虔接壤。自鄰寇深入，殘破無餘。今則郴寇未殘，韶連疲於守禦。而廣州之觀音、惠州之河源、循州之興寧，千百為群，緋綠異服，橫行肆掠，以眾為強。」〔註23〕一年後，他又言：「今之洞庭、郴、虔、廣東嘯脅者仍在，此心腹之疾也」。〔註24〕直到孝宗乾道元年（1165），廣州知州連南夫尚言「近者湖南凶寇奔沖本路，韶、連、南雄、封州，德慶、肇慶府之西，會廣州之懷集、清遠，皆遭蹂踐，或被焚蕩。」〔註25〕宋廷應對嶺南水陸盜賊之策以招安為主，並選派重臣和文武兼備者知廣州，又增加駐軍，威懾嶺嶠。

紹興（1131～1162）初，拱聖役卒曹成聚眾數十萬，由湖南進入兩廣，在連州、賀州一帶劫掠。紹興二年（1132）三月，曹成犯賀州臨賀縣，廣州知州林遹對現狀極為擔憂，稱「本路兵力單少，素不練習」，「東路槍杖手名籍雖存，其實農夫，豈可出戰？」他親自率兵前去封、康州防託。四月，曹成攻佔廣州懷集縣，「事勢委是危急」〔註26〕。朝廷接連調派福建江西荊湖宣撫司兵馬前去應敵，閏四月丙申（6日），神武副軍都統制岳飛引兵擊曹成於賀州境上。

紹興二年（1132）十一月，虔寇謝寶以眾數千攻博羅縣，廣州知州汪伯彥遣官兵募土豪與戰，以便宜授寶承信郎，賊遂散。

〔註21〕《南澗甲乙稿》卷19《連公（南夫）墓碑》，《文津閣四庫全書》第389冊第319頁。

〔註22〕《要錄》卷47，第1冊第647頁。

〔註23〕《要錄》卷79，第2冊第104頁。

〔註24〕《要錄》卷85紹興五年二月壬辰條，第2冊第192頁。

〔註25〕《文獻通考》卷27《國用考五蠲貸》，第260頁。

〔註26〕《李綱全集》卷66《乞令韓世忠不拘路分前去廣東招捕曹成奏狀》，第703、704頁。

　　惠州有狂男子聚眾數千，僭名號作亂。紹興三年（1133）初，廣州知州季陵「密誘叛人曾袞令以功贖罪，不旬月擒之。」補曾袞承信郎充歸善巡檢。〔註27〕十二月，江西統制官傅樞的右軍部將元通率其徒千餘人進犯英州，掠前慶遠軍節度、湖北制置使范瓊女而去，又圍南雄州。季陵遣南海尉魏逢、使臣董鼎前去招撫，元通即聽命寨於城外。不久，江西遣兵至，元通遁趨惠州，追兵及之，與戰不利，人情震恐，季陵復遣逢、鼎追元通回。元通招安後，坐它事誅，遠近始安。紹興四年（1134）三月丁卯（17日），經季陵所請，左武大夫文州團練使湖南安撫司後軍統制韓京充廣東兵馬鈐轄，以所部屯廣州，彈壓盜賊，聽本路帥臣節制〔註28〕。這支隊伍後被命名為殿前司摧鋒軍，成為廣南東路經略安撫司陸軍主力，是維繫廣東穩定的支柱力量。

　　紹興五年（1135）正月乙丑（21日），顯謨閣待制曾開知廣州。命下後，曾開即奉詔駐潮陽招捕虔寇，訖事，乃之鎮。

　　經過幾年的招捕，廣東緝寇工作初有成效，但其中暴露出的問題仍然不少。紹興五年（1135）二月壬辰（18日），御史張致遠言：「郴、虔、廣東乍起乍息，略無寧歲。往者岳飛至，所遣徐慶日破一寨，群賊假息，村落殄滅可期。慶遽追還，餘黨遂復熾矣。吳錫至郴，襲賊入韶州，朱廣、鄧晏等頗見窮促，未幾而錫亦徑歸長沙。責任不專，無益於事。韶、連、南雄近為郴寇所擾，雖韓京屢小捷，而軍威不振。循、梅、潮、惠又苦虔寇出沒，重以土豪殘暴，人不聊生。廣東州府十四，惟西江四郡粗得安堵，其它蓋無日不聞賊報，十百為群，所至焚劫。而惠州河源縣淩竦、曾袞二項人數最多，袞嘗就招安補官為歸善巡檢，頃復歸河源，其徒居於水上。自惠至廣，相屬也。帥守監司幸其不入州縣，各僥倖罷去，無肯任其責者，故憚於上聞，一方閭閻無所告訴。臣嘗為陛下言之矣，繼以江淮有警，度朝廷未有餘力，今適可為之，時更緩而不圖是養心腹之疾。然帥守監司所以憚於任責者，亦有一說諸郡素不儲糧，大兵難以持久。以臣愚慮，宜以此事付之諸帥，仍令委江、湖、閩、廣諸漕，使各應副糧草。韓京一軍並元通、黃進之黨，各四千餘人見駐韶州，令湖南帥司遣任士安等入郴州宜章，與京相應，以經營郴與北江數州。令江西帥司遣趙詳等由虔州安遠入循梅，令福建帥司遣申世景由漳州入潮惠，相為犄角，以經營虔與東江數州。視賊所向不以路分遠近，或分或

〔註27〕《要錄》卷61紹興二年十二月庚戌條，第1冊第805、806頁。
〔註28〕《要錄》卷74紹興四年三月丁卯條，第2冊第51頁。

合，且招且捕，招者刺其壯健，捕者釋其老弱，若委任得人，信賞必罰，不過歲月之間可以平定。」〔註 29〕朝廷用張致遠言，命神武中軍將官趙詳、廣東兵馬鈐轄韓京、福建兵馬都監申世景、王進各率所部不拘路分會合招捕。至六月，討捕已初見成效。癸卯朔（1 日），左朝請大夫尤深知韶州，還入見，「上問深以廣東盜賊多少，及今何在。深言諸盜頃為韓京所擊，或歸湖南或在連州，屢乞就招，京不許。」高宗亦認為「北兵至南地，道路險阻，施放弓弩皆不便，京不招安未為得策也」〔註 30〕

紹興六年（1136）五月乙卯（12 日），提出以結社方式防禦海寇的寶文閣直學士連南夫進寶文閣學士，知廣州、廣東經略安撫使，兼措置虔閩盜賊。韓京帥部卒駐守廣州後，「恃恩不法」。連南夫到任後，「委曲鈐制，啓導孚化」，韓京遂革心為善。六年十月，連南夫與韓京會於惠州，督諸兵討曾袞。〔註 31〕「按誅惠州孔目吏與曾袞表裏者」。「潰軍掠南雄，招撫得宜。餘黨屯聚，京擊破大盜七十餘屯」。〔註 32〕「降者遣詣密院，或分置軍中，擒獲者戮於市，脅從者還其業，嶺嶠遂清」。〔註 33〕次年，盜平，韓京授建州觀察使知循州，連南夫詔書獎諭遷官一等。

紹興八年（1138）十一月己亥（17 日），兩次進言緝寇方略的張致遠以顯謨閣待制知廣州〔註 34〕。他入境後，乞前樞密院所降黃榜招安南安諸盜。至此，紹興（1131～1162）初年的廣東陸寇才暫告平息。

紹興十九年（1149）六月甲寅（4 日），在丞相秦檜的授意下，薛弼由福州移知廣州，兼廣南東路經略安撫使。當時廣東馬步軍副總管、提舉漳處吉州捉殺盜賊兼知循州韓京，「知循州久而未代」，秦檜慮其難制，「諭弼使圖之。」薛弼於此事當是老馬識途，並不難為。他在任湖南漕臣之時，即入襄陽八字軍將領王彥帥府，「晨未起已報新帥入府，乃出交政，仍起彥所部八字兵一萬赴行在」。〔註 35〕曾有言：「若志在除彥，某書生也，非所及。代之，則湖南送吏足矣。」岳飛廬山丁母憂時，朝廷派張宗元代岳飛，當時岳飛部將多效

〔註 29〕《要錄》卷 85，第 2 冊第 192、193 頁。
〔註 30〕《要錄》卷 90 紹興五年六月癸卯條，第 2 冊第 271、272 頁。
〔註 31〕《宋史》卷 449《易青傳》，第 13226 頁。
〔註 32〕《（雍正）廣東通志》卷 39《名宦傳‧連南夫》，《文津閣四庫全書》第 188 冊第 513 頁。
〔註 33〕《南澗甲乙稿》卷 19《連公墓碑》，《文津閣四庫全書》第 389 冊第 319 頁。
〔註 34〕《要錄》卷 123，第 2 冊第 665 頁。
〔註 35〕《要錄》卷 103 紹興六年七月辛巳條注，第 2 冊第 422 頁。

張憲以疾辭，人情洶洶，亦是薛弼規勸諸將勿以此累岳飛，曰：「太尉力乞張公，而詔使隨至，岳家軍馬素齊整，無故忽諠鬧，是汝輩累太尉也。」〔註36〕諸將旋解。此次廣州之務，薛弼至南雄州即席諭之，「京乞罷，遂遣人衛京出嶺。亟命武功大夫張寧馳入戍所以統其軍」。〔註37〕

紹興（1131～1162）末，軍賊淩鐵發海康、陵水之間，在雷、化州境內嘯聚，脅從者達萬八千人，並海以西皆震。三十一年（1161）七月，淩鐵等就擒，餘黨被殲滅。十一月丁亥（19日），知靜江府李如岡移知廣州。〔註38〕朝廷諄諄告誡其務以仁政施之，以免寇黨死灰復燃。「惟嶺海去國萬里，民生甚艱。蠻蜑之與居，瘴癘之是虞。爾其仁以撫之，明以察之。毋使寇攘奸宄，相煽以變」〔註39〕。

六、向子諲、季陵、曾開、王鈇等人平定高宗時期的廣東海寇

紹興初（1131～1162），南海賊大棹「與福建多槳船商販者劫掠海道，所在竊發，咸不奠居，兵時疲於奔命，討捕不能得。」紹興二年（1132）六月辛卯（2日），起復與曹成有對敵經驗的前知潭州向子諲知廣州兼廣東經略安撫使〔註40〕。向子諲到任後，一日召胥魁詰之曰：「吾聞大棹陰與汝曹通，故兵將動息，賊皆先知。今訖實言，不然，置爾於死地矣。」「胥魁大恐，具言城中富家某人，大棹之囊橐也。遂命捕至，盛陳刑具，詰責之，即首服。令悉具徒眾名姓往來宿食之所，窮詰，盡得其實。令州縣籍其產業，五家為甲，羈縻其家族，已乃釋之。令指縱多，無不獲。」平定海賊之後，向子諲將其槳船，命依市泊過蕃法召保給據，然後得行。於是「賊黨消散，河道清靜」。〔註41〕

海賊柳聰「為盜久，有舟數十，徒黨數百人，往來廣福雷瓊欽高南恩諸州境上，至是愈熾」。紹興二年（1132）十二月，廣州知州汪伯彥遣官說諭歸

〔註36〕 （宋）葉適撰、劉公純點校《葉適集》卷22《故知廣州敷文閣待制薛公（弼）墓誌銘》，北京：中華書局1961，第426頁。

〔註37〕 《要錄》卷159紹興十九年六月甲寅條，第2冊第227頁。

〔註38〕 《要錄》卷194，第3冊第789頁。

〔註39〕 《盧陵周益國文忠公集》卷95《李如岡轉一官制》，第52冊第42頁。

〔註40〕 《要錄》卷55，第1冊第738頁。向子諲在紹興元年（1131）知潭州、主管荊湖東路安撫司，曾在衡陽、宜章布兵扼曹成南下，為曹成所執。

〔註41〕 （宋）胡宏著、吳仁華點校《胡宏集》之《向侍郎行狀》，中華書局1987，第176頁。

業，補柳聰承信郎，充經略司海上捉捕盜賊。汪伯彥去任後，徽猷閣待制季陵知廣州兼廣南東路經略安撫使。季陵到任後，繼續招降柳聰餘黨，紹興三年（1133）四月己酉（24 日），其徒七人並補官。四年（1134）二月戊戌（18 日），季陵上書言「今無餘黨」〔註42〕。

紹興五年（1135），海賊朱陪犯廣州。〔註43〕四月，寶文閣直學士連南夫論海寇之患，建議濱海居民結社自衛，謂「國家每歲市舶之入數百萬，今風信已順，而舶船不來。聞有乘黃屋而稱侯王者，臣恐未易招也。願明下信令委州縣措置團結瀕海居民五百人結爲一社，不及三百人以下附近社，推材勇物力人爲社首，其次爲副社首，備坐聖旨，給帖差捕。蓋濱海之民熟知海賊所向，平時無力往擒爾，今既聽其會合，如擒獲近上首領，許保奏優與補官，其誰不樂爲用？」〔註44〕朝廷以其建議，詔福建廣南帥臣相度執行。廣州知州曾開措置團結瀕海居民爲社，擒捕海賊。紹興六年（1136），海寇鄭慶寇廣州扶胥鎮，爲東南第十一將官兵所掩。〔註45〕

紹興十六年（1146）八月己未（22 日），敷文閣直學士王鈇知廣州、廣帥。他密授軍士擒海盜之魁吳聽，戮之於市。「盡籍舟艦，區別疆域，毋得復持兵械，聯以保伍，而稽其出入，自是宿害頓除。」〔註46〕

從總體上看，高宗朝時期，廣東海陸盜寇此起彼伏，朝廷調兵遣將，鎮壓叛亂。廣州知州兼廣南東路經略安撫使或起復元老重臣，如向子諲、汪伯彥、季陵等人。或選用深謀遠慮之人，如連南夫和張智遠。他們運智鋪謀，指揮若定，緝寇安民，體現了文武兼備的素質。雖然一些盜匪或被招安，或被緝捕，但是廣東的局勢仍然不穩。紹興八年（1138），廣州知州張致遠招海寇之餘黨，將他們安置在大奚山，「選其少壯者爲水軍，老弱者放歸。立寨設官彈壓，並寬魚鹽之禁，謂之醃造鹽」。〔註47〕「糜以傚用之名」。招安之策行後，不能解決實際的生存問題，盜匪的反覆無常仍會成爲肘腋之患。

〔註42〕 以上見《要錄》卷 60 紹興二年十一月辛未條、卷 61 紹興二年十二月庚寅條，第 1 冊第 792、800 頁。
〔註43〕 《宋史》卷 28《高宗本紀》，第 518 頁。
〔註44〕 《要錄》卷 88 紹興五年四月戊午條，第 2 冊第 251 頁。
〔註45〕 《要錄》卷 101 紹興六年五月甲午條，第 2 冊第 405 頁。
〔註46〕 《（雍正）江西通志》卷 67《南昌府人物・王鈇》，第 174 冊第 660 頁。
〔註47〕 《（雍正）廣東通志》卷 57《嶺蠻志・峒獠》：紹興間招降大奚山獠，選其少壯者爲水軍，老弱者放歸，立寨設官彈壓，並寬魚鹽之禁，謂之醃造鹽。未知何知州所爲，暫以張致遠事略歸之。第 188 冊第 804 頁。

此大奚山海寇「實無所廩給，遇歲饑，或間出掠魚鹽之利」〔註48〕。紹興二十五年（1155），廣州布衣容寅上書言大奚山私販之弊。五月二十九日，詔：大奚山私鹽大盛，令廣東帥臣遵依節次已降指揮，常切督責彈壓，官並澳長等嚴行禁約，毋得依前停著逃亡等人販賣私鹽。如有違犯，除犯人依條施行外，仰本司將彈壓官並澳長船主具申尚書省，取旨施行，仍出榜曉諭〔註49〕。這股鹽寇直至淳熙（1174～1189）、慶元（1195～1200）年間，尚為害一方。

七、孝宗時，周自強、潘時、朱安國等人平定廣東茶寇、鹽寇、海寇之亂

孝宗淳熙（1174～1189）之後，廣東受到湖南茶寇衝擊，海盜亦漸次迭起，廣州的安危受到了極大的考驗。

淳熙二年（1175）六月，湖南茶寇犯廣東。廣州知州周自強遣摧鋒軍前去討捕，三年（1176）七月十七日，以周自強所請，朝廷詔與摧鋒軍昨捕茶寇經戰官兵共七百五人依例推恩。〔註50〕淳熙六年（1179）三月，郴州賊陳峒等破連道州、桂陽軍〔註51〕，徂封川，瞰德肇二府。周自強「激厲諸將，敗之於三江，又敗之於廬田。」五月七日，周自強言收捕柳寇陳峒有勞，請詔令廣東安撫司犒設廣州統領劉安、統制張喜所將官兵一千九百九十六人一次。〔註52〕六月，廣西妖賊李接破鬱林，圍化州。周自強遣將摧鋒軍統制張喜迎挫之於緣務，李接竄逸，而獲於鬱林。「當是時兩路雲擾，而番山中居屹然數千里，倚以為安。」賊既平，周自強又建言「摧鋒軍既少，且額猶未足，宜足之。而增募義兵四百駐於英連以制宜章盜賊。」他還嚴肅水軍紀律，「無敢盜販，治逃卒拘之摧鋒軍，內外漸漸安靜」。潮賊沈師聚眾山谷間，侵潮州，知州朱朝宗「阨其衝要，以坐困之」，剿戮六十餘人，生擒三十餘輩，唯沈師捧頭鼠竄。周自強以朱朝宗捕盜功聞於朝。〔註53〕淳熙八年（1181）十二月，

〔註48〕《要錄》卷123紹興八年十一月戊申條，第2冊第676頁；《南澗甲乙稿》卷22《龍圖閣待制知建寧府周公（自強）墓誌銘》，《文津閣四庫全書》第389冊第338頁。

〔註49〕《宋會要·食貨》28之19，第5288頁。

〔註50〕《宋會要·兵》19之27，第7094頁。

〔註51〕《宋史》卷35《孝宗本紀》，第670頁。

〔註52〕《宋會要·兵》20之32，第7117頁。

〔註53〕《南澗甲乙稿》卷22《龍圖閣待制知建寧府周公（自強）墓誌銘》，《文津閣四庫全書》第389冊第337、338頁；《定齋集》卷15《中大夫致仕朱公（朝宗）墓誌銘》，《文津閣四庫全書》第386冊第864、865頁。

廣州知州鞏湘和將臣張喜誘潮賊沈師出降，誅之。〔註54〕

　　淳熙十二年（1185），湖南提刑潘時以直秘閣知廣州，兼主管廣南東路經略安撫司公事。廣東地接郴、桂、汀、贛之境，四州之民歲一踰嶺貿易，折閱即相聚爲盜，大群至數千人。潘時到任後，一方面緝捕匪首，一方面綏撫脅從者。捕得渠帥八人，即斬以徇。曰：「三日而去者，吏不得格，期外不去，復捕如初」。於是皆散。大奚山海盜爲患已久，前任知州放任自流，「雖良民亦以漁鹽爲命，急之則散入賊中，不可禁」。近年多有興化、漳、泉等州逋逃之人聚集其處，易置大船，創造兵器，般販私鹽，剽劫商旅。淳熙九年（1182）十一月二十一日，詔：廣東經略司曉諭大奚山民戶，各依元降指揮，只許用八尺面船採捕爲生，不得增置大船。仍遞相結甲，不得停著他處逃亡人。如有逃亡人，令澳長民戶收捉，申解經略司，重與支賞。〔註55〕潘時新置都鹽使者，嚴格查禁違法販鹽者，並檄水軍逐捕。針對水軍執法不力的行爲，潘時曰：「水軍專受帥府節度，非它司可得而調也。且爭小利、起大盜，將誰使任其責耶？」卒拒法不爲發，斬四人。「乃陰募其會豪，使以捕賊自效。由是盜發輒得，有功者爲奏補官，鬥死即官其子，而重責其坐視不赴救者」。後潘時以擅斬犯法軍士自劾，上批無罪可待。〔註56〕

　　淳熙十五年（1188），海寇陳青軍結集徒黨在海虜掠商旅，上岸剽劫居民，猖獗一時。知廣州朱安國差牙校李寶部轄兵效擒獲到陳青軍等一十六名，付獄禁勘。八月十一日，詔朱安國進職二等，李寶補承信郎。〔註57〕

八、寧宗時，錢之望、胡紘、陳峴等人加強軍備，平定廣東海寇、猺寇動亂

　　寧宗朝前期，爲患已久的大奚山海寇被消滅殆盡，但蠻猺、峒寇等相繼爲亂。

　　慶元三年（1197）夏，廣東提舉茶鹽徐安國遣人入大奚山捕私鹽，島民不安，即嘯聚千餘人入海爲盜。劫副彈壓高登爲首，揭榜疏安國之罪，掠商

〔註54〕《宋史》卷35《孝宗本紀》，第677頁；《楊萬里詩文集》卷46《謝除直秘閣表》，第837頁。
〔註55〕《宋會要・刑法》2之121，第6556頁。
〔註56〕《朱子全書・晦庵先生朱文公文集》卷94《直顯謨閣潘公（時）墓誌銘》，第4318頁；《盧陵周益國文忠公集附錄》卷2《行狀・李璧》，第53冊第156頁。
〔註57〕《宋會要・兵》13之36，第6985頁。

旅殺平民百三十餘人〔註58〕。「賊愈橫，遂空巢窟，奪客舟，徑指城下，州人大恐，將逃。」時知州不能治〔註59〕，「諸司招捕，前卻異同紛紜」。八月庚辰（9日），除秘閣修撰錢之望知廣州、帥廣東。錢之望到任後，麾諸軍奮擊，一戰殄滅，遂墟其地。之後，列柵山上，請撥摧鋒水軍三百戍之，周季一更〔註60〕。朝廷以平海寇功除錢之望華文閣待制。葉適即稱「微公決策，廣東幾亂，並闕官」〔註61〕。

嘉泰（1201～1204）間，廣州「適有潢池之盜，頗聞枹鼓之鳴」，廣州知州胡紘以捕猺賊有勞，除華文閣待制〔註62〕。

嘉定元年（1208），湖南、江西峒寇作亂，爲江湖間患。廣州知州陳峴繕城濬隍，築雁翅城，作敵樓；置經略司敢勇軍以壯帥府之勢；諭連、韶諸州爲戰守備，分遣將卒控搤險要。「寇聞風不敢犯」〔註63〕。寧宗嘉許，命待制寶謨閣再任，寇浸平。

嘉定十二年（1219），猺寇竊發，廣州知州留恭率兵捕降其豪酋，四十四峒悉平〔註64〕。

嘉定（1208～1224）末年，「是時東廣諸州寇賊嘯聚，劫掠鄉井。或數百爲群，或數處俱發。兇焰所至，村落爲墟。其渠魁曰曾官、蘇況等皆驍勇，一可當百。」廣州知州應純之即言：「不一之盜，發之他州」。知惠州朱權掩捕寇賊，生擒渠魁數十，赴帥司梟首傳示。應純之上其功。〔註65〕

〔註58〕 《方輿勝覽》卷34《廣東路・廣州・山川・大奚山》：慶元間，提舉徐安國捕鹽，島民嘯聚爲盜，商榮用火箭射之，賊遂大敗。第607頁。

〔註59〕 不著撰人《兩朝綱目備要》卷5寧宗慶元三年夏：經略使雷澤與安國素有隙，及是安國乞遣兵討之，而澤則用錢酒醪以犒勞，且以安國生事聞於朝。《宋史資料萃編》本，第306頁。

〔註60〕 《（雍正）廣東通志》卷57《嶺蠻志・峒獠》：然兵戍孤遠，久亦生亂，六年復請減戍卒之半，屯於官富場，後悉罷之。第188冊804頁。（清）杜臻《粵閩巡視紀略》卷2：明祁順有大奚山詩：滄海波濤闊，奚山島嶼多。空中排玉筍，鏡面點青螺。洞古雲迷路，岩深鳥占窩。昔人屯戍處，遺迹徧煙蘿。第157冊第501頁。

〔註61〕 《葉適集》卷18《華文閣待制知盧州錢公（之望）墓誌銘》，第346頁；（宋）章定《名賢氏族言行類稿》卷17，《文津閣四庫全書》第310冊第73頁。

〔註62〕 《尊白堂集》卷5《知廣州胡紘捕猺賊有勞除華文閣待制制》，第63冊第507頁。

〔註63〕 《西山先生真文忠公文集》卷44《顯謨閣待制致仕贈宣奉大夫陳公（峴）墓誌銘》，第76冊第475頁。

〔註64〕 （明）凌迪知《萬姓統譜》卷63《留恭》，《文津閣四庫全書》第317冊第551頁。

〔註65〕 《程端明公洺水集》卷15《朱惠州（權）行狀》，第71冊第142、143頁。

九、理宗時，曾治鳳、崔與之、唐璘、方大琮、謝子強等人嚴格治軍，平定廣東動亂

理宗端平元年（1234）四月，福州海寇縱橫，「往來漳潮惠州界上衝要海門，劫掠地岸人家糧食，需索羊酒。專俟番船到來攔截行劫」。知福州眞德秀全力討捕，六月，賊徒逃出福建，深入廣東，眞德秀當即移文知廣州曾治鳳急速措置收捕。眞德秀指出海寇逃逸廣東，利害非小：「正當舶回之時，必有遭其剽劫者，豈不虧失國課？又福泉興化三郡全仰廣米以贍軍民，賊船在海，米船不至，軍民便已乏食，糴價翔貴，公私病之。其利害固已不細。況其在海，每劫客船，小則焚之，大即取而爲己之船。其人或與鬥，敵則殺之；儒弱不堪用，則縱放之，或沉之水中，而擄其強壯能使船者爲己之用。稍忤其意，輒加殺害，故被擄之人只得爲出死力。其始出海不過三兩船，俄即添至二三十隻，始不過三五十人，俄即添爲數百以至千人。今諸賊在海，人船已多，若不及早殄除，則日增月益，其害未有窮已。」他請求朝廷亟賜箚下廣東帥司調發摧鋒水軍，「使之順風直上，徑襲其後，而本州合軍民船並進，相爲掎角，決可禽滅賊徒，肅清海道。」〔註66〕在福建、廣東兩路軍隊的圍殲下，海寇次第殄滅。

端平二年（1235）二月，廣東摧鋒軍因久在外戍守，求撤戍不報，在曾忠的鼓譟下，相率倡亂。叛兵自惠陽擁眾扣州城，知州曾治鳳逃遁。廣州官員請居家奉祠的前四川制置使崔與之主持平叛。崔與之肩輿登城，開諭禍福。又遣門人李昂英，楊汪中縋城親諭之。倡謀者以嘗害博羅令，懼不免，相率遁去，入據古端州以自固，瀧水縣境內鮀黎獠假防縣爲名，鳴刃噪庭下。朝廷即命崔與之以端明殿學士、太中大夫、廣南東路經略安撫使馬步軍都總管兼知廣州。「峻茲端殿之除，就建鄉邦之閫。威聲遠寄，奸宄潛消。少需不旬月之間，即見一指麾而定」。崔與之召兵四集，命廣東提刑彭鉉討捕，「潛移密運，人無知者。」「賊一戰不支，聚其眾於苦竹嶺，窮蹙乞降」。其後，崔與之又分隸降卒於諸軍，而戮其桀黠者。〔註67〕

〔註66〕《西山先生眞文忠公文集》卷15《申左翼軍正將貝旺乞推賞》、《申樞密院乞修沿海軍政》、《申尚書省乞措置收捕海盜》，第76冊第45、46、47頁。

〔註67〕以上見《文溪存稿》卷11《崔清獻公（與之）行狀》，第114頁；同書卷5《書〈瀧水趙宰汝軏生祠〉後》，第58頁；《宋史》卷406《崔與之傳》，第12262頁；《蒙齋集》卷9《崔與之除端明殿學士廣東經略制》，《文津閣四庫全書》第392冊第655頁；《（雍正）廣東通志》卷6《編年志》，第188冊第78頁。

　　嘉熙二年（1238）七月，江東運判唐璘升直華文閣、知廣州、廣東經略安撫使。梅州寇作，示以威信，寇尋息。〔註68〕

　　淳祐二年（1242），知泉州方大琮徙知廣州兼廣東經略安撫。當時，鹽寇脅從蠻瑤「突省地，剽掠輒去」。「某初夏入嶺，時潮城皆皇皇，梅告急尤甚。遂調摧鋒以驅之。又南恩以桑、陳之擾，遣水軍以躡之。非獨遠處而羊城之岸下有剽掠而去者。禁多槳，明緝捕，犯者不貸，近城遠郊無復有犯。」〔註69〕他增加「摧鋒軍春衣錢。舊水軍出戍借一年糧，公命別給，免借剋。」並改創清海軍門樓，建備安庫，為守禦計。〔註70〕

　　寶祐四年（1256）～景定二年（1261），謝子強以直龍圖閣知廣州。時蒙軍已入侵廣西，寶祐五年（1257）十二月，「八桂開制府，供億取辦於民」。廣南制置大使李曾伯言：「今廣東臺閫，皆一時才望。當此南鄙艱難之秋，倘念同舟其可杞魯肥瘠之不相恤。今靜江驟創制閫，軍兵支犒，官屬請給，方來其何以支。若非通融補助，無甦餒餒，委難展布。欲望朝廷箚下廣東經略司、轉運司、提舉司，各於逐司公使錢內，每月量行撥助，捐有餘以補不足」〔註71〕。謝子強處置從容，無擾民、驚民之舉。並且修濬城池，以保伍為單位組織居民，以備防禦。故「簡靜不擾，海邦晏然。」〔註72〕

十、度宗、宋末三帝時，冷應澂、劉應龍、張鎮孫等人厲兵秣馬，抵禦外敵入侵

　　度宗咸淳六年（1270）十一月，廣東提舉常平、轉運使冷應澂知廣州，主管廣南東路經略安撫司公事、馬步軍都總管，領漕、庾如故。「五司叢劇，應澂即分時理務，不擾不倦，常曰：『治官事當如家事，惜官物當如己物。方今國計內虛，邊聲外震，吾等受上厚恩，安得清談自高以誤世。陶士行、卞望之吾帥也。』自聞襄、樊受圍，日繕器械，裕財粟，以備倉卒，後卒賴其用。屢平大寇，未嘗輕殺，笞杖以降，亦加審慎，至其臨事輒斷，雖勢要不

〔註68〕　《宋史》卷409《唐璘傳》，第12333頁。
〔註69〕　《宋忠惠鐵庵方公文集》卷21《與林憲宗偉書》，卷22《與楊憲大異之二》，第89冊第580、591頁。
〔註70〕　（宋）劉克莊《後村居士集》卷40《方閣學墓誌銘》，《宋集珍本叢刊》第79冊第777、778頁。
〔註71〕　《可齋續槁後》卷5《條具廣南備禦事宜奏》，第84冊第599頁。
〔註72〕　（明）郭棐撰，黃國聲、鄧貴忠點校《粵大記》，廣州：中山大學出版社1998，第221、222頁。

爲撓奪。」〔註 73〕。

　　咸淳八年（1272），南海寇作，朝廷患之，以江東轉運使劉應龍爲顯謨閣待制知廣州、廣東經略安撫使。劉應龍剿逐之，南海大治。以討賊功進封開國男〔註 74〕。

　　德祐二年（1276）正月，元朝右丞阿里海牙攻破潭州，遣使徇郴、全、道、桂陽、永、衡、武岡、寶慶、袁、韶、南雄諸郡。〔註 75〕二月，臨安政府降元。五月一日，端宗在福州即位。文天祥自鎮江逃歸，亦來到福州，被任命爲右丞相兼知樞密院事。廣州知州雷宜中「偕文丞相起義勤王，丞相入衛，又與信州謝枋得招諭軍民，固守嶺嶠，元遊騎至，力戰，病臂創而卒」〔註 76〕。六月，阿里海牙遣將攻廣州。廣東經略使徐直諒遣其將梁雄飛請降於隆興帥府。元即以梁雄飛爲招討使，使徇廣州。徐直諒聽聞端宗立，命權通判李性道、摧鋒軍將黃俊等拒梁雄飛於石門，李性道不戰，黃俊戰敗奔廣州，徐直諒棄城遁。〔註 77〕元兵入廣州。九月，江西制置使趙溍、副使方興率兵到廣東。東莞人熊飛守潮、惠二州，聞趙溍至，即以兵應之，攻梁雄飛於廣州。壬寅（11 日），梁雄飛遁。熊飛遂復韶州。新會令曾逢龍亦帥兵至廣州，壬子（21 日），趙溍入廣州。元朝元帥呂師夔、張榮實將兵入梅嶺。十二月，趙溍、方興棄城遁。罷職在家的廣東籍狀元張鎮孫被任命爲龍圖閣待制、廣東制置使、兼經略安撫使。「盧震擁衆暴橫，鎮孫數其罪，戮之以示衆，由是將士用命，兵威稍振。」〔註 78〕他與都統凌震結集行伍，分東西二路，與元兵爭奪

〔註 73〕　《宋史》卷 416《冷應澂傳》，第 12481 頁。

〔註 74〕　《明一統志》卷 57《瑞州府人物・劉應龍》，《文津閣四庫全書》第 161 冊第487、488 頁。

〔註 75〕　《元史》卷 128《阿里海牙傳》，第 3127 頁。

〔註 76〕　按此爲《（雍正）江西通志》卷 67《人物・雷宜仲》引明郭子章《豫章書》所載。並言明林廷棉、周廣同撰《嘉靖江西通志三十七卷》宜仲作宜中，又不敘其起義事。《文津閣四庫全書》第 174 冊第 664、665 頁；（元）虞集撰、王頲點校《虞集全集》之《故修職郎、建昌軍軍事判官雷君則順（昇）墓誌銘》亦未言起義事，載（雷宜中）劲悍將易正大，以言罷。出廣州，還至曲江，道梗不能還。適大社除倅詔，奉尚書將入城，國朝軍自湖南至，大社死於兵，而尚書南邁，至於馮村之地而止焉。後三年，北兵卒至尚書所居，傷及尚書之身。兵去，門人請療之，尚書曰：國事去矣，吾何以生爲？遂死。天津：天津古籍出版社 2007，第 913 頁。

〔註 77〕　《宋史》卷 47《瀛國公（二王附）本紀》，第 940 頁。

〔註 78〕　（明）黃佐撰，陳憲猷疏注、點校《廣州人物傳》，廣州：廣東教育出版社 1991，第 228 頁。《（嘉靖）廣東通志》卷 58《列傳十五・人物五・張鎮孫》，第 1481 頁。

廣州。景炎二年（1277）二月，元兵入廣州。四月，張鎮孫復廣州。十一月，元江西都元帥塔出圍廣州。庚寅（5日），張鎮孫以城降。景炎三年（1278）正月，元軍夷廣州城。三月，廣州都統凌震、轉運判官王道夫取廣州。四月，端宗薨。五月，丞相張世傑等人立衛王趙昺。閏十一月庚戌（1日），王道夫棄廣州遁。壬戌（13日），凌震遁。癸亥（14日），元軍入廣州。十二月壬午（4日），王道夫攻廣州，兵敗被執。凌震兵繼至亦敗。廣州失守後，宋廷堅守崖山一帶，祥興二年（1279）初，元軍攻破崖山，全殲宋軍，宋朝流亡政府滅亡。

小結

有宋一代，廣東陸寇、海寇引發的動亂此起彼伏。如宋代朝臣所言，寇亂多由外境而起。光宗時，蔡戡奏言：「廣東本無盜，乃湖南之盜侵擾之。唯本路郴之宜章，桂陽之臨武兩縣，莽山烏峒之間，地險而民悍，素為盜賊淵藪，歲有小歉，則百十為群，出沒剽掠，大則千數，侵犯州縣」。〔註79〕「嶺表郡縣，北接贛境，溪谷篁竹之間，群盜蓋走集焉。」〔註80〕理宗朝廣州知州方大琮亦言：「路與州皆以廣為名，壤地綿亙，若非時有剽竊，處處皆成聚落，不減閩浙。港汊太雜，則有蠻蜑；山峒高阻，則有猺；數州合界則有寇攘。然隨其萌芽才剪輒散，亦不能為害，此為本路言也。其地產鹽，而自汀贛、自湖南來動以千百為群；產米產漆又有番貨，而自溫臺明越來大艖或以十餘為艑。有所產以養人，自外運去者反以害人，其辭不直未有不以敗去者。故廣無巨寇，其黠者多自外至。」〔註81〕

從整體上看，北宋時期，廣東的局勢較為穩定，除廣東初定之時，南漢殘餘勢力以及地方土豪引發了動亂和神宗皇祐時期的儂智高之亂，其餘時間未有大的動亂發生。宋廷通過增加廣州知州的軍權以及增派官員、加強軍備等措施守禦邊防。仁宗景祐二年（1035）五月庚戌（二十七日），詔知廣州兼廣東路鈐轄，以便宜從事也。皇祐四年（1052）六月己丑（十六日），詔知廣州、桂州自今並帶經略安撫使，「所以重帥權而服羌夷也」。徽宗宣和二年（1120）四月丙子（6日），詔：江西、廣東兩界，群盜嘯聚，添置武臣提刑、路分都監各一員。〔註82〕

〔註79〕　《定齋集》卷2《論備盜箚子》，《文津閣四庫全書》第386冊第818頁。
〔註80〕　《盧陵周益國文忠公集》卷95《李宏轉官制》，第52冊第44頁。
〔註81〕　《宋忠惠鐵庵方公文集》卷17《書・鄭金部逢辰之四》，第89冊528頁。
〔註82〕　《宋史》卷22《徽宗本紀》，第405頁。

　　南宋高宗、孝宗、寧宗、理宗時期，廣東不斷有兵匪、海盜、蠻寇作亂。高宗建炎、紹興之際，戰亂導致部分官兵侵佔地盤、劫掠百姓，由江西、湖南流竄而來的逃兵、劫匪，很長一段時間內，都在廣東為亂。而彼時，海寇亦在福建和廣東海域出沒，經過招安及鎮壓，海陸盜賊才安於一時。紹興七年（1137）八月二十三日，連南夫具奏「今來水陸別無大寇，所有便宜指揮伏望收還。」從之。〔註83〕紹興二十八年（1158）六月乙卯（27 日），廣州知州蘇簡「以措置海寇靖盡」升直徽猷閣〔註84〕。不過，招安政策並沒有對盜賊形成強有力的束縛，紹興中期和紹興末年，又有大盜、海寇為害一方。大奚山的海寇直到宋寧宗慶元年間，尚引發了千人暴亂。理宗淳祐（1241～1252）年間，有諫官「欲請大奚山墾田」，廣東參議官潘舟伯曰：「此盜窟也，居海中心。昔在淳熙為朝廷憂甚久，幸而鋤薙，不許生聚種植其間。著在令甲。是烏可許。」其事遂寢，聞者韙之。〔註85〕孝宗淳熙以後，湖南茶寇、郴州賊陳峒進犯廣東。寧宗時期，江西、湖南峒寇又在東廣州肆虐。蠻瑤亦趁勢而起。理宗端平二年（1235），廣東的主要軍事力量摧鋒軍兵亂。

　　動亂的頻繁爆發亦考驗了廣州知州應變突發事件的能力。有些知州就出現處置失宜之處，如沈師誘降被殺，右諫議大夫黃洽言「凶徒嘯聚至殺官兵，固當萬死，然誘而降之，降而殺之，二者皆非也」。「且以數千之兵躪數十之窮賊，方其困蹙時，果能並力擒滅。國有常典賞在必行，今也不然，豈容輕賞？乞將官軍之暴露，若殺傷者及死事者當依次第優恤及褒贈恩澤，其鞏湘、張喜但可貰罪，欲更不議賞。」〔註86〕淳熙十二年（1185）六月二十四日，知廣州鞏湘差主管建寧府武夷山沖祐觀。反之，文武兼備、善於謀略的廣州知州確能造福一方。向子諲、連南夫等人都是發現與盜寇相勾結的吏胥，由此捕得寇首。周自強駐守廣州，指揮將領緝寇平叛，應對裕如。正如時人所詠：「廣東經略使，今古幾人賢？陛下用一士，民間有二天。清風排瘴雨，廉德照貪泉。龍節生光彩，鸞車奏凱旋。」「斬蛟移鱷後，近水有驚鱗。闓外尚多事，幕中無一人。佩韋防狷急，強飯養精神。羅致賢能士，仍須藻鑒真。」

〔註83〕　《宋會要・職官》41 之 109，第 3221 頁。

〔註84〕　《要錄》卷 179，第 3 冊第 535 頁。

〔註85〕　（宋）林希逸《竹溪鬳齋十一槁續集》卷 21《潘左藏墓誌銘》，《宋集珍本叢刊》第 83 冊第 558 頁。

〔註86〕　《宋會要・兵》19 之 29，第 7095 頁。

「乳虎戀巢穴，窮猿失木悲。早須思一著，先要釋群疑。豪傑通心腹，人民無怨咨。御軍明紀律，威愛貴兼施。」〔註87〕在南宋臨安政府降元之後，廣州知州起兵勤王，保衛廣州，成為流亡政府的有力聲援。其鼓舞士氣、保持民族氣節的行為亦流芳百世。

第二節　建設城市

一、修築城池

「域民必以郭郭，作室必以牆藩」〔註88〕。廣州城市建設的歷史，據《乾隆南海縣志》載：「廣城自周赧王初，越人公師隅相度南海地，始築城，號曰南武。南海人高固相楚時，有五仙乘羊銜穀穗於楚庭，遂稱五羊城。」秦在攻打百越之時，已有「番禺之都」。第一任南海尉任囂對已有的城池進行了擴建，稱之為任囂城〔註89〕。趙佗繼任南海尉後，建立南越王國，對任囂城繼續增築，「周回十里」，稱為「萬人城」或尉佗故城〔註90〕，任囂城、趙佗城亦稱番禺城。漢武帝統一南越國後，番禺為南海郡治，是著名的海外貿易集散地。據學者考證，趙佗城在漢平南越的戰爭中毀棄，「另於今廣州市番禺區市橋北一帶改置番禺縣城，一直到東漢獻帝建安二十二年（217 年）才遷回舊址，其間共計 327 年」〔註91〕。漢獻帝建安十六年（210），徐州牧孫權遣鄱陽太守步騭為交州刺史，步騭往番禺「觀相土宜」，闢番山之北以廣故城，遷州治於番禺。南朝宋元嘉三十年（453）九月，南海太守蕭簡「據廣州反」〔註92〕，「固守經時，城陷伏誅」〔註93〕。說明當時廣州城尚能經歷戰火的洗禮，具有一定的防禦能力。唐玄宗開元四年（716），廣州都督、嶺南按察五府經略使、兼御史大夫宋璟「率人版築，教人陶瓦」，「家撤茅茨，

〔註87〕（宋）戴復古《石屏詩集》卷5《彭繡使平叛辛後除經略小詩陳利害》，《宋集珍本叢刊》第 72 冊第 690 頁。
〔註88〕《盤洲文集》卷31《城廣州記》，第 45 冊第 235 頁。
〔註89〕《南海百詠·任囂城》引《鄭熊番禺雜誌》：「今城東二百步，小城也。始囂所理，後呼東城，今為鹽倉，即舊番禺縣也。」第 75 冊第 614 頁。
〔註90〕（宋）李昉等撰《太平御覽》卷193《居處部二一·城下》引《郡國志》：廣州萬人城，即尉佗故城也。北京：中華書局1960，第 932 頁。
〔註91〕參見吳宏岐：《廣州城址二千多年不變說商榷》，載《學術研究》2006 年第 5 期，第 117～120 頁。
〔註92〕《宋書》卷6《孝武帝本紀》，第 113 頁。
〔註93〕《宋書》卷78《蕭思話傳附》，第 2018 頁。

夜作而災火不發」〔註94〕，就此逐漸改變了廣州以茅茨建屋舍的習俗。唐德宗興元元年（784）至貞元三年（787），御史大夫領廣州刺史、嶺南節度觀察使杜佑進一步拓寬了廣州的道路，「開大衢，疏析廛閈，以息火災。」〔註95〕繼杜佑之後的御史大夫、嶺南節度經略觀察處置等使李復重申宋璟的倡導，「勸導百姓，令變茅屋爲瓦舍。」〔註96〕唐憲宗元和三年（809）至五年（811），廣州刺史、嶺南節度使楊於陵「教民陶瓦易蒲屋，以絕火患。」〔註97〕會昌五年（845）至大中（847～860）初，嶺南節度使盧貞復疏濬廣州甘溪池〔註98〕。由於宋璟等廣州刺史（都督）的倡導和引領，唐代廣州的道路、房屋、河流得到了一定的治理。唐天祐（904～907）末，節度使劉隱「以南城尚隘，更鑿平禺山以益之。以此作城之權輿也。」〔註99〕劉龑建立南漢政權後，以廣州爲國都，改稱興王府。他「廣聚南海珠璣，西通黔、蜀，得其珍玩，窮奢極侈，娛僭一方。」除修築新南城外，南漢還在城內外興建大量宮苑，「有南宮、大明、昌華、甘泉、玩華、秀華、玉清、大微諸宮，凡數百，不可悉記」。末帝劉鋹不敵宋軍的進攻，窮途末路之時，「盡焚其府庫」。〔註100〕灰燼之餘，留存下來的宮殿苑囿遺址、遺迹如藥洲、甘泉宮、昌華宮、芳華苑、芳春園、華林園、玉液池等，尚可一窺當時的形制和布局。

　　廣州城自任囂始建，經歷了趙佗增築、漢代改作、東吳新建、隋唐修繕、南漢規劃等階段，飽經了數次戰火的洗禮。宋代時期，經過太祖、太宗鞏固統一的階段，從宋眞宗朝開始，出於防禦的動因，在原有舊城的基礎上，進行了修繕。景德四年（1007），宜州陳進反，準備東劫廣州，「廣州駐泊都監周文質增築城壘，繕修器甲，集東西海巡檢戰棹刀魚船，據端州峽口以扼之，賊知有備，遂不敢東下。」〔註101〕以後，魏瓘、程師孟、呂居簡、方大琮等廣州知州新建了子城、東城、西城和雁翅城，增築了城櫓、炮臺、高樓，加

〔註94〕《全唐文》卷226《張說·廣州都督嶺南按察五府經略使宋公遺愛碑頌》，第1363頁。
〔註95〕《舊唐書》卷12《德宗本紀上》，第341頁；（宋）歐陽修、宋祁撰《新唐書》卷166《杜佑傳》，中華書局1975，第5087頁。
〔註96〕《舊唐書》卷112《李矞傳附》，第3337、3338頁。
〔註97〕《新唐書》卷163《楊於陵傳》，第5032頁。
〔註98〕《輿地紀勝》卷89《廣州·古迹》，第3064頁。
〔註99〕（清）黃佛頤撰、鍾文點校《廣州城坊志》卷1《羊城 穗城》引《（乾隆）南海縣志》，廣東人民出版社1994年，第6～7頁。
〔註100〕以上見《舊五代史》卷135《劉鋹傳》，第1810頁。
〔註101〕《長編》卷66景德四年八月癸丑條，第1485頁。

強了防禦外敵的能力，拓展了廣州城的空間範圍，在廣州城池建築史上寫下了濃重的一筆。

（一）修築子城

子城，又稱中城，舊為南漢宮城，其修築以廣州知州魏瓘出力最多，效果最著。

仁宗景祐四年（1037），廣州知州任中師對州城防禦表示憂慮，「以州獨有子城而廢久不修，恐緩急無以禦盜。」〔註102〕他向轉運司提出「城壁摧塌，乞差人夫添修。」五月十七日，詔廣州更不差夫，只那合役兵士，先從摧塌及緊要處修整。〔註103〕慶曆四年（1044）九月，侍御史王絲充廣南東路轉運按察使，兼本路安撫，提舉市舶司。他即發現「廣州當交趾之沖，無城守備」，建議陶磚為城〔註104〕。慶曆五年（1045）五月壬戌（7日），已知曹州的任中師請修廣州子城，朝廷允旨。建城工作由廣州知州魏瓘主持完成。在廣州「地皆蜆殼，不可築城」的非議之下，魏瓘對舊有子城進行了實地考察，發現城牆明顯有破敗迹象〔註105〕。此後「以甓」築城，州成，環五里，「其中甚隘小，僅可容府署、倉庫而已。」〔註106〕朝廷為表彰其政績，加官諫議大夫，繼續任職〔註107〕。城牆已立，魏瓘又興建護城河，疏通河渠，「通東江門，鑿東西澳為水閘以時啓閉。鑿井蓄水，作大弩為守備。」〔註108〕正如時人所記述的「塹海新城，竇塢作潴，工十一萬，公私告癯」。面積不大，費力良多的新城遭到了時人的嘲諷，「人言無戎，公迄奏功，遷諫大夫，猶以誚公」〔註109〕。但是，事實證明，子城的興建以及開濠、鑿井等措施，都對城市的防禦起到了重要作用。皇祐四年（1052），在儂智高大兵的圍攻下，歸然不動，「而城堅，井飲不竭，弩發輒中，中輒洞潰，賊勢稍屈。」甓磚築城的防禦性能經

〔註102〕《長編》卷155慶曆五年五月壬戌條，第3771頁。
〔註103〕《宋會要・方域》9之27，第7472頁。
〔註104〕（宋）范仲淹撰，李勇先、王蓉貴校點《范仲淹全集》卷16《權三司鹽鐵判官尚書兵部員外郎王君（絲）墓表》，四川大學出版社2002，第382頁。
〔註105〕《詩話總龜前集》卷25《感事門下》載：魏瓘侍郎知廣州，子城一角忽頹，一古磚有四大字云「委於鬼工」，是魏字。公感其事，大築新之。第264頁。
〔註106〕《涑水記聞》卷13，第258頁。
〔註107〕《宋史》303《魏瓘傳》，第10035頁。
〔註108〕（宋）羅願《新安志》卷6《敘先達・小魏太尉》，《宋元方志叢刊》第8冊第7687頁；《長編》卷173皇祐四年七月丁巳條，第4163頁。
〔註109〕（宋）黃庭堅《山谷全書正集》卷20《吏部侍郎魏公（瓘）神道碑（代李尚書作）》，《宋集珍本叢刊》第25冊第480頁。

住了戰火的考驗，避免了州軍府庫慘遭洗劫的命運。皇祐四年（1052）六月丙戌（13日），魏瓘以「矢堞論功」〔註110〕，復知廣州，兼廣東經略安撫使。魏瓘赴任後，即招募蕃漢豪戶及丁壯並力修完前所築外城，築東西南甕城門，南曰鎮安、西曰朝天、東南曰步雲、東曰行春、西南曰素波。〔註111〕這座子城以後和熙寧三年（1070）所建的東城連為一體，大大拓展了原有的城市空間。

（二）修築東城

魏瓘修築子城建功後，大大激勵了後人的建城熱情，東城的修築就有呂居簡、張田先後嘗試，最終由轉運使王靖完成。

熙寧（1068～1077）初，廣州知州呂居簡曾對城池進行修繕，「陶甓整城，人以為便。」離任後，又上言「本州昨經儂賊，後來朝廷累令修築外城，以無土難興修。本州子城東有舊古城一所見存，與今來城基址連接，欲乞通作一城。」朝廷即其請，詔令廣南東路經略安撫司疾速計度功料，如法修築。〔註112〕廣州知州張田「始築東城，環七里，賦功五十萬，兩旬而成。」因新城地侵郡學，故準備「遷郡學於國慶寺東」〔註113〕。尚未動工，即聞新城東南微陷。修築工作最終由廣東轉運使王靖完成。「公即約古制，調廣民而借其力，得七十萬，售材於屬縣，得八萬，為甓於北山，得五百萬，皆因民之願為浮圖者，請於上，得錢五千萬，以給其費。」始於熙寧元年（1068）十月庚子朔（1日），成於熙寧二年（1069）二月乙巳（8日），費時一百二十六日。「表四里，為濠以環其外，為樓櫓五十有一，為門二，實舊濠之兩端，合子城而為一」。〔註114〕正如時人所稱頌的「一州之民得以去危屬之憂，而獲安全之幸，其為利固豈小哉？」

〔註110〕《詩話總龜前集》卷25《感事門下》，第264頁。

〔註111〕《（雍正）廣東通志》卷14《城池志・廣州府城》，第188冊第163頁。《大德南海志》卷8《城》作東、西、南甕城門三。第69頁。

〔註112〕《宋史》卷265《呂蒙正傳附・居簡》，第9150頁；《宋會要・方域》9之27，第7472頁。《水東日記》卷6引《郊亶修東城記》，第69頁。

〔註113〕《宋史》卷333《張田傳》，第10707頁；《永樂大典方志輯佚・南海志》《詩文・章築・廣州府移學記》，第2454頁。

〔註114〕《水東日記》卷6引《郊亶修東城記》。文內時間錯漏，城應始建於熙寧元年十月，成於熙寧二年二月。《大德南海志》卷8《城》：城門為三。第68頁。《宋會要・方域》9之28載：十二月十三日，廣南東路轉運使王靖言，修展廣州東子城修畢。第7472頁。未知孰是。暫以《記》為準。

（三）修築西城

東城完工後，西城的修建亦提上日程，這項工程由廣州知州程師孟主持完成。熙寧四年（1071），廣東經略、轉運、提點刑獄三司連書，並圖來上，朝廷遂可之，派遣左藏庫副使張節愛提舉廣州修城，「以八作都料自隨，蓋慮南方不便版築也」。凡十月而畢〔註 115〕，「周十有三里一百八十步，高二丈四尺，爲門九」。〔註 116〕熙寧六年（1073）二月癸未（9 日），程師孟以修城功遷諫議大夫，再任〔註 117〕。有學者考察，西城東面在今廣州市德政路附近，南面在今廣州市文明路、大南路和大德路，西面在今廣州市人民路附近，北面在今廣州市百靈路、越華路和豪賢路〔註 118〕。西城的防禦效果立竿見影，熙寧八年（1075），「及交趾陷邕管，聞廣守備固，不敢東」〔註 119〕。

西城修葺之後，即出現了「三城」的說法，「中城合東西而三，其周十有九里」〔註 120〕，廣州城池有了可觀的規模。

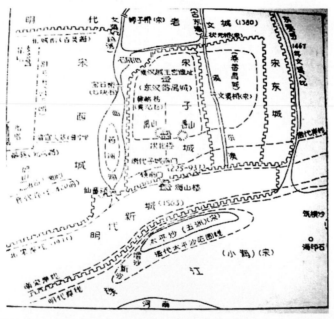

宋代三城示意圖（選自曾昭璇《廣州歷史地理》，第 281 頁。）

〔註 115〕《長編》卷 237 熙寧五年八月戊午條，第 5768 頁。
〔註 116〕《大德南海志》卷 8《城》，第 69 頁。
〔註 117〕《長編》卷 242 熙寧六年二月癸未條，第 5902 頁。
〔註 118〕袁鍾仁《古代廣州城的興築和擴建》，《暨南學報》1996 年第 3 期，第 89 頁。
〔註 119〕《宋史》卷 331、卷 426《程師孟傳》，第 10661、12704、12705 頁。
〔註 120〕《盤洲文集》卷 31《城廣州記》，第 45 冊第 235 頁。

（四）築雁翅城

雁翅城位於城東南、西南兩隅，「臨海以衛城南居民」。寧宗嘉定元年
（1208），湖南、江西峒寇作亂。嘉定三年（1210），廣州知州陳峴「以州城
之南爲一闤闠，無所捍蔽」，創築東、西二城，名雁翅城。東雁翅城長九十丈，
有一城門，即平海門。西雁翅城城長五十丈。城牆之上建敵樓，共三十三間。
城上建有樓觀，分別有扁，東扁曰「番禺都會」，西扁曰「南海勝觀」〔註121〕。
登樓覽勝，海山之景，蔚爲壯觀。

（五）城池修繕及防禦工事的修建

除子城、東城、西城、雁翅城等四個主體建築外，宋代歷任廣州知州還
對城池不斷進行修繕，並建構了樓櫓、門樓等防禦工事。

神宗元豐元年（1078）四月庚申（17日），詔廣州知州曾布專提舉依所降
法式，修完中、東、西三城樓櫓〔註122〕。

元豐二年（1079）十一月二十八日，賜廣州度僧牒三百濬城壕〔註123〕。

徽宗宣和六、七年（1124、1125）間，知廣州孫義叟「葺三城」〔註124〕。

高宗紹興元年（1131）四月二十八日，詔廣東路轉運司疾速那撥修城錢
五千貫，付廣州專充修城使用。以府臣趙存誠有請也。〔註125〕

紹興二十二年（1152）秋，廣州三城「自中興洗兵，典邊者寢局弛柝，
弗以復隍，遊慮雉堞圮剝不縋，而登灌木盤根，上侵睥睨，仍遭颶風，闤闠
頓僕，重門夕不可閉，越其閾，若將壓焉。」廣州知州方滋「授規七邑屬役
賦丈料材，訪工官，出奇羨，纖介無斁。斤斲墍塗，弗扶自勉。」「增陴繕關」，
「闉以枚數者五十四井干，烽櫓以楹計者二千四百三十有四。木壁壯堅，金
革剛壽，足以耐悠永。藺石渠答，以守之具靡闕。」二十三年（1153）正月克
成〔註126〕。

紹興二十七年（1157）～二十九年（1159）間，廣州知州蘇簡「闢衝霄門
（即子城步雲門）」〔註127〕。

〔註121〕　《大德南海志》卷8《城》，第69頁。
〔註122〕　《長編》卷289，第7068頁。
〔註123〕　《宋會要・方域》9之28，第7472頁。
〔註124〕　《盤洲文集》卷31《城廣州記》，第45冊第236頁。
〔註125〕　《宋會要・方域》9之29，第7472、7473頁。
〔註126〕　《盤洲文集》卷31《城廣州記》，第45冊第235、236頁。
〔註127〕　《大德南海志》卷8《門》，第73頁。

　　理宗紹定二年（1229），廣東經略方淙於舊址創團樓七十五座，炮臺四間，城門雉堞皆一新之。〔註 128〕

　　端平二年（1235）摧鋒軍兵變後，廣州知州彭鉉因城池年久失修，「樓櫓傾側，磚石脫剝」，端平三年（1236）四月，上奏朝廷修葺城池，七月朔興役，嘉熙丁酉（1237）春二月告成，凡八月。修外城三千三百有六丈，女頭四千四百九十三，修子城六百三十有三丈，女頭九百一十七。新甕城門十有四，將子城南門改名鎮南，改西門為西成。修繕門屋、敵樓九十有七。修繕完畢，尚餘錢萬五千緡，彭鉉將這筆錢附郡之贍軍質庫，歲與郡分十三之息以備整葺。並均定界至，責轄內軍隊進行檢視修繕。使摧鋒、水軍、勇敢、忠勇、東南將每仲月四、九閱武之日，正將率部伍登城，各視其界，治草礙，補損闕，存本州窰務陸續造磚，以備整葺。〔註 129〕

　　劉伯正為知州期間，修繕城池，據方大琮所言：「某始至羊城，見雉堞整齊，周環二十一里，亦曰『壯哉』！及登斗南樓，讀《修城記》，乃知大興工役，厚葺崇築，皆侍郎所以衛廣人者，使某得以受蒙成之賜。」

　　淳祐二年（1242），方大琮知廣州。他發現「番禺形勢，枕山面海，東距西橫闊，南距北稍局，他處曰『子城』者乃重城，今州治之後便是空迴無人煙處。又東西城後皆稍深，惟州城獨短，且瀕岸民居如蜂房，幾無以容。」故此，他認為要在「中城後更添一重，俾與東西齊。卻移教場於東郭之旁，非獨稍稱子城之名，亦俾編氓有伸足之處。如前之東西二翅，亦可展而出也。」〔註 130〕不過，「費不敢計，同官無贊決者」。方大琮請朝廷下度牒，漕司增金，修繕三城，新屯樓八十二所。他還改西城西門、北門分別為和豐門、朝天門，子城西門為有年門。〔註 131〕

　　寶祐六年（1258），由於蒙古兵的入侵，廣西經略司罷，建廣南制置府。為加強守備，開慶元年（1259），廣州知州謝子強大修城壁，為豫備計。敵樓舊覆以瓦，皆易以磚石，城外築羊馬牆，高六尺許。又在雁翅城下隙壤植以

〔註 128〕《大德南海志》卷 8《城》，第 69 頁。
〔註 129〕《大德南海志》卷 8《城》，第 69、70 頁。
〔註 130〕以上見《宋忠惠鐵庵方公文集》卷 21《與劉侍郎伯正書》，第 89 冊第 578 頁。
〔註 131〕《宋忠惠鐵庵方公文集》卷 16《書・與劉潛夫克莊之五》，第 89 冊第 496 頁。《大德南海志》卷 8《門》，第 72、73 頁。《後村居士集》卷 40《方閣學墓誌銘》，第 79 冊第 778 頁。（宋）劉克莊《後村集》卷 3《廣州重建清海軍雙門記》，《宋集珍本叢刊》第 80 冊第 117 頁。

木柵，翼而至城，備不虞也。元人夷廣州城後，對廣州城池亦大肆破壞，「惟子城及兩雁翅無恙。」〔註132〕宋代的修城成果，大半蕩然無存。

（六）其它城市建築的修建

除子城、東城、西城、雁翅城及其相關防禦工事外，宋代廣州知州還修繕公署，興建了觀賞性的樓閣、亭軒等其它建築物。

田瑜，仁宗皇祐元年（1049）六月，以天章閣待制知廣州，在設廳西建西園。余靖有詩《寄題田待制廣州西園》：「善政偏修舉，增完池館清。地含春氣早，月映暮潮生。石有群星象，花多外國名。與民同雉兔，邀客醉蓬瀛。翰墨資吟興，雲泉適野情。鎮應持左蟹，快欲鱠長鯨。積靄藏樓閣，馴鷗識旆旄。《甘棠》留美蔭，高倚越王城」。〔註133〕理宗淳祐六年（1246），廣州知州方大琮因經略安撫廳後圃重建「元老壯猷堂」，獨具匠心，岳嶽閟閟。〔註134〕

嘉祐四年（1059）～六年（1061）間，魏琰知廣州。他在府城鎮南門外建海山樓，與市舶亭相鄰，「正對五洲，其下謂之小海」。〔註135〕「極目千里，百越之偉觀也。」「山川拱輯，百粵偉觀」〔註136〕。陳與義詩云「百尺闌干橫海立，一生襟抱與山開。岸邊天影隨潮入，樓上春容帶雨來。」〔註137〕。洪適詠《海山樓》曰：「高樓百尺邇嚴城。披拂雄風襟袂清。雲氣籠山朝雨急，海濤侵岸暮潮生。樓前簫鼓聲相和。戢戢歸檣排幾柁。須信官廉蚌蛤回，望中山積皆奇貨」。〔註138〕李昂英《送舶使孫叔諧東歸》曰：「薄艫高興趁新秋，帆腹吞風湧去舟。萬寶集登天子庫，諸蠻遮泣海山樓。」〔註139〕

南漢增築新南城後，在番山、禺山之交建雙闕。宋代改雙門。哲宗元符元年（1098）八月，廣州知州柯述「觀府門隘庳，偏處東隅，官寺民居交隘，必側輿轉轡乃克有適」。「譙門之舊，適臨通衢，而宣詔堂適對其沖」，「乃崇譙門而新之，乃易宣詔堂而大之。上起層樓以壯麗譙，中為復門以

〔註132〕　《大德南海志》卷8《城》，第70頁。
〔註133〕　《武溪集校箋》卷1，第15頁。
〔註134〕　《文溪存稿》卷2《元老壯猷之堂記》，第23～25頁。
〔註135〕　《萍洲可談》卷2《船舶蓄水就風法》，第133頁。
〔註136〕　《清一統志》卷340《廣州府》，第164冊第675頁。
〔註137〕　《宋詩鈔·陳與義·簡齋詩鈔》之《雨中再賦海山樓詩》，第1338頁。
〔註138〕　《增訂注釋全宋詞》之《洪適·番禺調笑·海山樓》，第2冊第365頁。
〔註139〕　《文溪存稿》卷15，第159頁。

列棨戟，復爲黃堂以饗軍旅」。取前南漢乾和殿鐵柱四根，植於設廳。榜清海軍，規模視廣右尤壯。「由是出焉，洞重扃，逾譙門，以抵城闉，以臨漲海，其袤三里，其徑如矢。」元符二年（1099）二月己卯（6日），功成，「飛觀大廈，巍峨相望；登降煒煌，翠楹騰光。」〔註140〕高宗紹興二十六年（1156），廣州知州折彥質修葺清海軍門。乾道四年（1168），龔茂良修繕，「壞者慮其址如人家架樓」〔註141〕。理宗淳祐四年（1244），廣州知州方大琮改作城門。費出於官，工募於市，逾年乃成。授匠以式，築基廣十丈四尺，深四丈四尺，高二丈三尺，虛其東西二間爲雙門，而樓其上者七間。凡基皆甃以石，覆以磚。門之柱八，各三丈六尺，旁柱三十有六，凡柱皆易以堅木。闕兩旁地爲兩翅，環以翅樓，前爲頒春、宣詔二亭。東通親效營，西爲團結軍。「門之役最巨，視福泉建安加壯麗焉」。城西隅有亭曰「南海勝觀」，方大琮又在東隅建亭，曰「番禺都會」。〔註142〕除新建城門外，淳祐二年（1242），方大琮在州治建中圃，修二亭，名以「靜廉」。淳祐五年，重修了廣州天慶觀眾妙堂。〔註143〕

徽宗建中靖國元年（1101），廣州知州朱服在南海子城上界復建斗南樓，「東瞰扶胥，西望靈洲，南瞻珠海，北倚越臺」〔註144〕。有詩云：「危構參寥廓，星塵耿化窗。戰餘塵沒馬，魚散月澄江。遲暮連孤客，寬閒樂此邦。坐中詩有待，端欲受誰降。」〔註145〕

徽宗政和六年（1116），廣州知州陳覺民題賜「大通慈應禪院」。〔註146〕

高宗紹興二十一年（1152），廣州知州方滋「盡飾黃堂，以棟梁柱石之材，運居楔構櫨之用」，依舊址作新堂，榜名「師吳」，寓傚仿吳隱之「厲操律貪」之意。西作亭，榜名「緩帶」〔註147〕。黃公度詩詠曰：「方君帥

〔註140〕《（道光）廣東通志》卷218《古迹略・王積中記》，第3859頁。曾棗莊、劉琳編《全宋文》卷2528《王積中・南海建經略安撫廳記》，上海：上海辭書出版社、合肥：安徽教育出版社2006，第117冊第254頁。
〔註141〕《宋忠惠鐵庵方公文集》卷16《書・與劉潛夫之五》，第89冊第496頁。
〔註142〕《後村集》卷3《廣州重建清海軍雙門記》，第80冊第117頁。
〔註143〕《宋忠惠鐵庵方公文集》卷32《廣州重修天慶觀眾妙堂記》，卷36《靜廉說》，第89冊第721、736頁。
〔註144〕《清一統志》卷340《廣州府古迹》，第164冊第340頁。
〔註145〕《（道光）廣東通志》卷218《古迹略・斗南樓・朱師服詩》，第3865頁。
〔註146〕《（道光）廣東通志》卷218《古迹略・大通寺》，第4017頁。
〔註147〕《盤洲文集》卷31《師吳堂記》、卷68《廣州緩帶堂上梁文》，第45冊第236、237頁。

南越，千載少倫擬。燕居楊師吳，一謙具四美。」「三城有餘力，一堂仍舊址。」〔註 148〕

　　孝宗乾道九年（1173），廣州知州司馬伋重修唐清海樓〔註 149〕。

　　淳熙八年（1181）～十二年（1185）間，鞏湘知廣州。他建大閣於光孝寺副殿之左，繼廣州知州蔣之奇、向子諲之後，翻新筆授軒，壯麗復如初。〔註 150〕

　　此外，「蔣公之奇，嘗隅城築『石屏臺』，湮沒無復遺迹。龔公茂良，闢『廣平堂』，來者潤色之常如新。」〔註 151〕孝宗淳熙中（1174～1189），廣州知州周自強建西禪寺，明代尚存，在府城西。〔註 152〕廣州知州陳宗禮扁越井岡亭曰「極高明」，廣州知州劉應龍又仍榜曰「越王臺」。〔註 153〕

二、開鑿濠、澳，設置水閘等水利設施

　　廣州地處東江、西江、北江等三江的入海口，又受南亞熱帶海洋性氣候的影響，夏季期間，多暴雨和颶風等災害天氣。雨水引發的洪峰以及颶風帶來的潮漲都會威脅廣州的安全。自唐代開元年間起，廣州房屋建築材料逐漸由茅草變爲陶瓦，幾名廣州刺史又採取拓寬道路、疏通河渠等措施，爲城市防火、防洪作了一定的準備。宋代以來，廣州知州城中河渠、城外濠澳多所增建，爲當地民眾的生活提供了諸多方便，並澤被後世。

（一）南濠及閘

　　南濠，即古西澳。宋眞宗景德三年、四年（1006、1007）間，廣州知州高紳開鑿，並在其上築建閘門，「納城中諸渠水，以達於海。維舟於是者，無風濤恐，且以備火災」〔註 154〕。南宋孝宗淳熙二年（1175），周自強進行了疏濬，「濬南濠以疏其惡，決渠流以通於海」〔註 155〕。寧宗嘉定二年（1209），

〔註 148〕　（宋）黃公度《知稼翁集》卷下《題師吳堂》，《宋集珍本叢刊》第 44 冊第 474 頁。
〔註 149〕　《（雍正）廣東通志》卷 53《古迹志》，第 188 冊第 756 頁。
〔註 150〕　（宋）曾豐《撙齋先生緣督集》卷 10《光孝寺重修筆授軒記》，《北京圖書館古籍珍本叢刊》第 88 冊第 682 頁。
〔註 151〕　《文溪存稿》卷 2《元老壯猷之堂記》，第 25 頁。
〔註 152〕　《明一統志》卷 79《廣東布政司‧寺觀》，第 161 冊第 653 頁。
〔註 153〕　《（道光）廣東通志》卷 218《古迹略‧越王臺》，第 3874 頁。
〔註 154〕　《大德南海志》卷 8《濠》，第 71 頁。
〔註 155〕　《南澗甲乙稿》卷 22《龍圖閣待制知建寧府周公墓誌銘》，《文津閣四庫全書》第 389 冊第 338 頁。

陳峴重濬南濠，「自外江通舟楫，以達於市。旁翼以石欄，自越樓至闡門，長一百丈，闊十丈，自閘至海，長七十五丈。」理宗紹定三年（1230），方淙又疏濬之。寶祐元年（1253），李迪自擢甲巷開濬至閘口，又加深焉。德祐元年（1275），徐直諒疏濬南濠。〔註156〕

（二）內濠

眞宗大中祥符四年～六年（1011～1013）間，廣州知州邵曄「鑿內濠以泊舟楫，不爲颶風所害。」廣人歌曰：「邵父陳母，除我二苦。」〔註157〕

（三）東西澳及水閘

仁宗慶曆四年（1044）～七年（1047），魏瓘知廣州。他疏通東江門的水流，鑿東西澳爲水閘〔註158〕，「以時啟閉」。並「鑿井蓄水」。

（四）西北濠

神宗熙寧九年（1076）二月，蘇寀知廣州。他「通闊新開西北濠二十丈」〔註159〕。

（五）東西雁翅城二閘

陳峴建築雁翅城屛護南城，環之以濠，建二閘。理宗紹定二年（1229），廣州知州方淙因東西雁翅城濠口水閘舊址，增築兩岸石甃各長二十餘丈，中爲重閘，闊丈餘，以通舟。淳祐四年（1244），雁翅城東閘摧剝，方大琮築而新之。〔註160〕

（六）環東城濠

王靖建東城後，復濠其外。寧宗嘉定三年（1210），陳峴重濬環東城濠，長一千六百丈，東西並置二閘。理宗開慶元年（1259），謝子強將環東城濠「廣斥至二十丈，深三丈餘，東西壩頭高甃以石。」

（七）清水濠

清水濠，古東澳。在行春門外，冗城而達諸海，長二百有四丈，闊十丈，

〔註156〕以上見《大德南海志》卷8《濠》，第71頁。
〔註157〕（宋）文瑩撰，鄭世剛、楊立揚點校《玉壺清話》卷3，中華書局1984，第31頁。
〔註158〕西澳閘高紳已建，此當爲修繕。
〔註159〕《長編》卷277熙寧九年七月丙寅條，第6770頁。
〔註160〕《大德南海志》卷8《渠》，第75、76頁。

歲久堙壅。理宗嘉定二年（1209），廣州知州陳峴疏濬之。此外，他還疏濬西湖，輦襲故苑，奇石置其旁。多植白蓮。因易名白蓮池。〔註161〕

（八）引蒲澗水入廣城

「廣州一城人好飲鹹苦水，春夏疾疫時，所損多矣。惟官員及有力者得飲劉王山井水，貧下何由得？」哲宗紹聖四年（1097），蘇軾向廣州知州王古推薦羅浮山道士鄧守安的辦法，引蒲澗泉水入城，「惟蒲澗山有滴水岩，水所從來高，可引入城，蓋二十里以下爾。若於岩下作大石槽，以五管大竹續處，以麻繩纏之，漆塗之，隨地高下，直入城中。又為一大石槽以受之，又以五管分引，散流城中，為小石槽以便汲者。不過用大竹萬餘竿，及二十里間用葵茅苫蓋，大約不過費百千數可成。」蘇軾言若此項工程濬成之後，「則一城貧富同飲甘涼，其利便不在言也。自有廣州以來以此為患，若人戶知有此作，其欣願可知。喜舍之心，料非復塔廟之比矣！（因王古前知袁州，曾在府城外化成岩上建塔，故蘇軾有言。）」〔註162〕理宗開慶元年（1259），謝子強自蒲澗、景泰山導泉水西入於薝蔔水，又西至悟性寺之左，「築堰潄之，深二丈許，以淹浸。州後之平地有習坎，重險之象，南開小竇，溢則泄之於濠」〔註163〕。

宋代廣州對城池、濠澳進行修建和維護工作已被不斷開展的考古成果所印證。1973 年在廣仁路口和越華路相接處發現子城的西牆。1996 年 11、12 月，廣州市文物考古所在廣州市倉邊路發現宋代城牆遺址，考古工作者判斷這次發現的牆址應是宋東城北牆城垣的一段，處於東城和北城交界的地方。第 1 號牆址曾經經過 3 次修築和增補，第 2 號牆址牆垣為布磚布土的夯土層和石砌包邊。牆址中發現一塊拍印「景定元年造御備磚」磚銘。〔註164〕1998 年 2 月～5 月，廣州市文物考古所在廣州市越華路發掘了唐代和宋代城牆遺址。考古工作者判斷宋代城牆遺址是宋子城的北牆。〔註165〕2002 年 7 月～9 月，廣州市文物考古研究所在今廣州市北京路步行街發現了層層疊壓、延續

〔註161〕《屈大均全集‧廣東新語》卷 4《水語‧二湖》，第 4 冊第 122 頁。
〔註162〕《蘇軾文集》卷 62《與王敏仲之一一》，《三蘇全書》第 13 冊第 154、155 頁。
　　　　《明一統志》卷 57《袁州府宜春郡‧化成岩》，第 161 冊第 489 頁。
〔註163〕《大德南海志》卷 8《濠》，第 71 頁。
〔註164〕《廣州市倉邊路發現的宋代城牆遺址》，收入《廣州文物考古集》，北京：文物出版社 1998 年，第 300 頁～303 頁。
〔註165〕《廣州市越華路唐代、宋代城牆遺址》，載《中國考古學年鑒 1999 年》，北京：文物出版社 2001 年，第 263 頁。

千年的古街道和古門樓遺址。其中，第 3、4、5、6 層即是宋代道路。第四期路面是在第三期路面殘破後重新修建的路面，「路面磚外表青灰，內胎灰黑。」千年古樓宋代第三期基址有「大型的礎墩、磚鋪散水、磚鋪路面、外包磚牆、斜坡漫道」。考古工作者指出：「第二、三期道路墊土層最厚、構築最爲講究，應與北宋中期到南宋時期廣州城的大規模建設具有一定的對應關係。」2002年 3 月～4 月，廣州市文物考古所在今廣州市黃金廣場（位於中山六路北側，西臨海珠路，北鄰東風路，南鄰光塔路和惠福路，東鄰解放路）清理出屬於宋代的文化層 3 層，灰坑 4 個。在遺址中出土的青瓷器大部分屬於廣州西村窰的產品，並且還有相當一部分青白瓷和白瓷器十分精美，器底並無墨書或其他款識。考古工作者認爲遺址所在地可能是廣州繁華的商業區所在，在宋時屬西城。2002 年 9 月～11 月，廣州市文物考古所在廣州市大塘街東側發掘出一段宋代河堤遺迹，確認爲宋代清水濠。河堤始築於北宋早期，北宋晚期對河堤進行修整加固。廢棄於南宋晚期或元代。河道的淤泥堆積厚達 1 米多，表明該河道經過長期使用。宋代的河道堆積中埋藏長度超過 5 米、直徑達 0.2 米的大圓木，也表明河道當時是頗具規模的。〔註 166〕

三、修建道路、橋梁等交通設施

由張九齡開鑿的大庾嶺一線道路，至宋代已多有毀損。宋眞宗咸平（998～1003）年間，廣州知州淩策針對這條北上路線進行了修補。嶺南輸香藥，陸運至虔州而後水運，以郵置卒萬人，分鋪二百，負簷抵京師，且以煩役爲患。咸平五年（1002）七月，廣南東路轉運使淩策請陸運至南安，泛舟而北，止役卒八百，省自京至廣南驛遞軍士及使臣計六千一百餘人。十一月戊申，賜淩策金紫，以職方員外郎、直史館知廣州。「廣、英路自吉河趣板步二百里，當盛夏時瘴起，行旅死者十八九。策請由英州大源洞伐山開道，直抵曲江，人以爲便。」〔註 167〕

眞宗景德（1004～1007）間，高紳修建了越橋，原址在清代廣州城的大市街，他還修建了果橋，原址在清代廣州城的南濠街〔註 168〕。

〔註 166〕以上參見廣州市文物考古研究所《廣州市北京路千年古道遺址的挖掘》，收入《羊城考古發現與研究》，第 182 頁～196 頁。《廣州市中山六路黃金廣場漢六朝唐宋遺址》，第 202 頁～238 頁。《廣州市大塘街宋代河堤遺址發掘簡報》，第 256 頁～276 頁。
〔註 167〕《宋會要·方域》10 之 18，第 7482 頁；《宋史》卷 307《淩策傳》，第 10128 頁。
〔註 168〕《（道光）廣東通志》卷 153《建置略·梁津》，第 2797 頁。

宋代是廣州城市發展史上一個重要的階段，子城、東城、西城的修建拱衛了官署所在，使城內居民得以安居樂業。濠池的疏濬爲城市排水、防洪起到了重要作用。南濠作爲內港，它的疏濬和修復爲船舶的停駐、出行提供了便利。作爲爲官一方的廣州知州，由於這些造福當時、澤被後世的政績，庶不負「父母官」之名。

第三節　管理海外貿易

廣州是中國南方最重要的海外貿易港口之一，早在秦漢時期就已經顯示了蓬勃的經濟活力。秦始皇將嶺南納入中央版圖，一個重要的原因就是「利越之犀角、象齒、翡翠、珠璣」。漢武帝統一南越國，番禺作爲貿易集散地的作用日漸突出。粵地「處近海，多犀、象、毒冒、珠璣、銀、銅、果、布之湊，中國往商賈者，多取富焉。番禺，其一都會也。」雖然當時廣州的海外貿易尚未成爲國庫的重要支柱，只是滿足統治階級奢靡消費的需要，但管理廣州的官員已經出現了貪弊現象，引起了朝廷的注意。漢武帝設十三部刺史，廣州屬交趾部。交趾地多珍玩，「財產易積，掌握之內，價盈兼金」〔註169〕。官吏「上爲朝廷所疑，下爲權戚所望」〔註170〕，部吏因得恣其貪殘。「前後刺史率多無清行，上承權貴，下積私賂，財計盈給，輒復求見遷代，故吏民怨叛。」〔註171〕兩晉時期，「廣州包帶山海，珍異所出，一篋之寶，可資數世；然多瘴疫，人情憚焉。唯貧窶不能自立者，求補長史，故前後刺史皆多黷貨。」世云「廣州刺史但經城門一過，便得三千萬」也。當時貿易往來，「所在有所陵奪」〔註172〕。由於海外貿易而囤積財富的王公貴族亦見於史冊，蕭子顯言：「商舶遠屆，委輸南州，故交、廣富實，牣積王府。」〔註173〕南朝蕭梁時期，南海郡常有高涼生口及海舶，每歲數至，外國賈人以通貨易。舊時州郡以半價就市，又買而即賣，其利數倍，歷政以爲常。故每年舶至不過三數。前後刺史皆營私蓄，方物之貢，少登天府。武帝大通（527～529）中，廣州刺史蕭勵征討俚人，平定暴亂。「纖豪不犯，歲十餘至」。歲中數獻，

〔註169〕　《後漢書》卷76《循吏列傳·孟嘗》，第2474頁。

〔註170〕　《後漢書》卷64《吳祐傳》，第2099頁。

〔註171〕　《後漢書》卷31《賈琮傳》，第1111頁。

〔註172〕　《宋書》卷97《西南夷訶羅陀國傳》，第2381頁。

〔註173〕　（梁）蕭子顯撰《南齊書》卷58《列傳第三九東南夷史臣曰》，中華書局1972，第1018頁。

軍國所須，相繼不絕。武帝歎曰：「朝廷便是更有廣州。」〔註174〕唐朝時期，正式設立專門的機構管理海外貿易，在廣州設市舶使，派專官充任。主要職務一是爲宮廷採買奇珍異寶，一是徵收進口關稅，一爲管理海外貿易，禁止外商私自販賣未納關稅的貨物。市舶之利一度成爲唐朝末年國庫的重要經濟來源。宋朝平定嶺南後，太祖開寶四年（971）六月壬申（8日），即在廣州設市舶使，由知廣州潘美、同知尹崇珂共兼，通判謝批兼判官。制度上的變更使得海外貿易管理更加規範，爲新王朝向海外傳遞了友好、開放的態度。以後，廣州市舶「收課入倍於他路」〔註175〕，成爲了「頗足國用」的重要經濟來源。廣州知州作爲兼領市舶的主要負責人，他們招徠蕃商、修訂制度、督察官吏、減輕稅率、查處走私、處理獄訟，爲廣州海外貿易的發展作出了歷史貢獻。

一、進口物品的買賣和征稅

廣州從海外進口的諸類物品，優劣參雜，如果朝廷全部購買，勢必造成一定的經濟損失。太宗淳化元年（990），廣州知州李昌齡召還後，將自己對市舶管理的意見上呈，言：「商舶至，官盡增價買之，良苦相雜，少利。請擇其良者，官如價給之，苦者恣其賣，勿禁。」〔註176〕朝廷從之，淳化二年（991）四月，詔廣州市舶：「自今除禁榷貨外，他貨擇良者，止市其半，如時價給之。粗惡者恣其賣，勿禁。」〔註177〕眞宗大中祥符九年（1016）七月庚戌（8日），廣州知州陳世卿上言：「海外蕃國貢方物至廣州者，自今犀象、珠貝、揀香、異寶聽齎赴闕。其餘輦載重物，望令悉納州帑，估直聞奏。非貢奉物，悉收其稅算。」「緣賜與所得，貿市雜物則免稅算，自餘私物，不在此例。」從之。〔註178〕廣州知州爲鼓勵貿易，多次減輕稅率。仁宗康定二年（1041），廣州知州方愼言「廉取番舶輸官之利以招其徠」〔註179〕。嘉祐六年（1061）～治平元年（1064），余靖知廣州，他奏罷番舶船稅。〔註180〕高宗紹興三年（1133）

〔註174〕《南史》卷51《列傳第四一梁宗室上‧吳平侯景子勵》，第1262頁。
〔註175〕《宋會要‧職官》44之14，第3370頁。
〔註176〕《宋史》卷287《李昌齡傳》，第9652頁。
〔註177〕《宋會要‧職官》44之2，第3364頁。
〔註178〕《長編》卷87，第1998頁。
〔註179〕《端明集》卷39《尚書職方郎中謝公墓誌銘》，第364冊第519頁。
〔註180〕朱熹纂集《宋名臣言行錄五集‧前集》卷9《余靖襄公》，《宋史資料萃編》本，第315頁。

～五年（1135），季陵知廣州。「郡當海貨所聚，稅入不貲，監者積習爲奸，貪縱自如，至有八仙之目。公察其弊，更定稅例，令概損十三。揭之通衢，且俾商賈自書其數，而算增三倍。」〔註181〕

二、澄清吏治，嚴明法制，招徠遠人

眞宗大中祥符元年（1008）二月，馬亮自昇州移知廣州。到任後，「招攜裔蠻，杜絕侵擾」。「交州使人道出都府，常時貿易多所稽留，怠忽條章，喧煩裏閈，公榜揭科禁，犯而必行，畏威斂迹，罔復幹迁。」一時政清人悅。第二年，「蕃舶四倍而來。琛賮駢湊，耆髦駿歡，較於舊課，百萬其贏。」由於突出的貿易增長，朝廷派專使賜宴以示嘉獎。〔註182〕廣州蕃坊，海外諸國人聚居，置蕃長一人，管勾蕃坊公事，專切招邀蕃商入貢，用蕃官爲之。蕃人有罪，詣廣州鞫實，送蕃坊行遣。徒以上罪廣州決斷。〔註183〕朝廷議定蕃商犯罪決罰條，馬亮等人經審議後，「請應大舶主及因進奉曾受朝命者有罪責保奏裁，自餘悉論如律」，從之。〔註184〕眞宗封禪泰山，馬亮命大食商酋陁婆離、蒲含沙等人「共執方物貢於岳趾，中邦聳觀，大禮增華。」眞宗大中祥符九年（1016）七月七日，秘書少監、知廣州陳世卿言：「海外蕃國貢方物至廣州者……每國使、副、判官，各一人；其防援官，大食、注輦、三佛齊、闍婆等國勿過二十人，占城、丹流眉、渤泥、古邏摩迦等國勿過十人，並來往給券料。廣州蕃客有冒代者，罪之。」從之。〔註185〕仁宗景祐二年（1035）十月九日，前廣南東路轉運使鄭載言：廣州每年多有蕃客帶妻兒過廣州居住，今後禁止廣州不得賣與物業。詔知廣州任中師與轉運使相度以聞。〔註186〕徽宗崇寧四年（1105）～大觀元年（1107），王渙之知廣州。他對番夷事務嚴格管理。第一，嚴明刑法，若犯及刑案，雖番例亦不容脫，「有番豪殺其奴，舶司援舊例送番長杖笞，公不可，送有司論如法。自是諸番知畏戢。」第二，嚴控海關，禁絕走私。「海舶以祖宗舊數爲之制，給官印以驗實乃得行，棹楫

〔註181〕　（宋）蔡崇禮《北海集》卷35《宋故朝散大夫充徽猷閣待制提舉江州太平觀季公墓誌銘》，《宋集珍本叢刊》第38冊第317頁。
〔註182〕　《名臣碑傳琬琰之集中》卷1《晏殊・馬忠肅公亮墓誌銘》，《宋史資料萃編》本，第452頁。
〔註183〕　《萍洲可談》卷2《蕃坊蕃商》，第134頁。
〔註184〕　《長編》卷72大中祥符二年十一月甲子條，第1642頁。
〔註185〕　《宋會要・蕃夷》7之20，第7849頁。
〔註186〕　《宋會要・刑法》2之21，第6506頁。

不應法，皆沒入分配。巡捕官奸，盜無所容。」〔註187〕季陵知廣州期間，「掾吏乾沒市舶物直數千萬緡，奸贓屏息。」高宗紹興七年（1137）閏十月辛酉（3日），廣州知州連南夫條上市舶之弊，言市舶司全藉蕃商來往貨易，而大商蒲亞裏者既至廣州，有右武大夫曾納利其財，以妹嫁之，亞裏因留不歸。高宗因令南夫勸其歸國運蕃貨往來。〔註188〕紹興七年（1137），三佛齊國乞進章奏赴闕朝見，詔許之。令廣東經略司斟量，只許四十人到闕，進貢南珠、象齒、龍涎、珊瑚、琉璃、香藥。〔註189〕紹興二十六年（1156），三佛齊國請入貢，折彥質爲請，而提舉廣南市舶邵及之多沮抑，經尚書省勘會，邵及之以「與帥臣不和」放罷。〔註190〕

三、廣州知州兼領市舶制度的演變

太祖開寶四年（971）六月，在廣州設市舶司，以知州潘美、尹崇珂充市舶使，以駕部員外郎、通判廣州謝處玭兼市舶判官。「舊制市舶司多州郡兼領」。〔註191〕此後，「知州領使如勸農之制，通判兼監而罷判官之名，每歲止三班、內侍專掌，轉運使亦總領其事。」廣州知州兼領市舶屬於管勾性質，並非是專職。太宗太平興國二年（977）正月，曾命著作佐郎李鵬舉充廣南市舶使。實際上，神宗元豐三年（1080）、廣南東路經略安撫使不預市舶事務之前，知廣州的結銜很少有兼市舶使或帶市舶名目。除潘美、尹崇珂之外，史料所見僅六例：太平興國四年（979），楊克讓以刑部郎中知廣州兼轉運、市舶使；淳化二年（991），向敏中知廣州，遷職方員外郎，兼掌市舶，就領廣南東路轉運使；景德三年（1006）～大中祥符元年（1008），知廣州高紳的結銜爲「朝奉郎、起居舍人、直史館、知廣州軍州事兼市舶、管勾勸農事、輕車都尉、賜紫金魚袋」；景祐五年（1038），任中師知廣州，兼市舶使；徐起，知廣州軍州事、兼市舶使；嘉祐六年（1061），知廣州余靖的結銜爲「知廣州軍州事、兼管內勸農市舶使、提點銀銅場公事、充廣南東路都鈐轄兼本路經略安撫使」；熙寧元年（1068），張田知廣州兼市舶

〔註187〕（宋）程俱《北山集》卷30《寶文閣直學士中大夫致仕太原郡開國侯食邑一千四百戶食實封一百戶贈正議大夫王公（渙之）墓誌銘》，《文津閣四庫全書》第380冊第380頁。
〔註188〕《要錄》卷116，第2冊第569頁；《宋會要・職官》44之20，第3373頁。
〔註189〕《宋史》卷119《禮志》，第2814頁。
〔註190〕《要錄》卷174紹興二十六年八月甲申條，第3冊第450頁。
〔註191〕《記纂淵海》卷34《提舉市舶》，第309冊第245頁。

使。景祐五年（1038）九月七日，廣州知州任中師還朝後，上言：「臣在廣州，奉敕管勾市舶司，使臣三人、通判二人，亦是管勾市舶司，名銜並同。勘會所使印是市舶使字，乞自今少卿監以上知廣州，併兼市舶使入銜，內兩通判亦充市舶判官，或主轄市舶司事，管勾使臣並申狀。」神宗下詔今後少卿監已上知州兼市舶使，餘不行。至此，廣州知州兼領廣州市舶事務才有了正式結銜。其後，知廣州徐起的職銜即爲「知廣州軍州事、兼市舶使」。仁宗康定元年（1040），馬尋的結銜爲廣南東路諸州水陸計度轉運使兼提點市舶司、本路勸農使、朝奉郎、守尙書主客郎中兼權發遣軍州事、護軍、賜紫金魚袋。這種職銜上的計較預示著制度上的規整。元豐三年（1080），廣州市舶司事務從廣南東路安撫使事務中摘出，由轉運司統領。八月二十七日，中書言《廣州市舶條》已修定，乞專委官推行。詔廣東以轉運使孫迴，廣西以轉運使陳倩，兩浙以轉運副使周直孺，福建以轉運判官王子京。迴、直孺兼提舉推行，倩、子京兼覺察拘攔。〔註192〕「及轉運使司掌其事，又遣京朝官、三班，內侍三人專領之。」此後，廣南東路安撫使不帶市舶使銜。徽宗宣和二年（1120），周穜以集賢殿修撰知廣州，「終任不至舶務」〔註193〕。不過，廣州知州不預市舶的改革並不徹底。南宋時期，仍然出現了知廣州兼提舉市舶的例子。如周自強「兩兼市舶」〔註194〕，謝子強「兼領舶事四年」〔註195〕。

第四節　勸課農桑、減輕租賦、還補積欠、革無名之斂

　　農業是古代中國的生存之本，宋平廣州後，即著力恢復生產。開寶七年（974）四月丙午（28日），太祖遣使檢嶺南民田〔註196〕。太宗淳化元年（990）二月丁未（1日），除嶺南諸州漁禁〔註197〕。端拱（988～989）初，詔嶺南諸州長吏，勸民益種諸穀〔註198〕。眞宗景德三年（1006）二月丙子（3日），詔

〔註192〕《宋會要‧職官》44之6，第3366頁。
〔註193〕《粵大記》，第270頁。
〔註194〕《南澗甲乙稿》卷22《龍圖閣待制知建寧府周公墓誌銘》，《文津閣四庫全書》第389冊第338頁。
〔註195〕《粵大記》，第222頁。
〔註196〕《宋史》卷3《太祖本紀》，第41頁。
〔註197〕《宋史》卷5《太宗本紀》，第85頁。
〔註198〕《宋史》173《食貨志‧農田》，第4159頁。

少卿監、刺史、合門使已上知州者，併兼管內勸農使。〔註199〕「勸農桑」是宋代地方官的要務之一。宋代廣州知州關注農業生產。如孝宗乾道三年（1167），廣東提刑龔茂良知廣州。他注重田畝收成，就廣東多變的氣候表達了對農業生產的擔心，「十里平疇際遠山，土膏未動覺牛閒。行人多謝晴相送，只恐妨農雨大慳。晴雲當午爭揮扇，曉務生寒又著綿。此是嶺南春氣候，日中長有四時天。」〔註200〕乾道六年（1170），還朝奏對，孝宗問及廣南農事，龔茂良言：「嶺外土曠人稀，亦多不耕之田。蓋緣頃歲湖寇侵擾廣東，人戶流移。今漸次復舊。」〔註201〕嘉定十七年（1224），寧宗贈廣州日曆，以督導農業生產，知州應純之謝表云：「恭惟皇帝陛下，膺堯歷數，察舜璣衡。先天而天不違，妙輔相裁成之道；底日而日不失，示耕耘收斂之期。誕告庶邦，共循常憲。臣恭承頒朔，奉職宅南，雨足一犁，當盡心於勸課，日運百甓，誓自力於馳驅。」〔註202〕方大琮在任，積極督導生產，《宋忠惠鐵庵方公文集》分別留下了他在淳祐四年（1244）至七年（1247）所作的四篇《勸農文》，表達了他關注生產之心，他說：「二月賣新絲，五月糶新穀，謂無蓋藏耳。近年官糴不至，客販亦少。今勸諸郡鄉村略仿昔人創社倉意，為積穀計可乎。農以牛為主，一粒盤中飯，數滴牛頷血，謂其辛苦耳。近日官禁頗嚴，屠販漸省。今勸諸墟市細讀昔人戒食牛肉文，改宰牛業可乎。好賭博者當思手中攤錢，未有不輸；好爭訟者當思頭上種筆，未有不困；好行為盜者當思一時快意，三尺難逃，未有不敗。此又爾農所當知者。」〔註203〕不過，正如仁宗皇祐元年（1049）四月丁亥（25日）右司諫錢彥遠所言：「本朝轉運使、提點刑獄、知州、通判，皆帶勸農之職，拜敕結銜，正在督課，而徒有虛文，無勸導之實。」〔註204〕宋代廣州知州勸農事略較少，也體現了這種名不副實的弊病。

〔註199〕《長編》卷62，第1386頁。

〔註200〕《永樂大典方志輯佚·三陽圖志》《題詠·龔茂良·惠來驛》，第2782頁。

〔註201〕《續資治通鑑》卷141乾道六年五月甲子條，第3775頁；《宋史全文》卷25上《宋孝宗三》乾道六年五月甲子條，第1722頁。

〔註202〕《漁墅類稿》卷1《廣州謝賜曆日表》：太歲在申，定清臺之密課，三日先甲，賜方國之細書。同書卷3《謝留經略闕增城丞啟》，卷5《廣州州學序賢亭記》：帥守應純之所佐者各半之。第78冊第56、71、87頁。查《宋寧宗朝廣州知州表》，嘉定十七年為甲申年，廣帥為應純之。

〔註203〕《宋忠惠鐵庵方公文集》卷33《廣州乙巳勸農文》，第89冊第726頁。

〔註204〕《長編》卷166，第3998、3999頁。

相對於勸農事略的闕如，宋代廣州知州關心民瘼，他們減輕租賦、革除無名之斂，受到了百姓的愛戴。「宋制歲賦，其類有五：曰公田之賦，凡田之在官，賦民耕而收其租者是也。曰民田之賦，百姓各得專之者是也。曰城郭之賦，宅稅、地稅之類是也。曰丁口之賦，百姓歲輸身丁錢米是也。曰雜變之賦，牛革、蠶鹽之類，隨其所出，變而輸之是也。」〔註205〕馬端臨言宋代百姓負擔有十項之多：「余嘗謂唐之庸錢，楊炎已均入二稅，而後世差役復不免焉，是力役之征亦取其二也。本朝王安石令民輸錢以免役，而紹興以後，所謂耆戶長、保正雇錢復不給焉，是取其三也。合丁錢而論之，力役之征，蓋取其四矣。而一有邊事，則免夫之令又不得免焉，是取其五也。」「今布縷之征，有所折稅，有和、預買，川路有激賞，而東南有丁絹，是布縷之征三也。穀粟之征，有稅米，有義倉，有和糴（川路謂之勸糴），而鬥面加耗之輸不與，是穀粟之征亦三也。通力役之征而論之，蓋用其十矣，民安得不困乎？」〔註206〕如此沉重的負擔如果再進行橫征暴斂，必會激化社會矛盾，廣州知州體察民情，切實為百姓減免了很多賦役。

太祖開寶五年（972），首任廣州知州潘美將在戰後廢墟中搜尋的玳瑁、珍珠等獻於朝廷，上言「採珠危苦之狀」。五月丙寅（8日），為劉鋹奢靡生活服務的採珠之都——媚川都被朝廷罷去，並禁止民眾以采珠為業。〔註207〕

真宗封禪後，大中祥符二年（1009），有詔方國各營天慶觀以昭瑞命。廣州知州馬亮即以省民力、寬勞費不應詔命。代還之時，民闔境遺愛繪馬亮之像，共致生祠〔註208〕。

真宗大中祥符六年（1013）～九年（1016），陳世卿知廣州。他罷計口蠶鹽，人以休息。廣人將陳世卿和開鑿內濠的邵曄，並稱為「邵父陳母，除我二苦」。

仁宗天聖六年（1028）八月二十八日，廣州知州陳從易代還，言廣州管下鹽場差鹽丁盤運，勞煩民力，欲令自備人船赴州送納，便給價錢。從之。〔註209〕

嘉祐六年（1061）～治平元年（1064），余靖知廣州。他戒在任官吏不得

〔註205〕《宋史》卷174《食貨志·賦稅》，第4202頁。
〔註206〕《文獻通考》卷11《戶口考二》，第117、118頁。
〔註207〕《長編》卷13，第284頁。
〔註208〕《名臣碑傳琬琰之集中》卷1《晏殊·馬忠肅公亮墓誌銘》，第452頁。
〔註209〕《宋會要·食貨》23之34，第5191頁。

受給由蘇息二錢〔註210〕。

哲宗元符三年（1100），「內侍省牒廣州市龜筒數百斤」，廣州知州朱服不報，卒不與市，民賴以不擾。〔註211〕

高宗紹興初，季陵知廣州時，異時帥臣私用諸司錢帛，以至互訟。他「括先所降度僧牒，並獲積年隱陷成物，其數甚多，悉以付四易。」待「帥司用度豐足，盡償移用宿負。」〔註212〕

紹興六年（1136）八月二十一日，知廣州連南夫言本州連年賊盜侵犯，須贍兵馬守禦，因此財賦缺之，所有秋夏二稅乞免一二年。詔予蠲免今年夏秋二稅及上供錢物。〔註213〕

孝宗乾道元年（1165）六月二十五日，廣州知州林安宅上言：「近者湖南凶賊奔衝本路，韶、連、南雄、封州，德慶、肇慶府之西，會廣州之懷集、清遠，皆遭蹂踐，或被焚蕩。乞依廣西例，免今年夏秋二稅。所有諸州合應付轉運司供贍荊南及本路大兵錢糧時予蠲免。」詔依。今年夏稅人戶已行送納即理充來年之數，仍令尚書省給降黃榜，曉諭人戶，通知依前科擾，許人戶越訴。〔註214〕

孝宗淳熙二年（1175）～七年（1180），廣州知州周自強「罷八邑豫借之賦、輸米之暗增其耗者，務為寬政。」而用常有餘。〔註215〕

紹熙五年（1194）～慶元二年（1196），張釜知廣州。他「罷苗米餘耗，凡下戶皆得合零就整，命關市無得並緣收米麥薪炭之征。」「比去，猶蠲屬縣負租二萬九千餘石，以他錢補之。」〔註216〕

寧宗慶元三年（1197）～五年（1199），廣州知州錢之望「罷攝士，捐丁田米分鈔曆日錢歲萬七千緡，場務積欠四萬餘緡。」〔註217〕

〔註210〕《廣東新語》卷15《貨語‧贖貨》，第4冊第391頁。
〔註211〕《萍洲可談》卷2《龜筒》，第137頁。
〔註212〕《北海集》卷35《宋故朝散大夫充徽猷閣待制提舉江州太平觀季公墓誌銘》，第38冊第317、318頁。
〔註213〕《宋會要‧食貨》63之6，第5989頁。
〔註214〕《文獻通考》卷27《國用考五蠲貸》，第260頁；《宋會要‧食貨》63之24，第5998頁。
〔註215〕《南澗甲乙稿》卷22《龍圖閣待制知建寧府周公墓誌銘》，《文津閣四庫全書》第389冊第338頁。
〔註216〕《京口耆舊傳》卷7《張綱子堅、孫釜》，《文津閣四庫全書》第154冊第150頁。
〔註217〕《葉適集》卷18《華文閣待制知廬州錢公墓誌銘》，第346頁。

　　寧宗開禧（1205～1207）初，廣州知州陳樸「革弊例餘羨。受代，儲錢數十萬，上於朝。」〔註218〕

　　廣州知州陳峴蠲八縣送州錢六萬餘緡，禁其預藉以病民。州原有東莞場、靜康場、歸德場、矬峒場、官富場、海晏場、橫崗場、石疆場等八稅場，全年額催稅錢總計貳阡壹伯柒拾陸貫有奇。寧宗嘉定元年（1208），陳峴以為「僻遠，非商賈經由之地，歲入無幾，徒為民害，悉行除罷。」內東莞、靜康、歸德、海晏四場元係管催煎鹽課，自仍其舊。〔註219〕

　　寧宗嘉定九年（1216）～十一年（1218），廣州知州楊長孺蠲苛政之非法者。〔註220〕

　　理宗嘉熙（1237～1240）初，時議下廣右和糴，廣州知州唐璘言：「公家赤立，糴本無所辦，終恐日取於民，非臣不敢撥本，召釁重朝廷多事之憂。」〔註221〕

　　理宗淳祐末（1253～1258），李迪知廣州軍州事。「宮牆數仞臺閣，拜謁無下車殿庭之嫌，民戶納地基錢，吏以名色掊克，其來久矣。迪一切革去，自支官錢與吏作日費外，不許妄取一文。」〔註222〕

　　上述廣州知州的恤民行為，在歷史上都留下了一筆，對於宋代廣州的社會經濟發展起到了好的影響。

第五節　禮儀教化

一、祭祀

　　作為敬天畏地的表現，祭祀是中國古代一項莊嚴和神聖的大事，稱之為吉禮。古代祭祀的對象可以分為天神、人鬼和地祇。《禮記·禮運》稱：「夫禮，必本於天，殽於地，列於鬼神」。《史記·禮書》也說：「上事天，下事地，尊先祖而隆君師，是禮之三本也」。天界神靈主要有天神、日神、月神、星神、雷神、雨神和風雲諸神。地界神靈主要有社神、山神、水神、石神、火神及

〔註218〕　（清）李清馥《閩中理學淵源考》卷12《溫陵陳氏家世學派·安撫陳端行先生樸》，《文津閣四庫全書》第157冊第220頁。
〔註219〕　《西山先生眞文忠公文集》卷44《顯謨閣待制致仕贈宣奉大夫陳公墓誌銘》，第76冊第475頁；《大德南海志》卷6《舊志稅賦》，第29頁。
〔註220〕　《明一統志》卷79《廣東布政司·名宦·楊長孺》，第161冊第654頁。
〔註221〕　《宋史》卷409《唐璘傳》，第12333頁。
〔註222〕　《（雍正）廣東通志》卷39《名宦志·李迪》，第188冊第516頁。

動植物諸神。人界神靈種類主要有祖先、聖賢，行業神、起居器物神等等。《禮記・祭法》云：「夫聖王之制祭祀也，法施於民則祀之，以死勤事則祀之，以勞定國則祀之，能御大菑則祀之，能捍大患則祀之。」作爲和神靈或祖先進行溝通的方式，祭祀的整個形式都有一定的規範，包括使用的器具、儀式的程序、參加的成員及其它們的衣著服飾等諸方面，都代表一定的意義。地方官員有責任主持當地的祭祀事務，「維守土之臣，事神治民，皆其本職」〔註223〕。宋代廣州知州通過祭祀神靈、先賢，興建祠廟等方式向百姓傳遞中原禮制思想。

（一）祀南海神

南海神祝融，本爲火神，因被天帝派往南方掌一方水權，所以合水、火爲一神，兼南海之神。西漢宣帝時，祭祀海神成爲常禮，「以四時祠江海雒水，祈爲天下豐年焉。自是五嶽、四瀆皆有常禮。」〔註224〕隋文帝開皇十四年（594年）閏十月，在南海鎮南，「廣州扶胥之口，黃木之灣」，「並近海立祠」〔註225〕，建立了南海神廟。至唐代，「五嶽、四鎮、四海、四瀆，年別一祭，各以五郊迎氣日祭之。南海祭於廣州。其牲皆用太牢，籩、豆各四。祀官以當界都督、刺史充。」〔註226〕南海神在唐代諸海神中位次最高，「考於傳記，而南海神次最貴，在北東西三神、河伯之上」。廣州刺史每年在立夏之時，到神廟主持祭祀，「事訖驛聞」。唐玄宗天寶十載（751）正月，冊尊南海神爲廣利王。唐代廣州刺史「常節度五嶺諸軍，仍觀察其郡邑，於南方事無所不統。地大以遠，故常選用重人。既貴而富，且不習海事。又當祀時，海常多大風，將往皆憂戚。既進，觀顧怖悸，故常以疾爲解，而委事於其副。其來已久」。唐憲宗元和十三年（818），廣州刺史孔戣「自犯風波而往」，爲國家、百姓祈福，「祀之之歲，風災息滅。人厭魚蟹，五穀胥熟。」韓愈稱頌其事曰：「南海陰墟，祝融之宅。即祀於旁，帝命南伯。吏惰不躬，正自今公。明用享錫，右我家邦。惟明天子，惟愼厥使。我公在官，神人致喜。海嶺之陬，既足既濡。胡不均弘，俾執事樞？公行勿遲，公無遽歸。匪我私公，神人具依。」〔註227〕南漢大寶九年（966），國主劉鋹封南海神爲昭明帝，廟爲

〔註223〕《全宋文》卷2526《張勵・廣州重修五仙祠記（政和四年十月）》，第117冊第224頁。
〔註224〕《漢書》卷25下《郊祀志》，1249。
〔註225〕《隋書》卷7《禮儀志》，第140頁。
〔註226〕《舊唐書》卷24《禮儀志》，第910頁。
〔註227〕《韓愈全集校注》卷31《南海神廟碑》，第2408、2409、2410頁。

聰正宮，其衣飾以龍鳳〔註228〕。宋代以來，南海神祭祀是「嶽鎮海瀆」四祀之一。開寶四年（971）廣南平，六月癸酉（9日），遣司農少卿李繼芳祭南海。詔削去劉鋹所尊海神帝號及宮名，易一品之服。又詔：「嶽、瀆並東海廟，各以本縣令兼廟令，尉兼廟丞，專掌祀事。」〔註229〕太宗太平興國八年（983），定立夏日祀南海神於廣州。〔註230〕宋眞宗大中祥符五年（1012）八月丁未（12日），遣使葺廣州南海廟。明年九月辛卯（2日），又葺。〔註231〕仁宗康定二年（1041）十一月，詔封南海神爲洪聖廣利王。〔註232〕皇祐三年（1051）三月十九日，廣州知州田瑜「祗命致享於洪聖廣利王廟」〔註233〕。皇祐五年（1053）六月乙未（27日），廣東轉運使元絳言儂智高寇廣州，數有風雨之變，賊懼而遁，州人賴其神靈，乃詔益封南海神爲洪聖廣利昭順王。〔註234〕嘉祐六年（1061）正月乙未（11日），詔有司制南海廣利洪聖昭順王廟所用冠服及三獻官、太祝、奉禮祭服，罷本廟所賜樂曲。〔註235〕嘉祐七年（1062），廣州知州余靖修葺神廟。〔註236〕神宗熙寧六年（1073）十二月丙申（28日）至七年（1074）八月，廣州知州程師孟奉詔三次到神廟祈雨，三次酬謝。〔註237〕元豐元年（1078）秋，苦雨，廣州知州曾布祈晴於祠下，「逾月被命，了然不差。因而命工修飾祠像，以答靈貺」〔註238〕。徽宗政和五年（1115），用知廬州朱維言五嶽四瀆庇福一方，生民受惠，宜不在風雨雷師之下，而祀不用樂，乞依社

〔註228〕（清）吳任臣《十國春秋》卷60《南漢三後主本紀》，《五代史料彙編》第8冊第4192頁；《文獻通考》卷83《郊社考十六》，第758頁。
〔註229〕《宋史》卷2《太祖本紀》、《宋史》卷102《志第五五·禮五·嶽瀆》，第33、2485頁；《長編》卷12宋太祖開寶四年五月辛酉條，第265、266頁。
〔註230〕《宋史》卷102《志第五五·禮五·嶽瀆》，第2485、2486頁。
〔註231〕《長編》卷78，第1780頁；卷81大中祥符六年九月辛卯條：遣使葺南海廣利王廟。彼時，尚未封廣利王，恐誤。第1846頁。
〔註232〕《（道光）廣東通志》卷205《金石略·康定二年中書門下牒》，第3699、3700頁；《廣東通志金石略》，第152頁。
〔註233〕《（道光）廣東通志》卷206《金石略·田瑜題名》，第3705頁；《廣東通志金石略》，第164頁。
〔註234〕《長編》卷174，第4214頁。
〔註235〕《長編》卷193，第4661頁。
〔註236〕《（道光）廣東通志》卷208《金石略·重修南海廟碑》，第3714頁；《廣東通志金石略》，第182頁。
〔註237〕《（道光）廣東通志》卷207《金石略·南海廟程師孟禱雨記》、《南海廟謝雨記》，第3720頁、3723頁；《廣東通志金石略》，第191、198頁。
〔註238〕《（道光）廣東通志》卷210《金石略·方漸·六侯之記》，第3764頁；《廣東通志金石略》，第282頁。

稷例，用大樂，仍撰合用樂章，行下嶽瀆所在州縣致祭，從之。〔註239〕紹興（1131～1162）初，廣州知州季陵修葺位於州城西南的南海西廟〔註240〕。紹興七年（1137）九月，加封南海神爲洪聖廣利昭順威顯王〔註241〕。孝宗乾道元年（1165）十月二十五日，廣州知州陳輝將陳豐撰寫的《南海廣利洪聖昭順威顯王記》刻於石上，立於南海神廟〔註242〕。乾道三年（1167），重修神廟。寧宗慶元三年（1197），大奚山海盜作亂，十月二十三日，廣州知州錢之望誘敵於南海廟前海中，「戰鬥數合，因風縱火，遂焚其舟。」其後深入巢穴，招捕餘黨。戰後，錢之望以南海神庇祐爲名，出帑錢千緡崇飾廟貌，又企申加廟號。四年（1198）五月，賜「英護廟」額。〔註243〕嘉定十七年（1224）仲冬，廣南東路轉運司翻新神廟，寶慶元年（1225）季夏，功成。「糜金錢六百萬有奇」〔註244〕。理宗端平三年（1236）三月，廣州知州彭鉉詣祠蕆祀事〔註245〕。

（二）祀其他神祇

除祀南海神外，宋代廣州知州還對當地神祇進行祭祀崇拜，表達自己的敬奉和祈福之意。廣州舊有五仙祠紀念五羊傳說。廣州知州程師孟曾有詩云「欲舉輕舟印碧虛，善鄰猶得道流居」。廣州知州蔣之奇亦拜謁其中，有詩云「州宅之西敞華堂，我來拜跪焚寶香。堂中塑像何所見，乃有五仙乘五羊。」徽宗政和三年（1113）四月，廣州知州張勵到任後，訪祠觀故址，猶有存者。「乃者守吏更治州舍，輒遷祠他所。後守繼以其地斥酒室，眞仙失故處。非

〔註239〕《明集禮》卷14《吉禮十四專祀嶽鎮海瀆天下山川城隍·樂》，《文津閣四庫全書》第216冊第543頁。

〔註240〕《（道光）廣東通志》卷211《金石略·廖容·重修南海廟記》，第3772頁；《廣東通志金石略》，第299頁。

〔註241〕《要錄》卷114紹興七年九月條，第2冊第558頁；《（道光）廣東通志》卷211《金石略·陳豐·南海廣利洪聖昭順威顯王記》，第3769頁；《廣東通志金石略》，第293頁。

〔註242〕《（道光）廣東通志》卷211《金石略·南海廣利洪聖昭順威顯王記》，第3769、3770頁；《廣東通志金石略》，第295頁。

〔註243〕《（道光）廣東通志》卷212《金石略·南海神廟慶元四年尚書省牒》，第3784、3785頁；《廣東通志金石略》，第322、323頁。

〔註244〕《（道光）廣東通志》卷213《金石略·轉運司修南海神廟記》，第3791頁；《廣東通志金石略》，第333頁。

〔註245〕《（道光）廣東通志》卷213《金石略·廣州南海廟韓碑陰彭鉉題名》，第3794頁；《廣東通志金石略》，第339頁。

徒神之不安也，而人亦不安。歲多有怪風、盲雨、疫癘間作，或海溢水潦爲患。州人咸以五仙失所處而然，願還其舊有日矣」。張勵感歎「今不復，將遂失其故處，遺迹掃矣。名存實廢，後何所考據？」秋八月，乃即故地規度，還其所侵，畚除瓦礫、草萊以胥棟宇。明年八月祠成，其月二十七日，奉舊像並五石還祠。張勵「慮來者之不知，又有改之者」，作《五仙觀記》，「謹書以告吉期，永無廢焉。」〔註246〕

寧宗嘉定元年（1208）～四年（1211），陳峴知廣州。他在藥洲蓮池上建奉眞觀祀五仙。〔註247〕

此外，廣州知州還有祀豐隆神之舉。《萍州可談》卷二載：廣帥以五月祈風於豐隆神。

（三）祀先賢

宋朝之前，名垂青史的廣州地方官以自己的治績、清名著稱於世，當地人會建祠以資紀念。宋代廣州知州下車伊始，即以禮進謁先賢祠，以「見夫希慕嚮往之意也」〔註248〕。並且，他們自己也興建祠堂，砥礪州政，垂鑒後世。

神宗熙寧元年（1068），廣州知州張田作欽賢堂，繪古昔清刺史像，日夕師拜之。〔註249〕哲宗元祐元年（1086），廣州知州蔣之奇到任前，已有知州集晉唐以來治番禺有政能者八人像而祠之爲「八賢祠」。此八賢爲吳隱之、宋璟、李尚隱、盧奐、李勉、孔戣、盧鈞和蕭仿。蔣之奇又增加吳晉廣州刺史滕修、唐廣州刺史王琳，繪其象，建十賢堂以祀，冀變其習〔註250〕。並作《廣州十賢贊》〔註251〕傳世。孝宗淳熙二年（1175），周自強於十賢堂東，集本朝潘美、向敏中、余靖、魏瓘、邵曄、陳世卿、陳從易、張頡等八人，建八賢堂繼之。「而士子因欲祠公像於學，以謂中興以來未有久任之美如公者也，而公力謝

〔註246〕《全宋文》卷2526《張勵·廣州重修五仙祠記（政和四年十月）》，第117冊第224頁。
〔註247〕（清）仇巨川纂、陳憲猷校注《羊城古鈔》，廣州：廣東人民出版社1993，第281頁。
〔註248〕《（道光）廣東通志》卷190《藝文略·蔣之奇·廣州十賢傳一卷·後序》，第3481頁。
〔註249〕《宋史》卷333《張田傳》，第10707頁。
〔註250〕（宋）范成大《吳郡志》卷6引《仲並·三賢堂記》，《宋元方志叢刊》第1冊第628頁。
〔註251〕參見《全宋文》卷1707《蔣之奇·廣州十賢贊》，第78冊第244～247頁。

止之。及移丹徒，邦人竟爲之祠云。」〔註252〕理宗淳祐四年（1244），方大琮在州學建祠祀唐朝名相張九齡和端平名相崔與之，因二先生一謚文獻，一謚清獻，故名二獻祠〔註253〕。景定（1260～1264）末，廣州知州劉應龍在西城建紫虛古眞仙祠，祀增城進士古成之〔註254〕。

據學者考察，宋代廣州尙有「三賢祠」祀崔與之、李昴英、郭閶，「四先生祠」祀古成之、李昴英、郭閶、溫若春，亦均爲州所建〔註255〕。惜史料不足，難以確定建成時間。

二、興學

（一）州學的興建和擴展

宋代之前，嶺南文教事業經過地方官員的教化、北來移民的薰染，經學、文學、史學、藝術、宗教等領域有了一定程度的發展。不過，仍然不能和中原比擬，「漢晉隋唐間，雖號爲一統，然德薄化淺，聲教不能暨朔南。岳牧名臣，雖清白如吳隱之，剛正如宋廣平，咸著治績，而庠序之事闕焉。是宜褒衣帶，射策決科之士，不能與閩蜀侔盛也。」〔註256〕宋平廣州後，太祖施行了一系列振恤政策，「赦廣南管內州縣常赦所不原者。僞署官並仍舊。無名賦斂，咸蠲除之。除開寶三年以前逋租。亡命山林者釋罪招誘。吏民僧道被驅率者，官給牒聽自便。民饑者發廩賑之。諸軍俘獲，悉還其主。縱遣劉鋹父祖守墳宮人。俊士奇才，所在詢訪。修辭挺節，恥仕僞邦者，長吏以名聞。祠宇邱壟，悉加營護。」〔註257〕「其有順孫孝子。節婦義夫。皆令舉明。當議旌表。」〔註258〕又接連選派重臣僚屬潘美、尹崇珂等人威撫廣州，使廣州

〔註252〕《南澗甲乙稿》22《龍圖閣待制知建寧府周公墓誌銘》，《文津閣四庫全書》第389冊第338頁。《方輿勝覽》卷34《廣東路・廣州・古迹・八賢堂》，第608頁。

〔註253〕《宋忠惠鐵庵方公文集》卷38《廣州奉安二丞相祠釋菜先聖祝文》，第89冊第753頁。

〔註254〕《（道光）廣東通志》卷205《金石略・五仙觀古仙詩碑》，第3695頁；《廣東通志金石略》，第144頁。

〔註255〕參見張其凡《宋代廣州三祠》，載《宋代人物論稿》，上海：世紀出版集團，第579～580頁。《（雍正）廣東通志》卷44《人物志・文苑・溫若春》載：淳祐甲辰，廣帥方大琮立四先生祠祀古成之、李昴英、郭閶，暨若春云。第188冊第620頁。應誤。

〔註256〕《王十朋全集・文集》卷22《廣州重建學記》，第958頁。

〔註257〕《長編》卷12開寶四年二月辛卯條，第261頁。

〔註258〕《宋大詔令集》卷225《平廣南曲赦（開寶四年二月）》，第870頁。

的發展走上了正軌。太宗太平興國二年（977），廣南諸州轉運副使周渭上奏「興學校」，教育的振興開始走上日程。不過，宋滅南漢後，曾將南漢士人大批遷往開封，如周克明之父周茂元、馮元之父馮邴均是，故直至仁宗儒學復興運動時，廣州才又開始學術振興之路。慶曆三年（1043）十二月庚申（27日），許廣州立學。〔註259〕徽宗大觀（1107～1110）初，天下大治，四夷向風，廣州泉南請建番學。〔註260〕大觀二年（1108）三月三十日，前攝賀州州學教授曾鼎且言：「竊見廣州蕃學漸已就緒，欲乞朝廷擇南州之純秀練習土俗者，付以訓導之職，磨以歲月之久，將見諸蕃之遣子弟仰承樂育者，相望於五服之南矣。」詔：「曾鼎且充廣州蕃學教授，其應合行事件並依也。」〔註261〕廣州知州田瑜、程師孟、蔣之奇、章楶、龔茂良、應純之、方大琮等人對廣州州學或新建、或修繕、或充實，為宋代廣州教育事業的發展作出了歷史貢獻。

慶曆間，廣州舊有學校已無蹤跡可尋，「惟西城蕃市有夫子廟址」，「即夫子廟以為之。而其制度迫陋，不足以容生徒」。仁宗皇祐二年（1050），田瑜「徙郡學於州之東南，始斥大之。」

神宗熙寧元年（1068），張田準備將郡學徙至國慶寺東，事未及而卒。郡人試將作監主簿劉富將其在城郭附近的土地及廩庾居舍捐出興建學舍，「殿堂廟序，始將完矣」，轉運使陳安道嫌其庫陋，「盡以官錢市良材，而樸斫焉」。如此構建了「東屋四十楹有畸，以為生員廬舍」〔註262〕。

熙寧三年（1070），程師孟到任伊始，即向郡學生詢問本州風俗民情，或需發揚、或需革除，都了然於胸。「冒尚美惡，由教之廢興也。」他「以圭田之收，繼生員之給」，支持郡學。劉富又一次提出捐資修繕郡學的請求，懷化將軍卒押陀羅也願意出資，並另售田「願置別舍，以來蕃俗子弟，群處講學。」〔註263〕在這兩人出資基礎上，程師孟「發官貲」，「繼成郡學西屋」。「日引諸生講解。負笈而來者相踵，諸蕃子弟皆願入學。」〔註264〕。

〔註259〕《長編》卷145，第3516頁。

〔註260〕（宋）蔡絛撰，馮惠民、沈錫麟點校《鐵圍山叢談》卷2，中華書局1983，第27頁。

〔註261〕《宋會要・崇儒》2之12，第2193頁。

〔註262〕以上見《永樂大典方志輯佚・南海志》《詩文・章楶・廣州府移學記》，第2452～2456頁。

〔註263〕《永樂大典方志輯佚・南海志》《詩文・程矩・學田記》，第2456～2457頁。

〔註264〕（宋）龔明之《中吳紀聞》卷3《程光祿》，《宋元地理史料彙編》第1冊第624頁。

　　哲宗元祐元年（1086），蔣之奇下車伊始，即於學宮謁先聖。明年仲春上丁，復行釋奠之禮。學宮雖經田瑜、程師孟等人的修繕，初具規模，但「堂廡庫陋，隅奧側陋。師生所瞻，曾莫攸處。講肆之次，寢以毀廢。」蔣之奇以「鄉亭餘材」，加以漕司增金，修建了大殿、兩廡、講堂和議道堂。明年夏，學成。蔣之奇親撰《學記》，表示自己為官一方，當以地方教化為務，「庠序者，固育材之地。為政者，捨此而不務，非知治者也。」而廣州以都會之名，「氣象雄偉，非它州比。」但嶺南名人公卿卻出自韶州、日南，「韶之曲江，越在荒服。爰之日南，介於外夷，而猶有張九齡、姜公輔之儔出焉，豈以番禺之盛，而獨無昂霄聳壑之材見於世中？」此中原因，不能不令人深思。他認為自南越國直至南漢王國，廣州歷經崢嶸，割據者「豈暇遑庠序之事哉？」興學重教是關係千百年的大事，「崇師儒，興學校，初雖若迂遲闊緩，而其效嘗見於千百年之後。雖至於衰亂之世，而餘風遺烈，猶未泯也。」自己興學於廣州，一是期望廣州人才能與文化之盛的中州相比，另一目的即能夠使蠻夷趨風向化，「繇今以往，將見人倫益以明，禮義益以起，而士之秀異者，亦益以出，則豈惟中州之人哉？雖卉裳衣，胡夷蠻，猶將竭蹶而趨風，鼓舞而響化。」如此，「南交底寧，猗學之功。」〔註265〕

　　蔣之奇去任之後，因講堂、議道堂未甚宏偉，將未盡事業託付給繼任者蔡卞。蔡卞對州學進行修復，已而「議道既建，而講堂獨弗克就。」

　　哲宗紹聖二年（1095），章楶到任後，對廣州人物寥落的原因發出感歎，「番禺為鉅鎮，至於士人之知名者獨少，而業文擢第及劣於他州，其故何哉？」他分析了三條原因，一是奸雄盜匪根據之地，鎮撫為主，無暇教化，「按州圖，去京師四千七百里，帶山並海，依險阻以為固，秦漢以來，常為奸雄桀黠竊據其地。其後廢國為郡，置吏統治，至者彈擊豪強，狙剪冠盜之不暇，尚何及教化之事哉。」二是海外貿易的暴利使人重利輕義，「水陸之道四達，而蕃商海舶之所湊也。群像珠玉，異香靈藥，珍麗瑋怪之物之所聚也。四方之人雜居於市井，輕身射利出沒波濤之間，冒不測之險，死且無悔。彼既殖貨浩博，而其效且速，好義之心不能勝於欲利。」三是習俗積久而成，「其俗喜遊樂，不恥爭鬥，婦代其夫訴訟，足躡公庭，如在其室家，詭辭巧辨，喧嘖誕謾，被鞭笞而去者無日無之。巨室父子或異居焉。兄弟骨肉急難不相救，少

――――――――――――――――――

〔註265〕《永樂大典方志輯佚·南海志》《詩文·蔣之奇·廣州州學記》，第2448～2452頁。

犯長，老欺幼，而不知以爲非也。嫁娶間有無媒妁者，而父母弗之禁也。喪葬送終之禮，犯分過厚，蕩然無制，朝富暮貧，常甘心焉。」所以要改變廣州文教落後的現狀，必須振興教育，他說：「古者鄉黨都鄙，莫不有學。學者賢人之所止，而禮義之所自出也。故余始領職，即以庠序爲先。」由於州學學舍在中城之西，國慶寺之東，「迫近市廛，喧嘩冗雜，殆非弦誦之所。」並且不合「小學在公宮南之左，大學在郊」的建學古制。經過和轉運使傅志康、轉運判官馮彥信協商後，在郡學生 151 人的請狀下，選擇牙城東南隅作爲新的州學校址，「直番山之前，而風水且順，建學聚徒，此其吉地也。」紹聖乙亥（1095）十一月丁巳（25 日），正式開工，明年（1096）六月辛巳（23 日）告成。夫子之殿，義道之堂，兩廡及門，講堂，依次建成。舊門之外，又作重門，兩門之間，又增建屋十四楹，東西相向，作爲小學、直學的客次廬舍。學校建成之後，章粢又諄諄教導學生要正心誠意，誦孔孟之書，學先王之道，修身、齊家、治國平天下。並表達了自己的期望之情，「日切月，使之風俗丕變如齊魯之國，是太守之所望也。雖然，豈止於是而己哉？異日諸生有能傑然獨立，不以富貴介於心，都高位，據顯塗，推廣所學以及天下之生靈，使薦紳大夫傾心颯慕曰『此番禺郡國生員也』。如是，則太守亦有餘榮。」〔註266〕

　　孝宗乾道五年（1169）春上丁日，龔茂良釋奠於先聖先師。州學自紹聖三年（1096）遷徙重建後，再無修繕。時已破敗不堪，「祠宇庳陋，楹桷頹圮」，又加之「規摹未宏，不足以容多士，與雄大之府弗稱。」「繪像不如禮，豆籩簠，無餘地可陳。廊廡迫隘，至不容折旋。講肄之所，去殿庭不咫尺。」見者均感愧於心，龔茂良喟然謂諸生曰：「治孰有急於此乎？」於是經過官司協商調度，以公庫撙節之數和憲漕舶三司所助羨緡，將舊學修繕一新。新建講堂於學前〔註267〕，或稱飛閣，奉高宗所書《六經》、《孝經》於其上，「東西十一筵，南北九之。庭之下什伯其初，增闢兩廡倍其舊，六齋對峙。前繪從祀像」。大殿規模仍舊，但「藻飾煥然，侈於他所。門以欞星，繚以周垣。」後置番禺、南海二縣學。又「大江橫其前，協泮水之制。」「經始於夏四月，訖工於日南至」，

〔註266〕以上見《永樂大典方志輯佚‧南海志》《詩文‧章粢‧廣州府移學記》，第 2452、2453、2454 頁。

〔註267〕《大德南海志》卷 9《學校》作御書閣，第 85 頁；《（道光）廣東通志》卷 211《金石略‧王十朋‧廣州重建學記》，纂者辯曰：御書，蓋高宗所書《六經》及《孝經》賜州學者。閣，度置也。《郝志》竟云「建御書閣」，誤矣。第 2773 頁；《廣東通志金石略》，第 300、301 頁。筆者亦認爲應放置御書之處，非名「御書」。

約八個月事畢。學成，行釋菜禮，鄉飲禮〔註268〕。此次興學，較之北宋，規模宏大，禮制齊備，確是州學一大盛事。在師資方面，龔茂良還延聘博羅縣潘預來州教學。潘預，「篤學該洽，以古文詞爲鄉黨重，而尤邃於易。嘗著《易範八篇》。南州經學自是日盛。」〔註269〕正如同僚所言，「（公）出典大藩，又能行其所學，不鄙夷遐方僻壤之民。廣儒宮以教之，可謂儒者矣。」〔註270〕

孝宗淳熙三年（1176），周自強「以暇日修治學宇，創二亭，敬一齋」〔註271〕。並且「儲書備器」用以勸學。據《大德南海志》卷九《舊志進士題名》：廣州自紹興三十年（1160）番禺人陳康延登第後，直至淳熙二年（1175），南海人林昂登第，十五年未有廣州學生及第〔註272〕。周自強興學、勸學後，淳熙五年（1178），南海陳獻臣、番禺曾槐分別登第，效果可謂立竿見影，「士風翕然大變。」

淳熙十一年（1184），廣州知州鞏湘增學田若干。〔註273〕

寧宗嘉定元年（1208），廣州知州陳峴和運使張欣、提舉劉燧、市舶梁克俊共同捐資，「役廟學一新」。嘉定二年（1209），陳峴立廣州府學管額，確定州學佔地，「東南西北內外周圍城腳，經界入學，永遠充修造養士公用，諸人無得侵佔。」〔註274〕

嘉定四年（1211）～六年（1213），廖德明知廣州。他「立師悟堂，刻朱熹《家禮》及程氏諸書。公餘，延僚屬及諸生親爲講說，遠近化之。」〔註275〕

〔註268〕《文溪存稿》卷1《廣帥方右史行鄉飲酒記》，第14～15頁。
〔註269〕《（雍正）廣東通志》卷44《人物志·惠州府·潘預》，第188冊第621頁；《清一統志》卷343《惠州府人物·潘預》，第164冊第343頁。
〔註270〕《廣州重建學記》。
〔註271〕《龍圖閣待制知建寧府周公墓誌銘》。《大德南海志》卷9《學校》：創亭番山，重建六齋，第78頁。從《墓誌銘》。
〔註272〕《大德南海志》卷9《舊志進士題名》：陳康延紹興三十年第三甲梁克家榜；林昂淳熙二年第五甲詹騤榜，相差十五年，第91頁。《龍圖閣待制知建寧府周公墓誌銘》言「始廣之進士二十年無登科矣」，誤。
〔註273〕《（道光）廣東通志》卷211《金石略·廣州增置贍學田記》，第3778、3779頁；《廣東通志金石略》，第312、313頁。
〔註274〕《（道光）廣東通志》卷212《金石略·廣州府學管額碑》，第3787頁；《廣東通志金石略》，第327頁。
〔註275〕《宋史》卷437《廖德明傳》言在南粵時立堂、刻書、講書。第12972頁。（宋）陳淳《北溪先生大全文集》卷14《代陳憲跋家禮》：亦有傳入廣者，廖子晦意其爲成書定本，遂刊諸帥府。《宋集珍本叢刊》第70冊第81頁。《淵鑒類函》卷113《設官部五十三太守四·惟用直道而行條》則以知廣州事歸之，《文津閣四庫全書》第327冊343頁。

他聘請鄭可學到州學。鄭可學，從朱熹遊，所著有《春秋博議十卷》、《三朝北盟舉要一卷》、《師說十卷》、詩數百篇〔註276〕。

嘉定九年（1216）～十一年（1218），楊長孺知廣州，他將龔茂良所建講堂加以擴大，「視昔爲壯」，並「奉御書、經史旺列左右」。〔註277〕南海人譚凱，性恬靜不妄言，讀書務自得，早謝科舉，不爲紛華所動。崔與之高其行義，薦於楊長孺。長孺亟往見之，尊爲學老〔註278〕。番禺人楊汪中，幼孤，篤志好學，長孺見其文，重之，辟爲州學錄。

嘉定十六年（1223），在南海郡郡博士許巨川的動議下，廣州知州應純之出資一半約五萬錢在番山腳下、州學之側興建射圃。「散蕪蕫穢，增庳夷高。抗侯於西，締亭於東」，「亭成扁曰序賢」。亭落成後，應純之又以弓矢贈許巨川，讓其率諸生行射禮。在臺閫的敬信下，廣州州學「學政畢舉，創小學，廣弟子員，增歲廩之租補庋藏之籍，講鄉飲之禮，飾丁祭之服矣。」〔註279〕

理宗紹定二年（1229），方淙將大成殿下方庭，以石甃之。〔註280〕

淳祐二年（1242）～七年（1247），方大琮知廣州。他改建飛閣，中塑聖賢燕居像位，旁列文行忠信四齋，爲番山書院。淳祐四年（1244），方大琮建本源堂於閣後，創仁義中正四齋，後改文行忠信齋，各八室。後闢爐亭地據高明軒，戶宏敞，扁其堂曰「本源」，取濂溪五常之本、百行之源語也。〔註281〕

淳祐九年（1249），廣州知州宋慈刊刻胡寅《敘古千文》於州學。〔註282〕

寶祐元年（1253），李迪遷小學於州學偏西之處。開創郡學便門。〔註283〕

景定（1260～1264）間，謝子強市田以增學費。〔註284〕

〔註276〕《閩中理學淵源考》卷 19《朱子興化門人並交友・文學鄭子上先生可學》，第 157 冊第 255 頁。

〔註277〕《大德南海志》卷 9《學校・舊志學校去處》，第 85、86 頁。

〔註278〕《（雍正）廣東通志》卷 44《人物志・隱逸・譚凱》，第 188 冊第 621 頁。

〔註279〕《漁墅類稿》卷 5《廣州州學序賢亭記》，第 78 冊第 87 頁。

〔註280〕《大德南海志》卷 9《學校・舊志學校去處》，第 86 頁。

〔註281〕清人以此爲濂泉書院，見《（雍正）廣東通志》卷 44《人物志・田知白》，第 188 冊第 621 頁。應誤。《大德南海志》卷 9《學校・書院》載：濂泉書院，所以奉濂溪周元公也。元公曾爲廣漕，州人祠之，故立書院於漕司廨宇之後，以教養諸生。第 82 頁。

〔註282〕《文溪存稿》卷 4《書胡致堂〈敘古千文〉後》，第 45 頁。

〔註283〕《大德南海志》卷 9《學校》，第 86 頁。

〔註284〕《粵大記》，第 221、222 頁。

此外，陳峴撥金鬥場，歲收地基錢一百貫添助南海縣儒學養士，施田及請買到贍學田共四十餘頃。番禺縣學在淳祐元年（1241），由知縣諸葛珏、鄉大夫李昴英謀建，提舉李鑒首捐錢千緡爲倡，經略劉伯正、運使劉克莊亦相繼捐錢相其役。學成，李鑒時攝帥，隨撥官田四百畝有奇以助養士。方太琮臨流修建了浴沂亭，爲士子游息之所，撥田益其廩〔註285〕。

（二）貢院的興建和擴展

廣州州學的新建和修繕，有利於培養士人，傳播文化，使廣州文風漸濃。仁宗慶曆三年（1043），參知政事歐陽修說：「今廣南東、西路進士，例各絕無舉業，諸州但據數解發」〔註286〕。逮至南宋，廣州參加科考和登第的情況與北宋相比，已大有不同。「自中原遭胡虜之禍，民人死於兵革水火疾饑墜壓寒暑力役者，蓋已不可勝計。而避地二廣者，幸獲安居。」〔註287〕高宗建炎二年（1128）龍飛榜進士，潮州人王大寶爲榜眼〔註288〕。紹興二年（1132），南海人黃勳登進士第，郡守向子諲因名所居巷曰擢甲〔註289〕。紹興二十九年（1159），廣東運判林安宅攝州事，「即僑劉清虛洞建東西二院，西以貢鄉曲之英，東以賓類試之士」。孝宗淳熙元年（1174），知州司馬伋「增修西貢院楹廡，士益盛，屢滿不能容」。〔註290〕寧宗慶元元年（1195），知廣州張釜支持本鄉舉子赴省考試，「士之試禮部，給道里費，視池陽加倍，遂爲定式」。〔註291〕廣東漕試解額，「士之與計偕者十有三，客「五十人貢一人」。針對貢院室無楹廡，流寓解額較低的情況，嘉定元年（1208），知州陳峴上奏要求增加流寓

〔註285〕《大德南海志》卷9《學校‧南海縣學、番禺縣學》，第83頁。
〔註286〕《歐陽修全集》卷113《論逐路取人箚子（治平元年）》，第1717頁。
〔註287〕（宋）莊綽撰、蕭魯陽點校：《雞肋編》卷中《中原避禍南方者遭遇之慘》，中華書局1983，第64頁。
〔註288〕《宋史》卷386《王大寶傳》，第11856頁。
〔註289〕《（雍正）廣東通志》卷44《人物志‧黃勳》：黃勳，紹興二年登進士第。第188冊第609頁。《大德南海志》卷9《舊志進士題名》：黃勳，紹興三年第三甲張九成榜，第90頁。按《宋會要‧選舉》8之2：紹興二年三月二十三日，上御集英殿試禮部奏名進士，得正奏名張九成以下二百五十九人，第爲五等，並賜進士及第、出身、同出身。第4375頁。紹興三年無科舉，故黃勳紹興二年登第，則其時李陵尚未知廣州。其事當在向子諲。《廣州人物傳》卷124《宋知州黃公勳：郡守李陵名所居巷曰「擢甲」，誤。第124頁。
〔註290〕以上見《大德南海志》卷9《舊志貢院》，第97頁。
〔註291〕《京口耆舊傳》卷7《張綱子堅、孫釜》，《文津閣四庫全書》第154冊第150頁。

解額，言「解額不均，士不安鄉舉，欺冒日眾，宜會諸郡終場人數各以二百解，一大辟之」〔註292〕。在他的動議下，嘉定三年（1210），廣東解額由十三增加為十五。〔註293〕此後，廣州知州留恭「增屋五間」。彭鉉新建州學貢院，「撤而新之，袤而廣之，凡五百間。其後士風浸盛。」淳祐十年（1250），趙汝暨闢州治酒庫、雄略指揮所兩地增廣貢院，向南直至泮水，闊餘五丈，甃以石。〔註294〕如詩所詠：「圍棘千間手拓開，帥幨元是個中來。前峰卓卓尖如筆，正路堂堂穩踏槐。自此鵠袍容萬士，渾然龍化出倫魁。南州盡說明年好，依舊科名得上臺」〔註295〕，廣州文教事業的勃興指日可待。

三、恢復和重建禮儀制度

祭孔是中國古代祭祀教育家孔子的一項重要儀式，也是歷代政府推行地方教化的一項重要活動。宋代，每年春季、秋季仲月上丁日，「先期之三日，掃學舍，滌器具，羅而陳之堂上，下俾衿佩」，知州到州學帶領師生舉行釋奠禮。生員入學前要舉行釋菜禮。此外，鄉飲酒禮也是一項重要禮儀。其主要的目的是「明長幼之序」〔註296〕。射禮的目的則是「明道正己、立德相和」。宋代廣州知州對這幾種禮節躬行實踐，並新裁了祭服、修整了樂器。

哲宗元祐元年（1086），廣州知州蔣之奇於學宮謁先聖，明年（1087）仲春上丁，復行釋奠之禮。

孝宗乾道五年（1169）春上丁日，龔茂良釋奠於先聖先師。舊學修繕一新後，行釋菜禮，鄉飲禮〔註297〕。

寧宗嘉定十年（1217），楊長孺制祭服。〔註298〕

州學序賢亭落成後，應純之以弓矢贈州郡博士許巨川，讓其率諸生行射禮。許巨川諄諄教導諸生：「修身為弓，矯思為矢。立義為的，定而後發。春

〔註292〕《西山先生真文忠公文集》卷44《顯謨閣待制致仕贈宣奉大夫陳公（峴）墓誌銘》，第76冊第475頁。
〔註293〕《大德南海志》卷9《舊志貢額》，第98頁。
〔註294〕《大德南海志》卷9《舊志貢院》，第98頁。
〔註295〕《文溪存稿》卷15《美廣帥趙平齋拓貢院》，第152頁。
〔註296〕（漢）鄭玄注、（唐）孔穎達等正義、黃侃經文句讀《禮記正義》卷62《射義第四十六》，上海：上海古籍出版社1990，第1012頁。
〔註297〕《文溪存稿》卷1《廣帥方右史行鄉飲酒記》，第15頁。《宋忠惠鐵庵方公文集》卷13《廣州行鄉飲禮請三賓長林棠、次賓鄺、三賓李》，第452、453頁。卷21《書·與李吏部昂英書之三》，第89冊第576頁。
〔註298〕《大德南海志》卷9《祭服》，第87頁。

秋遊藝，借之以驗行事，曰『凡吾平日所爲果若賢歟？果足稱先生所序歟？』」
在帥府的支持之下，廣州「講鄉飲之禮，飾丁祭之服。」〔註299〕

　　方大琮來廣之後，制三禮祭器、祭服、樂器，行磬、釋菜等十禮，鄉飲
等三禮。他說：「廣雜五方，昔號難治，然士喜於知禮，民易於從令，亦未見
難治者。守雖德薄，不敢以薄待廣人。行鄉飲所以教敬也，延高年所以教愛
也。」〔註300〕行鄉飲酒禮之前，方大琮命賓佐每日在州學與諸位儒士討論，
以《儀禮》爲準的。賓長得八十七歲的林㯶、八十六歲的鄺執事和以及少兩
人十歲的李執事，賓介得顧梅、陳應辰，僎則常平使者王鐸，贊僎李昴英。
淳祐四年（1244）二月十二日質明，「凡在位者，顗其幅巾，粲其深衣，大帶
垂垂，方屨幾幾，以次即其席如植。群喙一默，惟獻者、酢者、酬者、執其
事者，交際應接，翼如襜如，莫不春頌中度。罍洗也、尊勺也、爵觶也、籩
豆俎也，樣上世而新。就歌瑟堂，廉笙鍾磬，在下間合鏗鍧。夫人目盛容，
耳正音，油然心之良，歡然情之眞，自以爲身蒼姬之元，而無昌黎不及揖遜
其間之恨。盛矣哉！主人拜凡七十有奇。爵於上篚焉，取於東榮焉，洗於尊
前焉，實於席前焉，授與其他，進退升降無算，手獻賓主人之黨二百三十人，
辯又疑立觀二百三十人。旅酬辯既徹俎，始膝席座以宴。漏過三十刻，強有
力者猶不勝，公靜專肅莊，以至送於庠門，曾不少懈。」李昴英贊言「禮儀
三百、威儀三千，所以行之者，一積誠定力也。」〔註301〕淳祐九年（1249），
知廣州宋慈因主持學宮釋菜禮，卒於州治。〔註302〕趙汝暨知廣州，新制了自
獻官至執事弁冕衣服。

四、改革舊俗

　　廣州地處五嶺之南，受中原文化的影響較晚，其風尚習俗保有大量自己
的特點，其中有很多不合儒家禮法之處。宋初嶺南邕、容、桂、廣等州，「飲
食男女之儀。婚姻喪葬之制。不循教義。有虧禮法。」宋太宗下詔敦促地方
官就「婚姻喪葬衣服制度。並殺人以祭鬼。疾病不求醫藥。及僧置妻孥」等
事「多方化導。漸以治之。」〔註303〕徽宗政和七年（1117）七月十七日，詔：

〔註299〕《漁墅類稿》卷5《廣州州學序賢亭記》，第78冊第87頁。
〔註300〕《宋忠惠鐵庵方公文集》卷33《廣州甲辰勸農文》，第89冊第725頁。
〔註301〕《文溪存稿》卷1《廣帥方右史行鄉飲酒記》，第14頁。
〔註302〕《後村先生大全集》卷159《宋經略墓誌銘》，第82冊第598頁。
〔註303〕《宋大詔令集》卷198《嶺南長吏多方化導婚姻喪葬衣服制度殺人以祭鬼等
　　　　詔（雍熙三年）》，第732頁。

廣東之民多用白巾，習夷風，有傷教化，令州縣禁止。〔註304〕宋代廣州知州對當地一些陋俗進行了教化。

任中師視事之明日，吏白故事當謁諸祠廟，而廨有淫祠。遽命去之〔註305〕。余靖認爲本地習俗輕揚，教之禮法，簡而不苛〔註306〕。「番禺俗葬親必大會賓客，費至不貲，以是貧者多不克葬」，王鈇下令悉禁止之。〔註307〕高宗紹興二十六年（1156）九月庚戌（11日），韓仲通以戶部尚書充敷文閣直學士、知廣州兼廣南東路經略安撫使。「粵人治喪以豐侈爲孝，而游手無賴貪慕飲食，坌集其門，意不滿則怙眾群噪，不可奈。中人之家鬻田宅破，資聚而後辦。貧者遂不克葬，權厝佛寺，歲久破露狼藉，而番禺尤甚。」韓仲通和母親度嶺到廣州，「道途所次，見而悲之」。其母言：「汝帥一路莫先於此矣」。到任後，韓仲通即規定凡「凡祖父母、父母之未葬者與之期，期至不如，令有常刑。小人亡賴，輒詣葬，所捕寘諸法，若旅殯而子孫在遠方，官爲擇高燥地葬之，書州里姓氏、或官號表其上以示。於是人人趨令稱，有無以掩其親而客死之不能歸者，亦就窆藏，無暴露之患」。如此，粵地喪俗大變，鄉人刻石誌其事。〔註308〕度宗咸淳二年（1266），胡穎以樞密都承旨爲廣東經略安撫使。他在湖南時，「有威名，每見淫祠即毀之，人呼曰『胡打鬼』。廣州僧寺佛像中有巨蛇藏於內，時出享人祭祀，僧託之題疏得錢數千緡。穎至毀其佛，擊死巨蛇，而投諸江，正僧人之罪。籍其錢以投官，其怪遂息。奏請禁淫詞，上從之。」〔註309〕廣俗過時不嫁曰「老女」，無媒而合曰「卷拌」，喪家享客曰「崗齋」，

〔註304〕《宋會要・刑法》2之68，第6529頁。
〔註305〕《（雍正）廣東通志》卷6《編年志》，第188冊第76頁。
〔註306〕《端明集》卷40《工部尚書集賢院學士贈刑部尚書諡曰襄餘公墓誌銘》，第364冊第522、523頁。
〔註307〕《（雍正）江西通志》卷67《南昌府人物・王鈇》，《文津閣四庫全書》第174冊第660頁。
〔註308〕（宋）孫覿《南蘭陵孫尚書大全文集》卷64《宋故太淑人劉氏墓誌銘》，《宋集珍本叢刊》第35冊第750、751頁。
〔註309〕《宋季三朝政要》卷2《理宗》淳祐六年春條，臺北：文海出版社《宋史資料萃編第三輯》1981，第101、102頁。《宋史》卷416《胡穎傳》作潮州事：潮州僧寺有大蛇能驚動人，前後仕於潮者皆信奉之。前守去，州人心疑焉，以爲未嘗詣也；已而旱，咸咎守不敬蛇神故致此，後守不得已詣焉，已而蛇蜿蜒而出，守大驚得疾，旋卒。穎至廣州，聞其事，檄潮州令僧舁蛇至，至則其大如柱而黑色，載以闌檻，穎令之曰：「爾有神靈當三日見變怪，過三日則汝無神矣。」既及期，蠢然猶眾蛇耳，遂殺之，毀其寺，並罪僧。第12479頁。未知孰是。

有不葬而暴屍柩於野者，長大不巾笄者，無男而立女戶者，臧獲病死而誣主者。方大琮在《勸農文》中諄諄告誡百姓「毋輕於犯法以殘父母之身，毋狃於爭財以傷兄弟之誼，毋誘婺以速陰訟，毋停婺以長滛風。婚姻以及時為貴，毋留老女以自亂；繼紹以同宗為正，毋立女戶以自絕。」「其尤關風化者，禁椎髻以變夷，勸葬埋以厚親。生願有家室，毋留老女，無犯多妻，神不歆非類。毋立女戶，毋舍同姓。行鄉飲使人知敬遜，申鄉保使人知友助，此亦既庶而教之意」〔註310〕對於百姓出現的違反禮法的行為，方大琮皆「曉以義理，束以條約。雖鄙事必究極原本、貫穿禮法，書判多累千言，少亦數百字，廣人珍誦。」〔註311〕

五、旌表鄉賢

對本地出現的孝子賢孫、烈女節婦、樂善好施之人進行表彰，也是地方官員承宣教化的一種方式。孝宗乾道（1165～1173）中，劉氏二女，其母久病，一剔肝，一割骨，以奉之，母乃瘳。廣州知州龔茂良上其事，詔即所居立雙闕。〔註312〕香山人阮與子「早喪母，事父元輔盡孝。父病劇，與子旦夕稽顙比辰，請以身代，乃刲股肉和藥以進，父瘳。」德祐二年（1276），廣州知州徐直諒賚賞阮與子兩匹布帛，並號所居為「孝行坊」以示表彰。〔註313〕

六、修志、獻圖

除興學重教、敦禮革俗外，宋代廣州知州還通過修地方志書的方式傳遞教化思想。王靖著《廣東會要四卷》，載十六郡四十一縣地裏事實〔註314〕。林安宅著《南海集》三十卷〔註315〕。嘉定（1208～1224）初，陳峴稱廣州「民物歲滋，聲教日洽，人之視之，所謂若東西州焉者，誠可睹不誣。顧昔方志之傳，其存者蓋勘，近時圖述復多缺略，或所錄率僞醜，覽者病焉。」委州

〔註310〕《宋忠惠鐵庵方公文集》卷 33《廣州甲辰勸農文》、《廣州丙午勸農文》，第725 頁、726、727 頁。
〔註311〕《後村居士集》卷 40《方閣學（大琮）墓誌銘》，第 79 冊第 777 頁。
〔註312〕《南海百詠·劉氏雙闕》，第 75 冊第 618 頁。《（嘉靖）廣東通志》卷 63《列傳二十·列女·劉氏二女》，第 1623 頁。
〔註313〕《（嘉靖）廣東通志》卷 58《列傳十五·人物五·阮與子》，第 1482 頁。
〔註314〕《玉海》卷 15，第 287 頁。
〔註315〕《宋史》卷 209《藝文志》，第 5404 頁。

文學齊琥、監鹽倉季端仁編《南海志》十三卷，凡都會、名迹堙遏弗彰者皆補書之，遂成一方信史〔註 316〕。他還稱「若夫習俗之龐雜，鬥競之蕃多，雖嶺海之會居勢使然，司牧者得盡辭其責乎？」「賈誼有言，移風易俗，使人迴心而向道，類非爲俗吏之所能爲，則豈余克任哉？」〔註 317〕四十年後，淳祐七年（1247）四月，知廣州方大琮檄張雷震修《南海志》，曰：「丘聚不修，且四十年矣，郡文學爾職，盍討論潤色之」。張雷震「乃視故府，延問老成人，分授以凡例，使各以其見聞述，然後合而參訂、是正焉。壅疏漏衂，誕去實存。又布之眾，使疵瑕咸以爲精當乃已。南國一大典獲寓目，其成何幸！」〔註 318〕元成宗大德甲辰（1304），陳大震修《南海志》，取前代僅存陳峴與方大琮所修兩本志書增益之。〔註 319〕正如李昴英所言，州志「亦扶持世教一助也。」〔註 320〕

除修地志之外，宋代廣州知州還繪製地理圖和反映當地珍異現象的景物圖獻給朝廷，以資借鑒。太宗太平興國三年（978）正月丁未（22 日），李符獻海外諸域圖、嶺表花木圖各一。〔註 321〕端拱元年（988）八月，李昌齡獻清遠縣廨舍鳳集柏樹圖〔註 322〕。眞宗咸平六年（1003）五月乙卯（26 日），淩策獻海外諸蕃地理圖〔註 323〕。

宋代廣州知州通過祭祀、興學、重禮、革俗、修志等方式變俗易教，特別是興學事業的發展，使廣州風尚爲之一變。太宗雍熙三年（986），古成之「以寄產在增城，充廣州鄉薦。《督府勸駕詩》云：『寰中有道逢千歲，嶺外觀光只一人。』」〔註 324〕理宗淳祐初，廣州知州方大琮說：「東廣舊惟韶產人物，潮之文風亦盛。數十年來，羊城爲最盛，亦會府當然。掄魁與卿相踵出，累詔秋賦，駸駸萬數。」〔註 325〕淳祐七年（1247），李昴英言：「廣素

〔註 316〕《宋史》卷 204《藝文志》，第 5165 頁；《（雍正）廣東通志》卷 39《名宦志・陳峴》，第 188 冊第 514 頁。

〔註 317〕《（道光）廣東通志》卷 191《藝文略・陳峴南海縣志序》，第 3490 頁；《全宋文》卷 6364《陳峴・南海縣志序》，第 281 冊第 33 頁。

〔註 318〕《文溪存稿》卷 3《重修南海志序》，第 33 頁。

〔註 319〕《（道光）廣東通志》卷 191《藝文略・陳大震南海縣志序》，第 3491 頁。

〔註 320〕《文溪存稿》卷 3《重修南海志序》，第 34 頁。

〔註 321〕《玉海》卷 16《太平興國海外諸域圖》，第 303 頁。

〔註 322〕《宋史》卷 64《五行志》，第 1409 頁。

〔註 323〕《長編》卷 54，第 1195 頁。

〔註 324〕《永樂大典方志輯佚・惠州府惠陽志・人物》，第 2799 頁。

〔註 325〕《宋忠惠鐵庵方公文集》卷 21《書・劉侍郎伯正之二》，第 89 冊第 579 頁。

號富饒，年來浸不逮昔。而文風彪然日以張，雖蕉阜桄林之墟，蠣田蜑窟之嶼，皆渠渠齋廬，幣良師以玉其子弟，歌琤相聞，挾藝待試上都者數甚嗇，每連聯登名，與中州等」。清人屈大均亦言：「（廣東）蓋自秦、漢以前爲蠻裔，自唐、宋以後爲神州，雖一撮之多，非洲非島，在煙水渺彌蛟鼉出沒之間，亦往往有衣冠禮樂存焉。」〔註326〕在這一發展變化中，宋代廣州知州的宣化之功不可磨滅。

第六節　恤政

　　恤政是國家社會福利職能的體現，舉凡恤孤、恤貧、恤老、恤荒、恤病、恤養都屬於社會福利事業。眞宗大中祥符（1008～1016）初，禮部尙書邢昺言：「民之災患大者有四：一曰疫，二曰旱，三曰水，四曰畜災。歲必有其一，但或輕或重耳。四事之害，旱暵爲甚，蓋田無畎澮，悉不可救，所損必盡。傳曰：『天災流行，國家代有。』此之謂也。」〔註327〕宋代政府重視恤政，官方建立了福田院、居養院、安濟坊、養濟院、漏澤園等機構，對貧困失所、戰亂流離、災傷病痛的人進行救助和安置，對死亡後無人收藏屍體的進行助葬。眞宗天禧四年（1020），荊湖、川峽、廣南皆增置常平倉。仁宗嘉祐二年（1057），詔天下置廣惠倉。〔註328〕宋代廣州自然災害包括水、旱、風、地震、蟲災，非自然災害如火災亦時有發生。如太祖開寶八年（975）十月，廣州颶風起，一晝夜雨水二丈餘，海爲之漲，飄失舟楫。仁宗慶曆五年（1045）七月戊申（25日），廣州地震。〔註329〕仁宗時，中官高居簡嘗使南海，遇廣州火，救者不力，居簡督眾護軍資甲仗二庫，賴以獲全。事聞，詔褒之。〔註330〕高宗紹興十六年（1146），清遠、翁源、眞陽三縣鼠食稼，千萬爲群。時廣東久旱，凡羽鱗皆化爲鼠。有獲鼠於田者，腹猶蛇文，漁者夜設網，旦視皆鼠。自夏徂秋，爲患數月方息，歲爲饑，近鼠妖也。孝宗淳熙十一年（1184），廣東旱。寧宗慶元五年（1199），廣東諸州皆水，振之。〔註331〕寧宗慶元五年（1199）

〔註326〕《廣東新語》卷2《地語‧地》，第4冊第26頁。
〔註327〕《宋史》卷431《邢昺傳》，第12799、12800頁。
〔註328〕《宋史》卷176《食貨志‧振恤》，第4279頁。
〔註329〕《宋史》卷67《五行志‧土》，第1484頁；《長編》卷156，第3792頁。
〔註330〕《宋史》卷468《高居簡》，第13652頁。
〔註331〕《宋史》卷35《孝宗本紀》、卷37《寧宗本紀》、卷65《五行志‧木》，第683、726、1432頁。

十二月，廣東諸州大水，賑之〔註332〕。理宗淳祐五年（1245）五月晦（30日），廣州大雨水。十二月，廣州大雪。〔註333〕廣州知州通過創建倉庫、賑濟災民、撫恤貧困、收葬助葬等方式體現地方恤政。

一、備荒與賑災

神宗熙寧九年（1076）十月十二日，中書門下言廣東經略轉運使等言潮州海陽兩縣人戶被海潮漲，推蕩居舍田苗，死失人口，乞令本路提刑司躬親前去依條存恤。從之。〔註334〕

高宗紹興（1131～1162）初，廣州知州季陵於「準市值日，糴諸司軍米別貯之。或郡廩不繼，則以借給，須盡撥租稅，還之輸米若錢，各從民便。仍損運載之費半與之。軍民皆悅，由是帥司用度豐足，盡償移用宿負，而所藏尚山積。」〔註335〕

廣東新興縣大饑，廣州知州連南夫檄前賀州學事高登發廩賑濟。「復為糜於野以食之，願貸者聽，所全活萬計。歲適大稔，而償亦及數。民投牒願留者數百輩。」〔註336〕

理宗端平三年（1236）三月戊午（1日），廣州知州彭鉉上奏韶州、英德府大水。詔令本司多方措置賑恤〔註337〕。

寧宗慶元元年（1195），廣州知州張釜創樁備倉，以羨財糴米儲備〔註338〕。當時廣東沒入吏貲以糴米得五萬斛，時浙右饑，有旨富民入粟補官，因勸諭富民，又得四萬斛，悉航海達行在所，都城糴價為之立減。〔註339〕

嘉定（1208～1224）中，廣州知州楊長孺任職時，州用歲闕數萬緡。淳祐（1241～1252）初，方大琮簡儉節縮，為備安甲、乙、丙三庫，又出

〔註332〕《宋史全文》卷29上《宋寧宗一》，第2025頁。

〔註333〕《宋忠惠鐵庵方公文集》卷21《書・李吏部昂英之五》，第89冊第577頁；《（道光）廣東通志》卷185《前事略》，第3393頁。

〔註334〕《宋會要・食貨》68之112，第6309頁。

〔註335〕《北海集》35《宋故朝散大夫充徽猷閣待制提舉江州太平觀季公墓誌銘》，第38冊第318頁。

〔註336〕《宋史》卷399《高登傳》，第12130頁。

〔註337〕《宋史全文》卷32《宋理宗二》端平三年三月戊午條，第2211頁。

〔註338〕《攻媿集》卷104《知梅州張君墓誌銘》，《文津閣四庫全書》第385冊第558頁；《大德南海志》卷10《舊志諸司倉庫》，第119頁。

〔註339〕《京口耆舊傳》卷7《張綱子堅、孫釜》，《文津閣四庫全書》第154冊第150頁。

其錢立抵當庫,「稍出其錢與民,通子本子錢不過六釐,別儲之以備他費。」
〔註 340〕三庫外羨錢尚十餘萬。方大琮將儲備的錢財用於救災扶貧,以解百姓
疾苦。淳祐五年,五月三十日,廣州大雨水。「今夏瀕江遭巨浸,捐錢米賑濟,
而錢自息出也。今歲田當西潦之沖者,減分良難,亦將收息錢以助之。」十
二月,廣州大雪。「茲庫非特備緩急,解息所入。今夏之拯被水之家,臘前之
俵喜雪錢,皆於此乎取,則亦近效也。」〔註 341〕

二、恤病

　　嶺南氣候炎熱潮濕,爲瘴病多發之鄉,「南人凡病,皆謂之瘴」〔註 342〕,
「蓋天氣鬱蒸,陽多宣泄,冬不閉藏,草木水泉,皆稟惡氣,人生其間,日
受其毒,元氣不固,發爲瘴疾」〔註 343〕,重者危急性命,「人尤夭折」。〔註 344〕
「廣南風土不佳,人多死於瘴癘。其俗又好巫尚鬼,疾病不進藥餌,惟與巫
祝從事,至死而後已」。〔註 345〕「嶺之東,雨暘不時,炎涼互變,煙嵐四起,
中之則病,故遠宦者以瘴癘爲憂。」〔註 346〕由此,在中原人的心目中,瘴鄉
猶如畏途。無論是爲官,還是貶謫,抑或戍守,都要面臨疾病的侵襲。京師
禁兵來戍,不習風土,「每至歲滿戍還,瘴死者十有三四」〔註 347〕。曾豐歷任
廣州通判、廣南東路轉運判官,作詩曰:「常饌皆藥物,熟客只醫人。筆研爲
謀左,煙嵐與死瀕。僅從危後飽,姑以健償貧」〔註 348〕。連南夫知廣州時,「懼
涉瘴癘,自誓不受俸給,以祈全家生還」〔註 349〕。貶謫嶺南之人,身心俱受

〔註 340〕《後村居士集》卷 40《方閣學(大琮)墓誌銘》作「備安四庫」,第 79 冊第
　　　　777 頁;《後村集》卷 3《廣州重建清海軍雙門記》作「備安三庫」,第 80 冊
　　　　第 117 頁。《文溪存稿》卷 1《廣州備安庫記》:甲乙丙三庫。第 21 頁。數字
　　　　不同在於「抵當庫」計算與否。
〔註 341〕《宋忠惠鐵庵方公文集》卷 16《書・與劉潛夫克莊之六》,卷 21《書・與李
　　　　吏部昂英》,第 89 冊 497、498、577 頁。
〔註 342〕《嶺南衛生方》卷上《指迷方瘴瘧論》,第 14 頁。
〔註 343〕(宋)周去非撰、楊武泉校注《嶺外代答校注》卷 4《風土門・瘴》,北京:
　　　　中華書局 1999,第 152 頁。
〔註 344〕《隋書》卷 31《地理志下》,第 887 頁。
〔註 345〕(宋)曾敏行著、朱傑人標校《獨醒雜誌》卷 3《廣南人多死於瘴癘》,上海:
　　　　上海古籍出版社 1986,第 27 頁。
〔註 346〕《盤洲文集》71《禱南海神文》,第 45 冊第 467 頁。
〔註 347〕《文潞公文集》卷 18《奏減廣南東西路戍兵(熙寧元年)》,第 5 冊第 359 頁。
〔註 348〕《搯齋先生緣督集》卷 2《五言律詩・五羊遺書問董仲修》,第 88 冊第 622 頁。
〔註 349〕《南澗甲乙稿》卷 19《連公墓碑》,《文津閣四庫全書》第 389 冊第 320 頁。

煎熬，平安北返之人更是鳳毛麟角，正如蘇軾所感概的：「問翁大庾嶺頭往，曾見南遷幾個回？」〔註350〕針對惡劣的生存環境，宋朝政府分發醫藥，敦促百姓就醫。眞宗景德三年（1006）七月壬子（12日），賜廣南聖惠方，歲給錢五萬，市藥療病者。〔註351〕高宗紹興二十一年（1151）二月乙卯（14日），詔諸州置惠民局，官給醫書。〔註352〕宋代廣州知州中，不乏有志於醫療事業之人，亦有知州針對當地發生的病疫採取應對措施，對疾病進行了研究，還有人產生了創制醫療機構的設想。

郎簡，仁宗明道元年（1032），知廣州。晚年在錢塘城北治園廬，「見人有疾病必捄療之」〔註353〕，有集驗方數十，行於世〔註354〕。他曾爲王袞《博濟方》作序，言：「古之君子居位行道，曷嘗不以周人之急，除民之瘼爲心哉！」「予歷宦不啻數十載，或邁奇傑，或韜巾衍，所得方錄，較然神異者，用以濟人，至今未嘗少懈。居常患不能家至戶曉，使天下之人皆獲其利，以是汲汲然有不足者。」〔註355〕他爲官廣州時，或也曾搜集醫方。南宋人袁韶贊其曰：「名遺公交車，萬乘知已。膏馥詩書，嶺嶠洙泗。遨頭倦遊，宴林禊汜。醫國刀圭，乃砭州里。」〔註356〕

余靖爲廣南東路經略安撫使時，以高郵軍醫博王沂自隨，舉其試國子四門助教〔註357〕。

《萍洲可談》卷三載：廣州醫助教王士良，元祐元年（1086）死，三日而蘇。有揭示云，「明年廣南疫，宜用此藥方。」士良讀之，乃《博濟方》中鈎藤散也，本方治疫。時蔡元度（卞）守五羊，聞之，召士良審問，令幕客作記。及春，疫癘大作，以鈎藤散治之，輒愈。按《博濟方》，宋王袞撰，自序稱「因公暇潛心醫術，博采禁方逾二十載矣。所得方論凡七千餘道，皆傳之於家牒，得之於親舊，故非耳剽口授，率經效用。因於其中擇其尤精要者，

〔註350〕《蘇軾詩集》卷44《贈嶺上老人》，《三蘇全書》第9冊第412頁。
〔註351〕《長編》卷63，第1412頁；《宋史》卷7《眞宗本紀》，第131頁。
〔註352〕《宋史》卷30《高宗本紀》，第572頁。
〔註353〕（宋）袁韶《錢塘先賢傳贊・宋吏部侍郎郎公》，《文津閣四庫全書》第154冊第86頁。
〔註354〕《宋史》卷299《郎簡傳》，第9927頁。
〔註355〕《全宋文》卷268《郎簡・博濟方序》，第13冊第277頁。
〔註356〕《錢塘先賢傳贊・宋吏部侍郎郎公》，第154冊第86頁。
〔註357〕（宋）王安石撰、李之亮箋注《王荊公文集箋注》卷18《外制・廣南東路經略安撫使余靖奏高郵軍醫博王沂試國子四門助教不理選限制》，成都：巴蜀書社2005，第709頁。

理療可憑，方書必驗，得五百餘首。仍於逐篇之前，或言其疾狀，或紀其脈息，或序其形證，或論其得病之由，庶使昧於醫者可審度而修制之，工於醫者可消息而變用之。」該序作於慶曆年間。《宋史・藝文志》、陳振孫《直齋書錄解題》俱作三卷，晁公武《郡齋讀書志》作五卷，《四庫全書總目》言「蓋三五字形相近，傳寫者有一訛也。」並稱：「原書久無傳本，惟《永樂大典》內載有其文。裒輯編次，共得三百五十餘方。視裒序所稱五百首者，尚存十之七。」《萍洲可談》所言鉤藤散，即未見於今本《博濟方》，故此，鉤藤散究竟是針對哪種疾病進行治療，已無法可知。四庫館臣評價《博濟方》曰「其中方藥，多他書所未備，今雖不盡可施用，而當時實著有奇效，足為醫家觸類旁通之助。」〔註 358〕春季是各種傳染病多發季節，鉤藤散據《博濟方》之後的醫書記載，多用於治療小兒驚風。宋徽宗大觀（1107～1110）年間，陳師文等撰《太平惠民和劑局方》卷十載：鉤藤膏治小兒胎寒胃冷，肚腹疼痛，夜間啼哭，嘔吐乳食，大便瀉青，狀若驚搐，時有冷汗。明代張介賓撰《景嶽全書》卷六十二載：鉤藤散，治吐，利脾胃氣虛，慢驚生風。此與瘴疫的症狀略有相同之處，「嶺南炎方土薄，故陽燠之氣常泄；瀕海地卑，故陰濕之氣常盛；此寒熱之病所由作也。病者多上熱下寒，既覺胸中虛煩懊悶，便自以為有熱而醫，又多用麻黃、金沸草散、青龍湯等藥發表，得病之因正以陽氣不固，每寒熱發則身必大汗，又復投以發表藥，則旋踵受斃，甚者又以胸中痞悶因轉下痢，病人下體既冷，得轉痢藥，十無一生，是瘴癘未必遽能害人，皆醫殺之也。」〔註 359〕《萍洲可談》所記載的元祐二年（1087）的疫癘在史書中亦未有所載。不過，此一記錄或可作為廣州知州應對疾病的材料留存。

哲宗紹聖四年（1097），「廣州商旅所聚疾疫作，客先僵僕，因薰染居者」，廣州知州王古「津遣孤孀，救藥病厲，政無急於此者矣」，「幸甚！」蘇軾建議「莫可擘劃一病院，要須有歲入課利供之，乃長久之利」。〔註 360〕

《宋史》卷二零七《藝文志》載廣州知州張田著《幼幼方》一卷，李璆、張致遠同著《瘴論》二卷。李璆，字西美，汴人。登政和進士第，調陳州教授，入為國子博士，出知房州。徽宗宣和三年（1121），論無取燕地，責監英

<hr>

〔註 358〕（清）永瑢等撰《四庫全書總目》卷 103《博濟方五卷》，中華書局 1965，第861 頁。
〔註 359〕《粵西文載》卷 61《瘴癘論・李璆》，第 490 冊第 540 頁。
〔註 360〕《蘇軾文集》卷 62《與王敏仲之九》，《三蘇全書》第 13 冊第 154 頁。

州清溪鎮。起試中書舍人，知吉州，四川安撫制置使。有《清溪集》二十卷。有詩《溫氏學古堂》見於《（乾隆）新興縣志》卷二九：遙岑列茅簷，近水照蓬戶。蕭然君子居，一室守環堵。誰知掩關者，自有遊適所。終朝几案間，獨與聖賢語。藜羹不盈腹，文字飽撐拄。里俗化笙歌，儒冠盛徒侶。及親念三釜，拾芹當易取。雖憐范叔寒，未病原憲窶。我行海隅邦，窮寂歎羈旅。忽欣逢若人，敢復陋茲土。扣門數來過，言志吾所與。我亦訪其廬，題詩美學古。李璆對瘴病的成因及治療進行了試驗和研究，留下了《瘴論》二卷，亦有《嶺南衛生歌》、《瘴瘧論》等名。〔註361〕

三、收養、助葬、捐助旅費

崇寧四年（1105），徽宗即下詔各地居養院、安濟坊、漏澤園等處「其令提舉常平司與監司守令。悉力奉行。毋或違戾。其有失職。仰劾罪以聞。若侵擾乞取減刻。或故為隱漏。或因而科抑。罪輕者以違制論。」〔註362〕。針對那些因貧困無力就葬以及飄落異鄉的流人，廣州知州採取了一些恤政措施給予安置。

（一）建叢冢

如紹興九年（1139），張致遠建叢冢，後改名為廣惠庵、逍遙園、延祥寺。〔註363〕龔茂良知廣州時，「城東舊有廣惠庵，中原衣冠沒於南者葬之，歲久廢，茂良訪故地，更建海會浮圖，蕆寄暴露者皆拼藏無遺。」理宗紹定（1228～1233）間，廣南轉運使趙師楷在故址立亭建塔，仍扁「廣惠」。寧宗慶元元年（1195），張釜建超悟寺叢冢。嘉泰四年（1204），潘疇建天王寺掩骼所。紹定三年（1230），方淙建覺性寺叢冢。寶祐二年（1253），馬天驥建六祖寺叢冢〔註364〕。

〔註361〕《宋史》卷377《李璆傳》，第11654～11655頁；（明）張介賓著《景嶽全書》
　　　　卷14《瘧疾・論瘴瘧》：大梁李侍詔瘴瘧等論既明且確，詳列瘴氣門，不可
　　　　不察。上海：上海科學出版社1988，第245頁；《（雍正）廣東通志》卷43
　　　　《謫宦志・李璆》，第188冊第591頁。

〔註362〕《宋大詔令集》卷186《奉行居養等詔令詔（崇寧四年五月二十九日）》，第
　　　　680頁。

〔註363〕《（嘉靖）廣東通志》卷27《民物志八・恤典》，第662頁。

〔註364〕《（嘉靖）廣東通志》卷27《民物志八・恤典》，第662頁。原作宋門嘉元年，
　　　　潘經略蒆創天王寺掩骼所。宋紹定三年，方經略大宗創覺悟寺叢冢。據《宋
　　　　寧宗、理宗朝廣州知州表》改。

（二）接濟入廣官員家屬

孝宗淳熙五年（1178）閏六月五日，廣東經略安撫使周自強言：「昨江西提刑芮輝奏，入廣官員歿於官所，孤遺扶親以歸，所至州縣略不加恤。本司移文南安軍，就本司錢內，計口支錢接濟。仍令船場造船般載出贛，俾不至狼狽。欲使二廣有願歸鄉，無力起發者，支錢津發至南安軍，卻行接濟。乞下二廣帥司，推廣而行之。本司緣無合支窠名錢，今買到番禺縣田畝人戶請佃，令紐價納錢，得五百餘貫，於廣州置接濟庫，委官兼監。如有貧乏之家，下接濟庫支錢顧船，送至南雄州。願請錢人聽，仍量人口支錢，助雇夫卻般挈出嶺。」從之。〔註365〕淳熙十四年（1187）九月二日，指揮廣州拘到沒官田，本司依價收買，拘收租課，專一樁管，充前項賑給，並於廣州城內創建廣安宅一所，約可住五十餘家，應亡歿官員許令從便前來居止，在外計口日給願還鄉亦量給其歸，尚慮來者不絕，大可憐憫，照得廣州尚有。寧宗嘉泰三年（1203）十一月十一日，南郊赦文言「除廣東已於廣州置接濟庫樁積錢米，遇有事故，官員家屬赴經略司投狀，除結倉券外，更支給路費以濟其歸。及於城北踏逐空地，撥充義冢起造祭亭，願將旅親就地內葬埋者給也。支給糜費錢，及造屋充接濟院，有事故流落家屬欲就給屋，每日支給飯米養贍以示寬恤。」〔註366〕

廣州知州連南夫「自廣而歸，扶攜仕族之不能歸者數家。」方滋「遇遷客流士，眾方倚撼，視為奇貨。而公獨與周旋，病則饋之藥，死則治其喪，與護其家以歸者甚眾。」〔註367〕王鈇在革除葬親費至不貲的鄙俗同時，捐俸資助士大夫貧不能葬及流徙不獲歸者。並下令諸剎，「凡寄殯悉出焚」〔註368〕。卒，邦人立祠祀之。潘時對於由於緝盜而「官屬不幸死者，厚賻遣歸，存沒老稚，無一人流落。如是者三十餘家。士族女失身非類，贖而歸之」。〔註369〕寧宗慶元元年（1195），張釜「籍廢寺產業，歲得錢三千緡，米千五百斛，以給士大夫之以喪歸者，其不願歸者，立廣恩館以居之。」〔註370〕陳峴「重修

〔註365〕《宋會要‧選舉》32之25，第4755頁。按原文作廣西經略安撫使，應為廣東。
〔註366〕以上見《宋會要‧食貨》68之90、58之25，第6298、5833頁。
〔註367〕《南澗甲乙稿》卷21《方公墓誌銘》，《文津閣四庫全書》第389冊第330頁；《方輿勝覽》卷34《廣州‧名官‧方滋》，第613。
〔註368〕（宋）洪邁撰、何卓點校《夷堅志‧甲志》卷11《張端愨亡友》，北京：中華書局1981，第96頁。
〔註369〕《朱子全書‧晦庵先生朱文公文集》卷94《直顯謨閣潘公墓誌銘》4318。
〔註370〕《京口耆舊傳》卷7《張綱子堅、孫釜》，《文津閣四庫全書》第154冊第150頁。

延恩館，處士族之落南者。增置義塚，給貧民之無所葬者。」〔註371〕嘉定四年（1211），廖德明在河伯衙故址建安樂廬以待旅人無歸者，理宗淳祐二年（1242），方大琮等人在城西繡衣坊重修，景定二年（1261），趙汝暨移至六祖寺北。〔註372〕

第七節　司法

宋代知州除錢穀、教化職能外，決獄斷刑亦是一項重要職責。嶺南偏遠之地，案獄積滯、吏胥舞弊徇私現象時有發生。太祖開寶八年（975），廣州言：「前詔竊盜贓至死者奏裁，嶺南遐遠，覆奏稽滯請不俟報。」帝覽奏，惻然曰：「海隅習俗，貪廣穿窬，固其常也。」因詔：「嶺南民犯竊盜，贓滿五貫至十貫者，決杖、黥面、配役，十貫以上乃死。」〔註373〕高宗紹興六年（1136），令刑部體量公事，邵州、廣州、高州勘命官淹繫至久不報，詔知州降一官，當職官展二年磨勘，當行吏永不收敘。孝宗乾道五年（1169）十二月十日，知廣州吳南老言：「廣右封強闊遠，連接江西、福建、湖南諸路，多有無賴惡少結為黨與，私藏器，及詐為商旅，盡入二廣豪右之家，窩藏資給，使之恣行劫殺。或捕盜官有直奸貪克剝之人反受賊略，容其出沒。」〔註374〕宋代廣州知州頗具法律素養，如蘇宷長於刑名〔註375〕，曾孝廣蒞官以嚴稱，獲盜，輒碎其手焉。〔註376〕南宋即有 7 人由提刑徙知廣州。他們審獄決訟，處理了很多大案、要案，為廣州創造了穩定的社會環境。

眞宗大中祥符元年（1008）～三年（1010），馬亮知廣州時，放寬刑罰。釋放跟從宜州陳進叛亂的澄海役兵的宗屬，「澄海役兵有出戍而從亂者，宗屬二百餘人，法當配隸，皆奏釋之。」「瀕海鹽夫有負課而乏資者，妻孥質於豪族，歲久未貰，悉遣還之。」〔註377〕。

〔註371〕《西山先生眞文忠公文集》卷44《顯謨閣待制致仕贈宣奉大夫陳公墓誌銘》，第 76 冊第 475 頁。

〔註372〕《（嘉靖）廣東通志》卷 19《輿地志·古迹·廣州府·安樂廬》，廣州：廣東地方志辦公室騰印本 1997 年，第 464 頁。

〔註373〕《宋史》卷 199《刑法志》，第 4968 頁。

〔註374〕《宋會要·兵》13 之 27，第 6981 頁。

〔註375〕《宋史》卷 331《蘇宷傳》，第 10650 頁。

〔註376〕《宋史》312《曾公亮傳附·孝廣》，第 10235 頁。

〔註377〕（宋）杜大珪《名臣碑傳琬琰之集中》卷 1《馬忠肅公亮墓誌銘·晏殊》，《宋史資料萃編第二輯》第 452 頁。

廣州爲「蕃商所聚，人多入其貨而隱其置，訐訟，則書不可識，語不可曉，官必憑譯者，而譯者受交，隱其情實，蕃商終不能自白。」爲釐清蕃商訴訟，高宗紹興二年（1132），廣州知州向子諲「求蕃書千文及他書數種，先識之矣」。然後以蕃文發書告諭，有訴訟者前來州府上聞。結果「群商爭來愬，盡得其情，應負之者悉徵還，咸呼舞歸其國。清明之政，播於海外。」〔註378〕

紹興六年（1136）～八年（1138），連南夫知廣州時，裁決明審，滯訟悉空〔註379〕。

薛弼在福州時，已患有眼疾，紹興十九年（1149），來廣州後，疾益甚，使人讀狀乃判，「覆誦如流」。有獄吏與囚朋比爲奸，暗自縱去，薛弼於夜中「傳鑰，呼巡捕吏，直抵某處牆下搏之，下謂有神，無敢欺者」。放繫囚七百餘。〔註380〕

大盜齊孫爲害近十五年，「近壞無聊，或通宵弗能奠枕；潢池相煽，致白晝不敢張帆。」紹興二十一年（1151）～二十四年（1154），方滋知廣州。他懷疑有吏胥與之交通，既而果得新州吏與賊通狀，「蓋每調兵，吏輒陰告孫，使得遁去，兵退則復出，故不能捕」。他聯合提刑、轉運使，「乃運壯猶潛分精騎，稟成算而勢同破竹，縛渠魁而今始除根。」〔註381〕

孝宗淳熙十二年（1184）～十四年（1186），潘時知廣州時，梁氏「四彪」，兄弟四人，招納亡命，殺人越貨而至暴富。並交通州縣，吏不敢詰，民患苦之。潘時擒捕誅殺，並污瀦其居，它盜望風破膽。〔註382〕

淳熙十六年（1189）～紹熙三年（1192），雷澤知廣州時，廣州海獠塔「絕頂有金雞甚巨，以代相輪。」有盜竊其一足，毫無蹤迹可尋。「會市有寠人鬻精金」，雷澤執而訊之，問其所以致，曰：『獠家素嚴，人莫闖其藩。予棲梁上，三宿而至塔，裹麨糧，隱於顚，晝伏夜緣，以剛鐵爲錯，斷而懷之，重不可多致，故止得其一足』。又問其所以下，曰：『予之登也，挾二雨蓋，去

〔註378〕《胡宏集》之《向侍郎行狀》，第 176 頁。
〔註379〕《南澗甲乙稿》卷 19《連公墓碑》，《文津閣四庫全書》第 389 冊第 319 頁。
〔註380〕（宋）薛季宣《艮齋先生薛常州浪語集》卷 33《先大夫行狀·伯父弼》，第 61 冊第 491 頁。
〔註381〕《南澗甲乙稿》卷 21《方公墓誌銘》，《文津閣四庫全書》第 389 冊第 330 頁；《盤洲文集》卷 65《平齊孫致語》，第 45 冊第 431 頁。
〔註382〕《朱子全書·晦庵先生朱文公文集》卷 94《直顯謨閣潘公（時）墓誌銘》，第 4318 頁。

其柄。既得之，伺天大風，鼓以爲翼，乃在平地，無傷也。』」〔註383〕

淳祐十二年（1252）～寶祐元年（1253），李迪知廣州，他「戢吏治盜，發奸摘伏，猾胥黠子重足不敢逞。」〔註384〕

理宗朝淳祐末（1241～1252）和景定（1260～1264）初年的兩任廣州知州趙汝暨「勤（恪）清平，始終如一。獄吏舊以鞫賊爲奇貨，一盜坐囚，百家股栗，一切禁絕，吏不得逞，民受其賜」〔註385〕。

寶祐四年（1256）～景定二年（1261），謝子強知廣州。他律己以廉，牧民以惠，束吏以法〔註386〕。

不過，廣州知州亦有執法不當而受罰者。如神宗元豐二年（1079）二月辛亥（12日），程師孟坐失入市易牙人杖罪，及斷割牙錢不當，由給事中降爲右諫議大夫〔註387〕。

小結

宋朝320年間，有160位廣州知州、9位權知廣州，他們在防禦外敵，緝捕盜賊，體恤民情，教化百姓等方面多有業績，爲宋代廣州的穩步發展發揮了積極作用。清代《羊城古鈔》載，後世爲宋代的向敏中、李符、邵曄、陳世卿、陳從易、魏瓘、張田、龔茂良、廖德明等9位廣州知州建有惠愛坊〔註388〕。

〔註383〕（宋）岳珂撰、吳企明點校《桯史》卷11《番禺海獠》，中華書局1981，第126頁。

〔註384〕《（雍正）廣東通志》卷39《名宦志·李迪》，第188冊第516頁。

〔註385〕《（雍正）廣東通志》卷39《名宦志·趙汝暨》，第188冊第516頁。

〔註386〕《粵大記》，第221頁。

〔註387〕《長編》卷296，第7206頁。

〔註388〕（清）仇巨川纂、陳憲猷校注《羊城古鈔》，廣州：廣東人民出版社1993，第212頁。

第七章　宋代廣州知州群體的類型與分析

第一節　知州的類型

　　對於官員的分類，宋代以前的史書中就有所體現，《史記》、《漢書》都列有《循吏傳》、《酷吏傳》、《佞倖傳》。《晉書》有《良吏傳》，《宋書》有《良吏傳》、《恩倖傳》，《南齊書》則有《良政傳》、《幸臣傳》，《梁書》有《良吏傳》，《魏書》有《良吏傳》、《酷吏傳》、《恩倖傳》，《北齊書》有《循吏傳》、《酷吏傳》、《恩倖傳》，《隋書》有《循吏傳》、《酷吏傳》，《南史》有《循吏傳》、《恩倖傳》、《賊臣傳》，《北史》有《循吏傳》、《酷吏傳》，《舊唐書》有《良吏傳》、《酷吏傳》，《新唐書》有《循吏傳》、《酷吏傳》、《姦臣傳》、《叛臣傳》、《逆臣傳》。司馬遷認爲循吏是「奉法循理之吏，不伐功矜能，百姓無稱，亦無過行。」酷吏是「民倍本多巧，姦軌弄法，善人不能化，唯一切嚴削爲能齊之。」〔註1〕班固認爲循吏的標準隨著時代背景的發展變化而有所不同，如漢初與民休息，凡事簡易，那些「謹身帥先，居以廉平，不至於嚴，而民從化」的官員則可稱爲循吏。武帝時期外攘四夷，內改法度。那些「通於世務，明習文法，以經術潤飾吏事」的官員稱爲循吏。宣帝時期，「庶民所以安其田裏而亡歡息愁恨之心者，政平訟理也。與我共此者，其唯良二千石乎！」「若趙廣漢、韓延壽、尹翁歸、嚴延年、張敞之屬，皆稱其位，然任刑罰，或抵罪誅」，這些亦可稱爲良吏。〔註2〕故此，班固以「誰毀誰譽，譽其

〔註1〕《史記》卷130《太史公自序》，第3317、3318。
〔註2〕《漢書》卷89《循吏列傳》，第3623、3624頁。

有試。泯泯群黎，化成良吏。淑人君子，時同功異。沒世遺愛，民有餘思。述《循吏傳》。「上替下陵，姦軌不勝，猛政橫作，刑罰用興。曾是強圉，掊克爲雄，報虐以威，殃亦凶終。」述《酷吏傳》〔註3〕。班固以形勢爲轉移的分類方法爲後世史家所仿傚，如《後漢書・循吏列傳》，不但列「其績用之最章章者」，而「明發奸伏，吏端禁止，然導德齊禮，有所未充，亦一時之良能也。」《晉書》則以漢宣帝所稱「良二千石」作《良吏傳》，並言「此則長吏之官實爲撫導之本。是以東里相鄭，西門宰鄴，潁川黃霸，蜀郡文翁，或吏不敢欺，或人懷其惠，或教移齊、魯，或政務寬和，斯並惇史播其徽音，良吏以爲準的。」《梁書》言良吏爲「長吏之職，號爲親民，是以導德齊禮，移風易俗，咸必由之。」《魏書・良吏傳》道出了任用地方守令的一些弊端，「罷侯置守，歷年永久；統以方牧，仍世相循，所以寬猛爲用，庇民調俗。但廉平常迹，聲問難高；適時應務，招響必速。是故搏擊爲侯，起不旋踵；儒弱貽咎，錄用無時。」〔註4〕

自考課之法行，對官員的評價即與其政績掛鈎，其標準就唐代而言爲「四善二十七最」，「凡考課之法有四善：一曰德義有聞，二曰清愼明著，三曰公平可稱，四曰恪勤匪懈。善狀之外，有二十七最：一曰獻替可否，拾遺補闕，爲近侍之最；二曰銓衡人物，擢盡才良，爲選司之最；三曰揚清激濁，褒貶必當，爲考校之最；四曰禮制儀式，動合經典，爲禮官之最；五曰音律克諧，不失節奏，爲樂官之最；六曰決斷不滯，與奪合理，爲判事之最；七曰部統有方，警守無失，爲宿衛之最；八曰兵士調習，戎裝充備，爲督領之最；九曰推鞫得情，處斷平允，爲法官之最；十曰讎校精審，明於刊定，爲校正之最；十一曰承旨敷奏，吐納明敏，爲宣納之最；十二曰訓導有方，生徒充業，爲學官之最；十三曰賞罰嚴明，攻戰必勝，爲將帥之最；十四曰禮義興行，肅清所部，爲政教之最；十五曰詳錄典正，詞理兼舉，爲文史之最；十六曰訪察精審，彈舉必當，爲糾正之最；十七曰明於勘覆，稽失無隱，爲句檢之最；十八曰職事修理，供承強濟，爲監掌之最；十九曰功課皆充，丁匠無怨，爲役使之最；二十曰耕耨以時，收穫剩課，爲屯官之最；二十一曰謹於蓋藏，明於出納，爲倉庫之最；二十二曰推步盈虛，究理精密，爲歷官之最；二十三

〔註3〕《漢書》卷100下《敘列傳下》，第4266頁。

〔註4〕《晉書》卷90《良吏傳》，第2327頁；《梁書》卷53《良吏傳》，第765頁；（北齊）魏收撰《魏書》卷88《良吏傳》，北京：中華書局1974，第1899頁。

日占候醫卜，效驗居多，爲方術之最；二十四譏察有方，行旅無壅，爲關津之最；二十五日市鄽不擾，奸濫不行，爲市肆之最；二十六日牧養肥碩，蕃息孳多，爲牧官之最；二十七日邊境肅清，城隍修理，爲鎮防之最。一最已上有四善爲上上；一最已上有三善，或無最而有四善爲上中；一最已上有二善；或無最而有三善馬上下；一最已上有一善，或無最而有二善爲中上；一最已上，或無最而有一善爲中中；職事粗理，善最弗聞爲中下；愛憎任情，處斷乖理爲下上；背公向私，職務廢闕爲下中；居官諂詐，貪濁有狀爲下下。」〔註5〕

　　宋代以來，對官員的考課繼續沿襲唐以來的相關標準。太祖開寶九年（976）十一月八日，詔：諸道州府、知州、通判及監臨事務官吏，宜令諸路轉運司廉訪其能否，第爲三等，歲終以聞。以臨事簡慢、所涖無狀者爲下，恪居官次、職務粗治者爲中，治狀尤異、大有殊績者爲上。眞宗景德元年（1004）九月五日，詔：諸路轉運使、副察所部官吏能否，辨爲三等。公勤廉幹、文武可取、利益於國、惠及於民者爲上；幹事而無廉譽、清白而無治聲者爲次；畏懦而貪、慢公不治、贓狀未露、濫聲頗彰者爲下。〔註6〕南宋以來，知州的考課以四善四最爲標準。四善仍唐之舊，四最則爲「第一，生齒之最：民籍增益，進丁入老，批註收落，不失其實；第二，治事之最：獄訟無冤，催科不擾；第三，勸課之最：農桑墾植，水利興修；第四，養葬之最：屏除奸盜，人獲安居，賑恤困窮，不致流移，雖有流移，而能詔誘復業，城野遺骸，無不掩葬。」〔註7〕

　　考課之法雖日臻嚴密，但由於人爲原因致使名實不符的現象亦層出不求。徽宗大觀元年（1107）八月二十八日，朝散郎、新差權京西路轉運判官葉大方奏：「伏聞張官置吏，莫非爲民，而職任與民最親者莫知守令，其任豈不重哉？陛下臨御以東，爲官擇人，以民爲本，循名責實而不容私焉？故謹擇守令，以成郡縣之治，立四善四最以爲考課之法。每守令替移，令諸監司參考其任內課績以定優上中下之等。優上者有賞，其下者有罰。然爲監司者或昵於親故，或狃於貴勢，而甚者至於以貪爲廉，以暴爲良，既上下之等不實，則賞罰遂至於失當。」〔註8〕南宋袁甫言時下「庸夫險人，苟求富貴，而未聞大明黜陟，軍帥交結，州郡賄賂」，杜範轉對言：「今日之病，莫大於賄賂交結之風。各譽已隆者賈左右之譽以固寵，宦遊未達者惟梯級之求以進身。」

〔註5〕《唐六典》卷2《尚書史部·考功郎中》，第42、43頁。
〔註6〕《宋會要·職官》59之2、6，第3718、3720頁。
〔註7〕《慶元條法事類》卷5《考課·考課格》，第861冊第115頁。
〔註8〕《宋會要·職官》59之14，第3723、3724頁。

〔註 9〕故此，無論選用何種分類標準，都要以事實爲依據。通觀宋代廣州知州群體的政績、個人特點、所產生的社會影響等內容，將其分爲循良奉職，精明幹練，賢德、文武兼備、識大體，清正廉潔，貪墨，殘酷，昏庸無能，急功近名、貪圖權勢等八個類別。

第二節　宋代廣州知州的類型分析

一、循良奉職的廣州知州

《宋史》言，通過皇帝召見、監司郡守監察、法制約束「可以得循吏者」，「太祖之世，牧守令錄，躬自召見，問以政事，然後遣行，簡擇之道精矣。監司察郡守，郡守察縣令，各以時上其殿最，又命朝臣專督治之，考課之方密矣。吏犯贓遇赦不原，防閒之令嚴矣。」「承平之世，州縣吏謹守法度以修其職業者，實多其人。其間必有絕異之績，然後別於賞令，或自州縣善最，他日遂爲名臣，則撫字之長又不足以盡其平生，故始終三百餘年，循吏載諸簡策者十二人。作《循吏傳》。」可見，《宋史》對循吏的標準包括「謹守法度修其職業」、「有撫字之長」、「有絕異之績」等內容。據宋人《百官箴》，對守臣而言，應恢復漢時「勤約之風，行於列郡，廣詢民瘼，內外匪懈，百姓寬恩，邊俗變化，臨邦邑者，兢能其官」的優良作風，而注意杜絕「居官去官，或止數月，送故迎新，交錯道路，苟容求全，懷危內顧」的不良影響。而對經略安撫使而言，則戒其「無功而賞，有罪不罰，官職太驟，驕不奉法」〔註 10〕。大中祥符八年（1015）七月，眞宗謂輔臣曰：「大藩長吏，尤難其人，要在洞達物情，遵守條詔，愛民抑暴而已。吏或廉而肆虐，或察而滋章。或急掊斂以爲公，或曠職務以爲恕。如此，則何由致治耶？」〔註 11〕宋代廣州知州能恪盡職守，遵守官箴，是難能可貴的。如楊覃「循謹清介，遠人宜之。」〔註 12〕方愼言「所至民愛，所去民懷，有古循良之風。」〔註 13〕《宋史·循吏傳》12 人，廣州知州邵曄、程師孟預焉。

〔註 9〕《宋史》卷 405《袁甫傳》、407《杜範傳》，第 12237、12281 頁。
〔註 10〕（宋）許月卿《百官箴》卷 6《制置安撫經略箴、守臣箴》，第 4 輯第 424、426 頁。
〔註 11〕《宋史全文》卷 6《宋眞宗二》，第 241、242 頁。
〔註 12〕《長編》卷 76 大中祥符四年八月丙午條，第 1732 頁。
〔註 13〕（明）黃仲昭《未軒文集補遺》卷下《郡志列傳論·方偕方愼言列傳論》，《文淵閣四庫全書本》第 1254 冊第 601 頁。

（一）邵曄

邵曄（952～1014），字日華，其先京兆人，曾祖家桂陽（今廣東連縣）〔註14〕。太宗太平興國八年（983）進士。任蓬州錄事參軍，知州楊全性悍率蒙昧，部民張道豐等三人被誣爲劫盜，悉置於死，獄已具。邵曄察其枉，不署牘，白全當覈其實，楊全不聽，引張道豐等抵法。張道豐等號呼不服，再繫獄按驗。既而捕獲正盜，道豐等遂得釋，楊全坐削籍爲民。太宗賜錢五萬，下詔以楊全事戒諭天下。邵曄後知忠州，以稱職聞，至道二年（996）四月戊子（18 日），賜詔書獎諭〔註15〕。眞宗景德二年（1005）二月乙酉（7 日），以工部員外郎假光祿卿爲交州安撫國信使，五月戊午（7 日），爲廣南西路緣海安撫使〔註16〕。交州黎桓死，其仲子龍鉞自立，龍鉞兄龍全劫庫財而遁，其弟龍廷殺龍鉞自立，龍廷兄明護率扶蘭寨兵攻戰。邵曄奉眞宗之意，「黎桓繼修職貢，亦嘗遣其子入覲，海隅寧謐，不失忠順。今聞其死，未能弔恤，而遽伐其喪，此豈王者所爲？」貽書交趾，「諭以朝廷威德，如有自相魚肉，久無定位，偏師問罪，則黎氏無遺種矣。」明護懼，即奉龍廷主軍事。〔註17〕景德三年（1106）八月二十二日，邵曄上《邕州至交州水陸路》及《控制宜州山川》四圖，眞宗以示近臣曰：「交州瘴癘，宜州險絕，若興兵攻取，死傷必多。且祖宗開疆廣大若此，當愼守而已，何必勞民動眾，貪無用之地抬如照臨之內，忽有叛亂，則須爲民除害也。」

〔註14〕《長編》卷65景德四年三月癸丑條：命兵部員外郎邵曄擇三班使臣一人堪知廉州者，具名以聞。是州炎瘴尤劇，數年間，守土淪沒者四人，上甚憫之。時曄緣海安撫還，又本連州人，上以其諳彼土事，故令舉官。第1448頁。按《宋史》卷426《邵曄傳》：邵曄，字日華，其先京兆人。唐末喪亂，曾祖岳掣族之荊南謁高季興，不見禮，遂之湖南。彭玕刺全州，辟爲判官。會賊魯仁恭寇連州，即署岳國子司業、知州事，遂家桂陽。祖崇德，道州錄事參軍。父簡，連山令。第12695、12696頁。《舊唐書》卷40《地理志》：連州以桂陽爲理所，屬江南西道。第1619頁。《新唐書》卷43上《地理志》：連州屬嶺南道。唐轄境相當今廣東連縣、連山、陽山等縣地。桂陽今爲廣東連縣。第1107頁。《宋史》卷90《地理志》：廉州，下，合浦郡，軍事。縣二：合浦，石康。第2245頁。（宋）樂史《太平寰宇記》卷167《嶺南道十一容州》：隋置北流縣，在廉州界，有鬼門關在北流縣南三十里，晉時趨交趾，皆由此關。其南尤多瘴癘。去者罕得生，諺曰「鬼門關，十人去九不還」。第3191頁。《長編》以邵曄連州人，諳彼土事，令舉廉州官。誤。

〔註15〕《長編》卷39，第831頁。

〔註16〕《長編》卷60，第1339頁。原作五月戊子，查本月無此日，因後續錄己未日事，故改作戊午。

〔註17〕《長編》卷63景德三年六月庚寅條，第1407頁。

〔註 18〕還，改兵部員外郎、判三司三勾院。因所舉季隨犯贓，停任。大中祥符（1008～1016）初，起知兗州、京東轉運使，刑部郎中、判三勾院、淮南、江、浙、荊湖制置發運使。大中祥符四年（1011）至大中祥符六年（1013）五月，以右諫議大夫、知廣州。州城瀕海，每蕃舶至岸，常苦颶風，邵曄鑿內濠通舟，颶不能害。「及遇疾，吏民蕃賈詣佛寺設會以禱之，其卒也，多灑泣焉。」〔註 19〕廣人歌曰：「邵父（邵曄）陳母，除我二苦。」

（二）程師孟

程師孟（1009～1086），字公闢，蘇州吳人，仁宗景祐元年（1034）進士。歷知吉水、錢塘二縣，通判桂州，知南康軍、楚州、遂州。提點夔路刑獄，瀘戎數犯渝州邊，使者治所在萬州，相去遠，有警，率浹日乃至。程師孟奏徙於渝。夔部無常平粟，建請置倉。適凶歲，振民不足，即矯發他儲，不俟報。吏懼，白不可，程師孟曰：「必俟報，俄者盡死矣。」竟發之。擢提點河東路刑獄。晉地多土山，旁接川谷，春夏大雨，水濁如黃河，俗謂之「天河」，可溉灌。程師孟勸民出錢開渠築堰，淤良田萬八千頃，裒其事爲《水利圖經》，頒之州縣。爲度支判官。知洪州，積石爲江堤，濬章溝，揭北閘，以節水升降，後無水患。神宗熙寧元年（1068）九月，加直昭文館，知福州。築子城，建學舍，治行最東南。熙寧三年（1070）六月，以光祿卿、直昭文館知廣州，進諫議大夫再任。在任建造了西城，「廣踰十二里。及交址陷邕管，聞廣守備固，不敢東」，立下了不世之功。他的另一個突出貢獻是新建郡學，「發官貲」，「繼成郡學西屋」。「日引諸生講解。負笈而來者相踵，諸蕃子弟皆願入學。」。師孟官聲甚清，「繇戾止而久之，民畏民愛，一之而已矣。」〔註 20〕九年（1076）四月十三日，以再任課最爲給事中、集賢殿修撰〔註 21〕。熙寧十年（1077）十月，知越州，發隱摘伏，敏捷如神，繕修宮寺至於郵亭刻漏，爲之一新。〔註 22〕元豐（1078～1085）間，以正議大夫充集賢殿修撰致仕，爵至上柱國廣平郡開國侯。洪、福、廣、越立生祠以示敬意。樂圃先生朱長文曾贊曰「雖韋丹治豫章、孔戣帥嶺南、常袞化七閩無以加也，故天下以爲才臣

〔註 18〕《宋會要・蕃夷》4 之 27，第 7727 頁。
〔註 19〕《宋史》卷 426《邵曄傳》，第 12697 頁；《仕學規範》卷 14《蒞官・邵諫議曄》，第 4 輯第 1155 頁。
〔註 20〕《永樂大典方志輯佚・南海志》《詩文・程矩・學田記》，第 2456 頁。
〔註 21〕《宋會要・職官》59 之 10，第 3722 頁。
〔註 22〕（宋）秦觀《淮海後集》卷 6《越州請立程給事祠堂狀》，第 27 冊第 444 頁。

吏師。」〔註23〕著有《程師孟奏錄》一卷、《程師孟文集二十卷》、《程師孟奏議》十五卷、《長樂集》一卷、《續會稽掇英集》二十卷〔註24〕。

二、精明幹練的廣州知州

「五嶺之南，其極西徼，其旁大海，木深山峭，內有溪洞，外有交趾，皮厚肉堅，鐵爲骨髓，雉兔伏藏，猱猿突起，動如飄風，猛如湍水，獨恩不畏，獨威不懷，擾之則去，撫之則來，恩之與威，不可去一，寬猛交濟，不可無術，坐當一面，則有帥臣，按刑將漕，要皆得人。」〔註25〕廣州知州只是「循謹」，而無其它建樹，亦非嶺守之才。選之「能吏」，可謂得人。宋代廣州知州如李符「在任有善政，民爲立生祠。無文學，有吏幹。」〔註26〕楊克讓「歷官廉謹幹局，所至有聲。視事斷決如流，無有凝滯，當時稱爲能吏。」〔註27〕索湘「少文而長於吏事。」〔註28〕冷應澂「日繕器械，裕財粟，以備倉卒。屢平大寇，未嘗輕殺，笞杖以降，亦加審愼，至其臨事輒斷，雖勢要不爲撓奪。」馬亮、潘時被人稱之爲「能吏」、「精吏」。

（一）馬亮

馬亮（959～1031），字叔明，廬州合肥人。太宗太平興國五年（980）進士，與李沆、向敏中、張詠都是同年〔註29〕。歷任大理評事、知蕪湖縣。改丞大匠，入佐著作監，授殿中丞。上言「詩賦小才不足觀士，願先策論以擢優長」。通判常州。部吏亡失官錢，籍其貲猶不足以償，妻子連逮者至數百人。馬亮暫緩治獄，約定還款日期，不逾月，盡輸所負。採訪使羅處約摭其實狀，飛表以聞，受代還朝，面賜五品服，命知濮州，充福建路轉運使，提點刑獄。「六姓（闕）銜冤引，伏由察視而全活數族；田訟積年遷蒙，自辨明而決遣外臺」。就遷太常博士知福州，由翰林學士承旨蘇易簡薦爲同提點三司都勾院、磨勘憑由司。馬亮以聯職匪彝，力求外補，出知饒州。州豪白氏多執吏

〔註23〕　《中吳紀聞》卷3《程光祿》，《宋元地理史料彙編》第1冊第624頁。

〔註24〕　《宋史》卷203、208、209《藝文志》，第5106、5354、5366、5406頁。

〔註25〕　（宋）徐積《節孝先生文集》卷4《古詩二十二首・送蔣憲穎叔並序》，第15冊第573頁。

〔註26〕　《宋史》卷270《李符傳》，第9276頁。

〔註27〕　《宋史》卷270《楊克讓傳》，第9270頁。

〔註28〕　《宋史》卷277《索湘傳》，第9421頁。

〔註29〕　《宋朝事實類苑》卷8《名臣事迹・李文靖》：李相簡穆公沆嘗被同年馬亮責之。第91頁。《宋史》卷282《李沆傳》：太平興國五年，舉進士甲科。第9537頁。

短長，嘗殺人，以赦免，愈驚橫，爲閭里患。馬亮發其奸，誅之。饒州有永平監，兵匠多而銅錫不給，馬亮請分其工之半，別置永豐監於池州。於是歲增鑄錢數十萬緡。〔註30〕遷殿中侍御史。眞宗踐阼，遷刑部員外郎。至道三年（997）九月壬午（20日），上言四事：「陛下初政，軍賞宜速，而所在不時給，請遣使分往督視。又，州縣逋負至多，赦書雖爲蠲除，而有司趣責如故，非所以布宣恩澤也。國朝故事，以親王判開封府，地尊勢重，疑隙易構，非保親全愛之道。契丹仍歲內侵，河朔蕭然，請修好以息邊民。」〔註31〕眞宗咸平三年（1000），王均反，出爲西川轉運副使，與益州知州雷有終討平叛賊。賊平，主將邀功，誅殺不已，馬亮全活千餘人。獎改兵部員外郎。城中米鬥千錢，馬亮出虜米裁其價，人賴以濟。還朝，加直史館。會械送賊詿誤者八十九人至闕下，執政欲盡誅之。馬亮曰：「愚民脅從，此特百之一二，余竄伏山林者眾。今不貸之，反側之人，聞風疑懼，一唱再起，是滅一均、生一均也。」帝悟，悉宥之。尋知潭州，屬縣有亡命卒剽劫爲鄉人患，鄉人共謀殺之，在法當死者四人。馬亮謂其僚屬曰：「夫能爲民除害而乃坐以死，此豈法意耶？」即批其案悉貸之。〔註32〕朝論韙之。景德元年（1004）九月，徙知昇州。行次江州，屬歲旱民饑，湖湘漕米數十舟適至，馬亮移文守將，發以振貧民。因奏：「瀕江諸郡皆大歉，而吏不之救，願罷官糴，令民轉粟以相賙。」在前南唐德昌宮舊地掘次袤丈，得丞二百餘斤，鬻之獲緡百萬以備供帳綽然有餘。歲滿，還朝，入加工部郎中。眞宗問以兩廣之政，言：「高謹微、高紳皆循謹，非嶺守之才，宜審擇其人，如張詠、劉綜可也。」時張詠有疾，劉綜知并州，眞宗本命楊覃知廣州，發現：「亮之幹敏，不下覃也。」景德四年（1007）十月丁未（14日），加右諫議大夫知廣州〔註33〕。「亮由兵部員外郎改官才數日，擢升諫垣，以重其命。」到任，釋放跟從陳進叛亂的澄海役兵宗屬二百餘人，遣還拖欠賦稅的鹽夫妻子，「招攜裔蠻，杜絕侵擾」。第二年，「蕃舶四倍而來。琛賮駢湊，耆髦駭歎，較於舊課，百萬其贏。」朝廷派專使賜宴以示嘉獎。眞宗封禪泰山，馬亮命大食商酋陀婆離、蒲含沙等人「共執方物貢於嶽趾，中邦聳觀，大禮增華。」廣南、西川，以遐遠之地，屯泊軍士未嘗給兵器，習武藝。馬亮組織諸軍教閱。眞宗言：「亮遽行此事，恐非

〔註30〕《長編》卷40至道二年十月己未條，第853頁。
〔註31〕《長編》卷42，第885頁。
〔註32〕《長編》卷52咸平五年七月己未條，第1141頁。
〔註33〕《長編》卷67，第1498頁。

便。」乃詔樞密院檢原降指揮及近例密諭亮，令遵守之。〔註 34〕大中祥符五年（1012），移知虔州、洪州、荊南。大中祥符八年（1015）七月，以尚書工部侍郎再守金陵。期年就知杭州，加領集賢院學士。先是，江濤大溢，調兵築堤而工未就，詔問所以捍江之策。馬亮褒詔禱伍員祠下，明日，潮爲之卻，出橫沙數里，堤遂成。天禧三年（1019）入拜御史中丞，以兵郎侍郎領集賢院學士知廬州，五年（1021）春換印江陵，秋八月剖符建業。仁宗繼位，進尚書右丞，季冬再領肥川之任。天聖二年（1024）多，判尚書都省知審刑院。朝廷有郊祀之赦，至期論讞，多獲從寬。馬亮上言，遂詔：「已下約束而犯劫盜，及官典受贓，勿復奏，悉論如律。」〔註 35〕三年（1025）加工部尚書知亳州，後二載移知江寧軍，明年，乃授太子少保致仕，仍給全俸。八年（1030），加金紫光祿大夫，天聖九年（1031）七月辛酉（16 日），卒，享年七十三。仁宗輟視朝一日，褒贈右揆。

馬亮歷經兩朝，前後二十三政，「更嘗險艱，兵瘴不侵」。「亮有治才，所至以能稱。」據傳，王旦罷相時，眞宗曾以張詠、馬亮問二人是否有宰輔才，王旦不對，只推薦了寇準，因曰：「他人，臣所不知也。」〔註 36〕雖然此事未必眞實，但亦可見馬亮之才，不下於以「公直、有時望「見稱的張詠。馬亮雖數典大藩，「有智略，敏於政事，然其所至無廉稱。」他在廣州招徠遠人，貿易劇增，對其政績無異於錦上添花。但他又罔顧朝命，校閱兵士，引起了眞宗的不滿。故只官至尚書，再難躋身執政之列。呂夷簡爲縣令子，馬亮以女妻之。馬亮卒，時呂夷簡在相位，有司諡曰忠肅，人不以爲是也。〔註 37〕

（二）潘時

潘時（1126～1189），字德鄘，本婺州金華人，家紹興上虞。中書舍人潘良貴侄，參知政事李光女婿。蔭補叔父恩入仕，爲袁州分宜簿，躬校簿書，蚤夜寒暑不少懈，田裏賴以安。監兩浙轉運司造船場，部使者以爲能，多屬以事，皆迎刃立解，且不以上官喜怒爲向背。提轄行在雜買務雜賣場，嚴禁

〔註 34〕《長編》卷 73 大中祥符三年二月戊子條，第 1654 頁。

〔註 35〕《宋史》卷 201《刑法志》，第 5027 頁。

〔註 36〕《宋史》卷 282《王旦傳》，第 9551 頁。

〔註 37〕以上見《名臣碑傳琬琰之集中》卷 1《晏殊・馬忠肅公亮墓誌銘》，第 447～460 頁；（宋）曾鞏《隆平集》卷 14《侍從・馬亮》，第 533～536 頁；《宋史》卷 298《馬亮傳》，第 9915～9917 頁；《南澗甲乙稿》卷 15《廬州重建包（拯）馬（亮）二公祠堂記》，《文津閣四庫全書》第 389 冊第 296、297 頁。

防、謹次第，大官要人無敢干以私。皇城邏卒挾怙干紀，潘時按致其罪不少貸。孝宗乾道九年（1173），知興化軍。莆俗險健多訟，潘時究其利病施置之方，爲科條以屬吏，簡易嚴密，無所偏倚，郡以大治。女官道士託妖妄求勅賜以表其居，挾簽樞張說書屬潘時上其事，又喻意部使者以撼，卒不爲動。郡故有洋城、陳霸二斗門及木蘭陂，漑田數萬頃，歲久廢壞。潘時興築，壯固牢實，民至今詠歌之。適歲饑，募客舟予錢博糴而寬其期，人始莫喻其意。既而糴者得以其間往返一再、然後及期，則糴價久已自平，而民不饑矣，人始服其有謀也。請蠲歲輸丁米錢千萬，久之未報，輒移屬縣，緩其輸，漕司不悅，督愈峻。潘時訴於朝，竟得罷。召還，賜對，上言：「郡縣者，朝廷之根本，而百姓又郡縣之根本也。今不計州縣之事力，而一切取辦，又不擇人材之能否，而輕以畀之。欲本固而邦寧，其可得乎？」以朝奉大夫、提舉兩浙西路常平茶鹽公事，至則罷中都餽餉之不如法者，豪貴已多不悅。而平江庫錢失漏，守因是誣富室以取償，一郡大擾，有死者，潘時檄罷之，守以是怨，陰以禁兵給白直而訕它司上其事，坐削一官。改江東提舉，入境發贓吏一人，故相有爲請者不聽，竟按逐之，列城震聳。池守趙粹中恣橫不法，遞卒廩給不時，有盜發邊，奏竄匿名書以訴者，詔以屬郡。粹中恐怒，補繫卒汪清，訊治強服，亟奏誅之。刑獄使者丁時發過郡，聞其冤，取具獄閱之，將發其事。粹中遣其屬突入傳舍，即幾間奪去，嫚罵陵折，一郡大駭。潘時時出按旁縣，馳歸與丁時發共劾之。丁時發改使湖北，事久不報，而潘時繩之愈急，章三上，遂與俱罷，主管台州崇道觀。後得眞竄書者，朝廷始罪粹中而恤清家。起提舉荊湖北路常平茶鹽事，入奏爲上言：「比年戶部調度不繼，督賦苛急，監司州縣希意避罪，不暇復以百姓爲心。下失人和，上干天變，其原在此。願詔有司悉蠲州縣民間舊逋，而內出禁錢，以補上供之缺。其招衛卒、除戎器，皆許留經總制錢以充費，不則且止，以俟他年。更詔大臣選官置局，考校紹興以來出內之會，參互省齎，繼續補助，爲經久計。常使戶部支計有餘，則州縣寬而民力紓，和氣應矣。」部承水旱之餘，教喻懲戢，安集賑捄，曲盡其力。民又病疫，則遣醫視療，家至而日課之，以其死生多寡爲殿最，由是全活者眾。俗喜焚屍，潘時敕諸縣各治叢冢，焚者有禁，民莫敢犯。湖北多陂澤，官不障，故使貧民得漁其間，賴以食者甚眾。既而或以輸租自占而專其利，則民固已病之。至是議者請復增租，而吏緣爲奸，盡斥貧民所漁以給富家，失業狼狽者不可計，潘時爲申明其法，悉以還之。改

湖南提刑，有盜殺人而誣指賈人梁晚四為罪首，論當殊死。前後七推具伏，錄問輒不承。潘時親自調查，發現案發時，梁晚四實在他所，參驗行由印歷，晷刻不差，乃得其冤狀，即理出之，而劾官吏失入者。重修石鼓書院，未盡而去。淳熙十二年（1185），除直秘閣知廣州，兼主管廣南東路經略安撫司公事。當時，樞密使周必大諄諄告誡他：「番禺去朝廷數千里，文法素闊略，今歲又有星隕地震之祥，正藉威望消患未形。幸歲稍稔，所益多矣。攉鋒、大奚利害尤多有可垂警者，傾耳以俟。比既禁軍中回易科斂，則修葺軍器之類，須賴使司及漕臺應副，不然又將闕事」。〔註38〕廣東地接郴、桂、汀、贛之境，四州之民歲一踰嶺貿易，折閱即相聚為盜，大群至數千人。潘時入境，捕得渠帥八人，即斬以狥，曰：「三日而去者，吏不得格，期外不去，復捕如初。」於是皆散。又擒捕誅殺梁氏四彪。新置都鹽使者，嚴禁大奚山島民販賣私鹽，並檄水軍逐捕。潘時言：「水軍專受帥府節度，非它司可得而調也。且爭小利、起大盜，將誰使任其責耶？」將卒守法，良民少安，乃陰募其酋豪，使以捕賊自效，由是盜發輒得，有功者為奏補官，鬭死即官其子，而重責其坐視不赴救者。官屬不幸死者，厚賻遣歸，存沒老稚，無一人流落，如是者三十餘家。士族女失身非類，贖而歸之。特轉朝議大夫，進直徽猷閣知潭州，安撫湖南。復值凶歲，精縈禱，廣咨詢，蠲稅租，弛逋負。民得小康，饑不為害。飛虎軍驕橫不可制，有恃醉挾刃傷人者，案軍法誅之，於是帖服無敢犯。重修嶽麓書院。明年召還，以疾辭，進直顯謨閣知太平州，未上，又明年除尚書左司郎中，竟辭不就，乃申太平之命，未行而以疾卒，享年六十四，累官中大夫，爵金華縣開國男，食邑三百戶。

潘時嘗自謂：「吾之為治，主於寬而不使有寬名，輔以嚴而不使有嚴迹。唯其綱維總攝而脈絡通流，是以坐走百吏而我常無為也。」有所弛張，必先究見利病本末，然後出令。恥為姑息小惠以掠虛譽。每言「欲寬民力，先恤州縣；州縣足，則科斂自息而田裏安矣」。朱熹即言其「近世士大夫間，號精吏道、有科指，而寬猛適宜、大小中度者，無出其右。」〔註39〕

〔註38〕《盧陵周益國文忠公集》卷 196《箚子・湖南潘帥（時）（淳熙十二年）》，第53 冊第 96 頁。

〔註39〕以上見朱熹撰、朱傑人等主編《朱子全書・晦庵先生朱文公文集》卷 94《直顯謨閣潘公墓誌銘》，上海古籍出版社 2002，第 4314～4321；《寶慶會稽續志》卷 5《潘時傳》，第 7 冊第 7153 頁。

三、賢德、文武兼備、識大體的廣州知州

《歷代名賢確論》卷四十四《賢吏》言：「昔者漢武之世，吏之賢者有汲黯之持重，鄭莊之喜士，兒寬之廉平，董生之文雅，公孫之恭儉，文翁之好儒。」宋代「南海之地，控制蠻獠，風俗輕悍，易動難安，祖宗以來擇帥尤重，必有綏懷之德，濟以肅服之威，使之統臨，乃能鎮靜」〔註40〕。「國家慎重長人，愛綏遠俗，因推不次之命，以付非常之賢。」〔註41〕「番禺為一都會，象犀珠香之湊，見者惑之，貪泉之詩所為作也。邈焉隔於朝廷，連率係其休戚，必得文武威風知大體者，乃稱其選。」〔註42〕潘美、尹崇珂、余靖、陳峴等人都可稱之為賢德、文武兼備、識大體的廣州知州。

（一）潘美

潘美（921～987），字仲詢，大名人，少時即有大志，曾言「大丈夫當於此時立功名、取富貴，豈宜碌碌然與萬物共盡？」解州府典謁，供職周世宗軍中。後周立，為供奉官。從征高平，以功遷西上閤門副使、正使。出監陝州軍，從征關南，遷改引進使。世宗將用師隴蜀，命潘美護永興屯兵，經度西事。太祖即位，遣美往見執政，敷述天命以諭之。建隆元年（960）八月甲戌（7日），單騎入陝城，諷令保義節度使袁彥入朝〔註43〕。李重進叛，命潘美乘傳發宿州兵擊賊，揚州平，留潘美為巡檢鎮撫，以功授秦州團練使。建隆四年（963）八月癸未（4日），湖南軍亂，以為潭州防禦使〔註44〕，擊南漢兵於桂陽、江華，深入溪峒蠻獠巢穴，斬首萬餘級，餘黨潰散，夷落遂定。乾德二年（964），與南面兵馬都監引進使丁德裕，朗州團練尹崇珂，衢州刺史張繼勳率兵克郴州。開寶三年（970）九月徵嶺南，為賀州路行營馬步都部署、南面都部署。拔富州，破賀州，率伏兵襲擊南漢國主劉鋹派來的援軍，斬獲敵帥伍彥柔。十二月，兵次韶州。潘美命士兵齊射對方布下的象陣，象群驚擾，反踏己隊，遂大敗敵軍。開寶四年（971）二月，進軍廣州。劉鋹擁兵十五萬集結在城外防護區，沿線築以竹柵欄以憑防禦。潘美以火夜襲敵營，又有大風突起，敵軍大亂，俘劉鋹。面對劉鋹議和的請求，根據太祖的指示，

〔註40〕 （宋）劉安世《盡言集》卷8《論王子韶路昌衡差除不當第七》，《文津閣四庫全書》第146冊第465頁。
〔註41〕 （宋）強至《祠部集》卷17《代賀廣州王少卿狀》，第364冊第583頁。
〔註42〕 《盤洲文集》卷23《陳輝知廣州制》，第45冊第189頁。
〔註43〕 《長編》卷1，第20頁。
〔註44〕 《長編》卷4，第103頁。

「辭義嚴正，得奉辭伐罪之體」〔註 45〕。廣南平後，相繼任廣南諸州計度轉運使、權知廣州軍府事、市舶使。平定樂范、范思瓊等人的叛亂，「度嶺南地裏，並省州縣以便民」。前後所廢州十八、縣五十六〔註 46〕。上言「採珠危苦之狀」。開寶七年（974）十月甲辰（30 日），爲昇州西南面行營馬步軍戰棹都監〔註 47〕。自江陵涉水進討秦淮，破采石磯，生擒南唐將領鄭賓等七人，獲軍器萬餘計。江南平，加檢校太傅，開寶九年（976）二月庚戌（13 日），爲宣徽北院使，「節度領宣徽自美始」〔註 48〕。太宗太平興國（976～984）初，改宣徽南院使。三年（978），加封開府儀同三司，四年（979）正月，征北漢，爲北路都招討兼制置太原行府，繼徵范陽，知幽州行府事。及班師，兼三交都部署，留兵留屯以扞北寇，以功加撿校太師。太平興國五年（980）三月癸巳（20 日），遼兵來犯，令軍士銜枚往擊之，大破其眾，生擒其都指揮使李重誨，殺其節度使、駙馬、侍中蕭咄李，獲馬數百疋，俘馘甚眾〔註 49〕，進封代國公。七年（982）以爲并州都部署，八年（983）罷宣徽院使，改忠武軍節度，進封韓國公，領屯兵如故。雍熙二年（985），太宗爲眞宗娶潘美次女爲夫人。三年（986）春，大舉徵幽州，爲云應朔等州行營都部署，雲州觀察使楊業爲副。破寰州、朔州、應州、雲州。由於東路曹彬部、田重進部、米信部相次退兵，潘美所部西路兵也受詔退代州，遷四州之民於內地。副帥楊業主張避敵主力，「但領兵出大石路，先遣人密告云、朔州守將，俟大軍離代州日，令雲州之眾先出。我師次應州，契丹必來拒，即令朔州民出城，直入石碣谷。遣強弩千人列於谷口，以騎士援於中路，則三州之眾，保萬全矣。」時監軍、西上閣門使、蔚州刺史王侁，軍器庫使、順州團練使劉文裕沮其議，主張「趨雁門北川中，鼓行而往。」楊業以陳家谷口爲約，曰：「諸君於此張步兵強弩，爲左右翼以援，俟業轉戰至此，即以步兵夾擊救之，不然，無遺類矣。」當日，王侁欲爭功，領兵離谷口。聞楊業敗，又望風而潰。楊業戰至谷口，望見無人，爲敵所擒絕食而亡。潘美因「陷此生民，失吾驍將」，削三資，爲撿校太保。明年二月（987）復爲撿校太尉，端拱（988～989）初，知眞定府，未幾，復爲並代都部署，知并州，淳化二年（991）就加同平章事，

〔註 45〕 《宋史》卷 258 後，第 8994 頁。
〔註 46〕 《玉海》卷 18《地理郡國下》，第 356 頁。
〔註 47〕 《長編》卷 15，第 325 頁。
〔註 48〕 《長編》卷 17，第 364 頁。
〔註 49〕 《長編》卷 21，第 473 頁。

六月甲戌，卒。諡武惠〔註50〕。

潘美，一生戎馬倥傯，爲宋太祖的統一大業立下了赫赫戰功，與樞密使曹彬並爲定國功臣。除軍事職務外，潘美在中央和地方任職的時間短暫〔註51〕，他在廣州的任職經歷，盡顯其外治軍事、內治民政的管理才能，對宋初廣州的恢復和穩定作出了突出貢獻。

（二）陳峴

陳峴〔註52〕（1145～1212），字壽南，號東齋，本溫州平陽人，徙永嘉。以祖父陳桷恩蔭補入仕，調邵武南尉、潮州判官。時劇寇沈師彪略州境，覆官軍，盛勝抵城下。陳峴佐其長集民兵，布旗幟，日夜徼警甚嚴，賊知有備，引去。又伏兵津渡伺其宵濟，遮擊之，禽賊將及其徒數十人，戮於市。幹辦京西安撫司公事。淳熙十四年（1187），以博學鴻詞科賜第。丞相王淮奏曰「陳某之文甚古」，夜直官對，上語亦然。用舉者改秩爲浙東安撫司幹官，陳峴向知紹興府王希呂建議奏減和買，王希呂從之，上言：「乞將創科和買二萬五十七匹有奇盡放，則民被實惠矣。」於是詔下戶和買二萬五十人餘匹住催一年，又減元額四萬四千匹有奇〔註53〕。丁憂服解後，擢太社令、太學博士，召試學士院。對策言：「帝王號令不可輕出，倘不經三省施行，從中徑下，外示獨斷，內啓幸門，禍患將伏，於中而不自知。」光宗紹熙五年（1194）閏十月，除秘書省正字，進對言：「陛下降詔求言，三時於茲，未聞以忠讜被勸賞，顧有獲罪而編竄者，中外駭愕，以言爲諱，將恐上下相蒙，非國之福。」寧宗慶元元年（1195）十二月，兼國史院編修實錄院檢討官。遷校書郎、秘書郎，

〔註50〕《長編》卷32，第716頁。

〔註51〕開寶九年（976）二月庚戌，任宣徽北院使，太平興國初，改南院使。太平興國八年（983），太宗以王顯、弭德超爲宣徽南北院使，美罷使，改忠武軍節度，進封韓國公。自太平興國四年（979）開北漢之役起，主要時間都在代州屯兵駐守。

〔註52〕《（雍正）廣東通志》卷39《名宦志·陳峴》：字山甫。第188冊第514頁。《（雍正）廣西通志》卷51《秩官·知全州》：陳峴，長樂人。第189冊第407頁；《（雍正）浙江通志》卷162《人物·陳峴》：引兩浙名賢錄，字來東。第177冊188頁；均誤。史另有陳峴，淳熙元年（1174）浙東提舉，淳熙二年兩浙轉運判官、知平江府，淳熙六年（1179）戶部侍郎，給事中，八年任福建市舶，四川制置使等官，見於《宋史》卷173《食貨志·農田》、卷183《食貨志·鹽下》、396《趙雄傳》，第4187、4464、12074頁。《吳郡志》卷7《提舉常平茶鹽司題名》、11《本朝牧守題名》，第1冊第744、774頁。

〔註53〕《宋史》175《食貨志上·布帛》，第4240頁。

併兼實錄院檢討官〔註54〕。以趙鼎黨入慶元三年（1197）黨籍，黜知全州。
至則增學廩，給官書，延見諸生，勉以問學。俾教授林瀛修《清湘志》六卷。
〔註55〕撙節浮費糴米三千斛立倉為儉歲備，蠲民逋租凡二萬餘緡。郡城故榷
酤為民患，聽十里外釀酒，入城收其稅，民便之。又捐河渡之入，跨江為橋，
人目曰「陳公橋」。嘉泰二年（1202），最聞以秘書郎召，遷駕部員外郎，改
禮部，升郎中，兼國史院編修官、實錄院檢討官。嘉泰四年（1204），遷秘書
少監。都城災，詔百官條時政闕失，公言：「節鉞濫予，職名躐授，名器大褻，
僥倖益滋，貪墨肆行，生民日困。而大吏贓狀暴白，僅從罷免，中外之臣佞
諛成風，雖居可言之地，且蓄縮不敢盡，皆非盛世事。」開禧元年（1205），
進秘書監，兼學士院權直，中書舍人。韓侂冑秉國政，欲用蘇師旦為節度使，
密諭詞臣使草制。陳峴語人曰：「節鉞以待將臣之功高者，師旦何人，可辱斯
授？必以此見命，吾有去而已。」未幾，中貴人有以特旨，躐遷遙郡者，陳
峴復論之。御史探權臣意，遂假駁死獄事劾之以免，提舉太平興國宮。「公秉
持直道不少顧，卒以去國，士論高之」。開禧三年（1207），以集英殿修撰知
廣州。到任伊始，看見「城觀室屋暨夫名迹故實率荒圮弗治，濠渠表裏亦皆
湮過，名存而實喪，每竊興歎。於是補弊支傾，是建是闢，問民所利病，與
之規為。凡其力所可強，弗敢有愛也。」〔註56〕新學舍，濬洴水，奏增流寓
解額，以收寒士。修《南海志》十三卷。蠲八縣送州錢六萬餘緡，禁其預藉
以病民。重修延恩館，處士族之落南者。增置義冢，給貧民之無所葬者。築
雁翅城，作敵樓，置經略司敢勇軍，以壯帥府之勢。諭連韶諸州為戰守備，
分遣將卒控搤險要，寇聞風不敢犯。寧宗嘉之，命待制寶謨閣再任。寇浸平，
請納祿，久之進顯謨閣待制知泉州，未上，以兵部侍郎兼直院召，懇辭不上，
嘉定五年（1212）正月辛酉（13日）以疾卒於家，年六十八，積階大中大夫，

〔註54〕　《西山先生真文忠公文集》卷44《顯謨閣待制致仕贈宣奉大夫陳公墓誌銘》：
　　　　　除秘書省正字，兼國史院編修實錄院檢討官。遷校書郎、秘書郎。第76冊第
　　　　　474、475頁。（宋）陳騤、佚名撰，張富祥點校《南宋館閣錄續錄》卷9：實
　　　　　錄院檢討官，陳峴慶元元年十二月以正字兼，二年正月為校書郎，三年三月
　　　　　為秘書郎併兼。未兼國史院編修。北京：中華書局1998，第391頁。從《南
　　　　　宋館閣錄續錄》。
〔註55〕　（宋）陳振孫著，徐小蠻、顧美華點校《直齋書錄解題》卷8，上海：上海古
　　　　　籍出版社1987，第255頁。
〔註56〕　《（道光）廣東通志》卷191《藝文略·陳峴南海縣志序》，第3490頁。《全宋
　　　　　文》卷6364《陳峴·南海縣志序》，第281冊第33頁。

爵永嘉伯，進通議大夫，守元職致仕。遺奏聞，增宣奉大夫。有《東齋集》三十卷。《東齋表奏》二卷。〔註57〕

陳峴為官正直，忠言讜論，切中時弊。見寄方面，施行仁政，興學好儒，加強守備，「番禺之政，如古良牧，式遏寇攘，以奠南服。」當稱之賢吏。

四、清正廉潔的廣州知州

廣州由於海外貿易的關係，地多珍寶，為一己私利所誘，地方官往往監守自盜，貪墨敗度。「蠻酋海客，乘風浮舶。明月犀象，歲至日積。昔人北歸，不能弭謗。」〔註58〕由此，清官賢吏累載史冊，藉以警示世人。如晉安帝元興元年（402），以寒素博學知名於世的左衛將軍吳隱之為龍驤將軍、廣州刺史、假節，領平越中郎將，行至石門「貪泉」水前，酌而飲之，因賦詩曰：「古人云此水，一歃懷千金。試使夷齊飲，終當不易心。」其在境，「革奢務嗇，南域改觀」〔註59〕。後人以此為典，砥礪為官廣州之人清正廉潔，兼愛無私。唐代亦出現了幾名以清白彪炳史冊的廣州官員，如則天朝的廣州都督王方慶，「當時議者以為有唐以來，治廣州者無出方慶之右。」〔註60〕「開元已來四十年，廣府節度清白者有四：謂宋璟、裴伷先、李朝隱及盧奐。」〔註61〕其它還有李勉、孔戣、盧鈞、崔龜從、韋正貫等人，都能夠以廉自守。據南宋樓鑰所言：「人亦有言，廉者士大夫之所當為。古者在位皆節儉正直，故不以廉稱。然考之《周禮・天官》，小宰以聽官府之六計，弊群吏之治，一曰廉善、二曰廉能、三曰廉敬、四曰廉正、五曰廉法、六曰廉辨。說者曰：『弊，斷也』。既斷以六事，又以廉為本。然則成周盛時，亦以廉為難，而況廉恥道喪之久？」〔註62〕故李昂英感慨地說：「千餘年間，廉牧率載史牒，寥寥晨星。中人以上自拔於污俗者，豈特近世少哉！」〔註63〕廣州知州方大琮說：「治廣者以廉為上，惟廉故靜，抑廉非專潔之謂。《書》曰『簡而廉』，《禮》曰『廉而不劌隅也』。曰『廉善、廉能，察也』。廉以潔言自孟書始，世之傷於取者

〔註57〕 以上見《西山先生真文忠公文集》卷44《顯謨閣待制致仕贈宣奉大夫陳公墓誌銘》，第76冊第474～476頁；《宋史》卷208《藝文志》，第5376頁。

〔註58〕 《武溪集校箋》卷18《祭段待制文》，第547頁。

〔註59〕 《晉書》卷90《吳隱之傳》，第2341、2342頁。

〔註60〕 《舊唐書》卷89《王方慶傳》，第2897頁。

〔註61〕 《舊唐書》卷98《盧懷慎傳》，第3070頁。

〔註62〕 （宋）樓鑰《攻媿集》卷99《朝議大夫祕閣修撰致仕王公墓誌銘》，第385冊第538頁。

〔註63〕 《文溪存稿》卷1《廣州新創備安庫記》，第20頁。

多。廣之廉以吳龍驤、宋廣平非徒廉，清心而庶務簡，正色而群下一。與曹相國清靜治齊同一法。」〔註64〕黃震亦言「清」不僅僅如「唐虞命官，直哉惟清，是豈蕭然自潔？」「若託物寄興之謂修已治人，必有當知其源之所自出者矣」，歸根結底，「人之心不牽溺於人欲，而可以自存其天理之正」。〔註65〕所以，「邊得廉刺史則夷夏皆安。其事豈細？然則清之義該，廉之用切，由廉至於清，效已不同。」〔註66〕宋代以來，廣州知州以清廉作爲奉職準則，頗著廉名。如向敏中任前，爲表明自己的清廉自守，「至荊南即市南藥以往」。到任後，兢兢業業，「跋履山川之巇道，推行米鹽之細務，辨官屬之能否，齊市價之貪廉」，人稱「在官一無所須，以廉清聞」，「清節邁於古人」〔註67〕。楊覃到任後「勤於吏事，所至以幹濟稱。」對於頗爲誘人的番舶之利，楊覃「循謹清介，遠人宜之」。由此，受到朝廷的嘉獎，升任右諫議大夫。眞宗大中祥符四年（1011）八月丙午（5日），卒於任。死後，「家無資」。〔註68〕天聖三年（1025）正月，廣州缺守，仁宗與宰相王欽若商議人選，王欽若最善陳從易，故竭力推薦，言其「素有清節，先朝累經任使」。二月乙卯（2日），陳從易由禮部郎中升爲太常少卿，加直昭文館出知廣州。在廣三年，遠俗安靖〔註69〕，以清德聞。期滿回朝，「不市南物，蘩見俸過嶺」。神宗贊其「清節過於馬援矣」。〔註70〕《丞相魏公譚訓》卷一載：「初陳龍圖爲館職十數年不遷，居喪，時士大夫有致賻者。公不拒，服除知廣州，罷官不市南物，既蘩俸餘過嶺，半以償贈賻者，半以班宗族之貧者。故上有馬援之語。」天聖八年（1030）正月壬申（19日），狄棐以太常少卿知廣州，加直昭文館，時年五十三。回朝時，「不畜南海物，人稱其廉愼。及終，家無餘貲。」〔註71〕康定元年（1040），段少連還廣州時，「竹簡薏珠，方舟兼量。公之戒行，朝以

〔註64〕　《宋忠惠鐵庵方公文集》卷36《靜廉説》，第89冊第736頁。
〔註65〕　（宋）黃震《黃氏日抄》卷87《廣德軍通判廳佐清堂記》，第235冊第588頁。
〔註66〕　《宋忠惠鐵庵方公文集》卷36《靜廉説》，第89冊第736頁。
〔註67〕　（宋）祖無擇《龍學集》卷15《文簡向公（敏中）神道碑銘》，第367冊第296頁；（宋）張鎡《仕學規範》卷21《涖官‧向文簡》，第4輯第1281頁。
〔註68〕　（宋）歐陽修《文忠集》卷61《長安縣太君盧氏墓誌銘》，《文津閣四庫全書》第368冊第486頁。
〔註69〕　《粵大記》，第267頁。
〔註70〕　（宋）鄒浩《道鄉先生鄒忠公文集》卷39《故觀文殿大學士蘇公（頌）行狀》，第31冊298頁。
〔註71〕　《隆平集》卷14《侍從‧狄棐》，第556頁。

俟夕。盡室輕裝，十夫之役。」〔註72〕李兌知廣州，「南人謂自劉氏納土後，獨兌著清節。」〔註73〕神宗朝知廣州程師孟，「家人水火不交於民」，「及其去，橐中蕭然如迎日，其清如此。」〔註74〕徽宗朝廣州知州周種，「番舶抵郡，率以犀、象、香、珠之屬爲獻，一無所受，終任不至舶務，人服其廉。」〔註75〕高宗建炎元年（1127），陳邦光知廣州，發轉運使陳述奸贓，卻三佛齊使私覬珠貝異香文犀等直數十萬，南人以爲清。〔註76〕孝宗朝廣州知州周自強「兩兼市舶，清譽尤著。」〔註77〕寧宗朝廣州知州錢之望「珠香翠毛不買一錢。」〔註78〕理宗端平二年（1235），崔與之知廣州，「不受俸，鏹踰二萬，米斛二千有奇，留州家。」〔註79〕謝子強兼領市舶事務四年，「廉介無染」〔註80〕。陳宗禮在任期間，「以清約洗貪風，以安靜鎮遠俗，至今南人歌思靡忘」〔註81〕。在清正廉潔的廣州知州中，陳橐和楊長孺二人較爲典型，下略述之。

（一）陳橐

陳橐（1090～1155），字德應，紹興餘姚人。登徽宗政和（1111～1118）上舍第〔註82〕，教授寧州。以母老改台州士曹，治獄平允。更攝天台、臨海、黃岩三邑，易越州新昌令，皆以愷悌稱。高宗紹興二年（1132）六月，除監察御史，論事不合。八月，詔以宰邑有治行，除江西運判。瑞昌令倚勢受賂，

〔註72〕《武溪集校箋》卷18《祭段待制文》，第547頁。

〔註73〕《宋史》卷333《李兌傳》，第10697頁。

〔註74〕（宋）陸佃《陶山集》卷15《長樂郡君賀氏墓誌銘》，《文津閣四庫全書》第373冊第484頁。

〔註75〕《粵大記》，第270頁、《（雍正）廣東通志》卷39《名宦志·周種》，第188冊第515頁。

〔註76〕《要錄》卷17建炎二年八月戊午條，第1冊第269頁。

〔註77〕《南澗甲乙稿》卷22《龍圖閣待制知建寧府周公墓誌銘》，《文津閣四庫全書》第389冊第338頁。

〔註78〕《葉適集》卷18《華文閣待制知盧州錢公墓誌銘》，346。

〔註79〕《文溪存稿》卷1《廣州新創備安庫記》，第21頁。

〔註80〕《粵大記》，第222頁。

〔註81〕（元）劉壎《水雲村槀》卷14《代申省爲陳參政請諡狀》，第399冊第430頁。

〔註82〕《寶慶會稽續志》卷6《進士》：政和八年嘉王榜，陳橐，縠子，刑部侍郎。第7冊第7158頁；《（雍正）浙江通志》卷124《選舉》：政和六年程瑀榜，陳橐，餘姚人，徽猷閣待制。第176冊第858頁；《宋史》卷21《徽宗本紀》：政和六年三月癸丑，賜上舍生十一人及第。重和元年三月戊戌，御集英殿策進士。戊申，賜禮部奏名進士及第、出身七百八十三人。有司以嘉王楷第一，帝不欲楷先多士，遂以王昂爲榜首。第395、399頁。未知孰是。

陳橐首劾罷之。期年，所按以十數，至有望風解印綬者。以「善撫字」，移知台州。臺有五邑，嘗攝其三，民懷惠愛，越境歡迎，不數月稱治。母喪，邦人巷哭，相率走行在所者千餘人。高宗詔陳橐清謹不擾，治狀著聞，其敕所在州賜錢三十萬。陳橐力辭，高宗謂近臣曰：「陳橐有古循吏風。」終喪，以司勳郎中召。〔註83〕秦檜力主和議，陳橐上疏謂：「金人多詐，和不可信。且二聖遠狩沙漠，百姓肝腦塗地，天下痛心疾首。今天意既回，兵勢漸集，宜乘時掃清，以雪國恥；否亦當按兵嚴備，審勢而動。捨此不為，乃遽講和，何以繫中原之望。」又言：「金每挾講和以售其奸謀。論者因其廢劉豫又還河南地，遂謂其有意於和，臣以為不然。且金之立豫，蓋欲自為捍蔽，使之南窺。豫每犯順，率皆敗北，金知不足恃，從而廢之，豈為我哉？河南之地欲付之他人，則必以豫為戒，故捐以歸我。往歲金書嘗謂歲帑多寡聽我所裁，曾未淹歲，反覆如此。且割地通和，則彼此各守封疆可也，而同州之橋，至今存焉。蓋金非可以義交而信結，恐其假和好之說，騁謬悠之辭，包藏禍心，變出不測。願深鑒前轍，亦嚴戰守之備，使人人激厲，常若寇至。苟彼通和，則吾之振飭武備不害為立國之常。如其不然，決意恢復之圖，勿循私曲之說，天意允協，人心響應，一舉以成大勳，則梓宮、太后可還，祖宗疆土可復矣。」疏論與秦檜不合，因力請去。除徽猷閣待制、知潁昌府。時河南新疆初復，無敢往者，陳橐即日就道。次壽春則潁已不守。改處州，又改廣州。兵興後，廣東盜賊無寧歲，十年九易牧守。橐盡革弊政，以恩先之。留鎮三年，民夷悅服。在廣積年，四方聘幣一不入私室。郴寇駱科犯廣西，詔遣摧鋒軍統帥韓京討之。陳橐奏：「廣東累年困於寇賊，自京移屯，敵稍知畏。今悉軍赴廣西，則廣東危矣。」秦檜以陳橐稽留機事，降秩。屢上章告老，改婺州，請不已，遂致仕。紹興二十五年（1155）十二月甲申（11日），以疾卒於家，年六十六。

　　陳橐博學剛介，以清廉自守。《制》言其「居官可紀，長於治民。服採禁途，蔚為清廟之器；宣勞帥閫，號稱諸侯之良。」王十朋為《風土賦》，論近世會稽人物，曰：「杜祁公之後有陳德應」云。〔註84〕

〔註83〕 （宋）胡寅《斐然集》卷15《繳郭東知台州》，《文津閣四庫全書》第380冊第149頁。

〔註84〕 以上見《要錄》卷170，第3冊第387頁；《宋史》卷388《陳橐傳》，第11907～11909頁；（宋）劉才邵《檆溪居士集》卷5《陳橐知婺州制》，第377冊第625頁。

（二）楊長孺

楊長孺，舊名仁壽，字伯子，號東山，或東山潛夫，吉州吉水人。誠齋先生楊萬里子，蔭補入仕，任永州零陵主簿，父楊萬里賦雜言送之，曰：「好官易得忙不得，好人難做須著力。汝要作好官，令公書考不可鑽。借令巧鑽得，遺臭千載心爲寒。汝要作好人，東家也是橫目民。選官無選處，卻與天地長青春。老夫今年六十四，大兒壯歲初筮仕。先人門戶冷如冰，豈不願汝取高位？高位莫愛渠，愛了高位失丈夫。老夫老則老，官職不要討。白頭官裏捉出來，生愁無面見草萊。老夫不足學，聖賢有前作。譬如著棋著到國手時，國手頭上猶更盡有著。」〔註85〕知南昌縣，周必大勉之曰：「往年餞尊公，出宰新吳縣。仁愛馴桑雉，聖明遇禾絹。君今治南昌，家學世其官。密令行教化，明庭集孔鸞。煌煌斗牛問，寶氣先後應。卓魯聚一門，誰續職方乘。」〔註86〕寧宗嘉定四年（1211），知湖州。秀王府邸橫一州。與秀王飲宴逾兩夕，歸即自劾云：「赴秀王華宴，荒酒凡兩日，願罰俸三月，以懲不恪。」自是秀邸不敢復招。一日，王府促解爬松釵人，楊長孺判云：「松毛本是山中草，小人得之以爲寶。嗣王促得太吃倒，楊秀才放得卻又好。」除浙東提刑，知贛州。嘉定八年（1215）七月十一日，奏言「汀、贛聯境，民習凶頑，不務農桑，易於爲盜。近年贛盜頗稀，汀盜反爲贛害。蓋贛人有犯，追捕甚嚴，人知懲艾。惟汀州隸福建，汀人爲盜於贛，贛州移文追捕，而汀州視如秦越，緣此數載，汀盜公行。此而不防，久將益熾，勢須江西守臣得以兼福建之兵權，庶幾福建盜賊，江西可以討捕。竊見本州兼領兵甲，越至廣界南雄、南安悉在鈐制，故江西交、廣事體相關，應授如響，廣東之盜不敢侵踰，其效可睹。獨汀州之盜頻來擾害，捕則竄歸。欲乞將汀州兵甲照南雄州例，許本州守臣提舉，添入『汀州』兩字係銜。仍箚下福建路安撫、提刑司及汀州照應施行，庶幾彼此相維，群盜可弭。又照得贛州瑞金縣正汀盜出入之衝，而古州古城寨最近瑞金，若蒙朝廷以古城寨爲兩州界寨，使本州與汀州皆得統轄，則汀盜有所畏憚矣。」從之。〔註87〕嘉定九年（1216）三月，知廣州。曾言：「士大夫

〔註85〕 （宋）楊萬里著、王琦珍整理《楊萬里詩文集》卷28《詩・大兒長孺赴零陵簿，示以雜言》，南昌：江西人民出版社2006，第503頁。
〔註86〕 《廬陵周益國文忠公集》卷42《送楊伯子長孺知南昌縣（庚申六月）》，第51冊第466頁。
〔註87〕 《宋會要・職官》47之57、58，第3446、3447頁。

清廉，便是七分人了。蓋公忠仁明，皆自此生。」代還，以俸錢七千緡，代下戶輸租。詩云：「兩年枉了鬢霜華，照管南人沒一些。七百萬錢都不要，脂膏留放小民家。」其《帥番禺秩滿別石門》詩云：「石門得得泊歸舟，江水依依別故侯。擬把片香投贈汝，這回欲帶忘來休。」郡人立像與吳隱之合祠。史部稱其「闓通敏惠，奉法循理，爲時良臣」。嘉定十一年（1218），移知福州。十四年（1221）二月十一日，得祠。理宗寶慶元年（1225），禮部侍郎、直學士院眞德秀入對，上問當今廉吏，眞德秀既以趙政夫爲對。翌日又奏曰：「臣昨所舉廉吏未盡，如崔與之之出蜀，唯載歸艎之圖籍，楊長孺之守閩，靡侵公帑之毫釐，皆當今之廉吏也。」〔註88〕

正如李薦所詠：「旌廉以廉寡，樹碑勵貪夫。後人慕前躅，當令德不孤。第無愧屋漏，斯能遠苞苴。番禺惟飲水，合浦自還珠。」〔註89〕宋代廣州知州廉潔自律，所著清名，爲後世所尚。

五、貪墨的廣州知州

廣州寶貨叢聚，「漢以來使粵嶺，自陸大夫始，攜二千金去而人不非，入南者遂以黷貨爲當然。刺史一經城門，例四千萬，傳聞可愕。」〔註90〕史上因貪墨問題而氣節不保者不在少數。西晉義陽王司馬奇「亦好畜聚，不知紀極，遣三部使到交廣商貨，爲有司所奏。太康九年（288），詔貶爲三縱亭侯。」〔註91〕南朝宋文帝元嘉六年（429），廣州刺史孔默之因「嶺南遺財，家甚富足」，以贓貨得罪，下廷尉〔註92〕。據筆者考察，唐朝 290 年間，實任廣州總管、都督、刺史、嶺南道節度使、嶺南東道節度使 107 人，出現貪污問題的有 16 人，比例約爲 15%。唐玄宗天寶六載（747），嶺南五府經略採訪使、光祿少卿兼南海郡太守、攝御史中丞彭果（亦作杲）「貪惏匪極，

〔註88〕 以上見《吳興備志》5，第 168 冊第 108 頁；《鶴林玉露》卷 4《甲編·清廉》，第 69 頁；《宋史翼》卷 22《楊長孺本傳》，第 973～974 頁；《（雍正）廣東通志》卷 39《名宦志·楊長孺》，第 188 冊 513 頁；《淳熙三山志》卷 22《秩官類》，第 8 冊第 7987 頁；（元）揭傒斯撰、李孟生標校《揭傒斯全集》卷 5《楊氏忠節祠記》，上海古籍出版社 1985，第 334 頁；《永樂大典方志輯佚·南海志·宦績》，中華書局 2004 點校本，第 2448 頁。

〔註89〕 （宋）李薦《濟南集》卷 2《李良相清德碑》，《宋集珍本叢刊》第 89 冊第 659 頁。

〔註90〕 《文溪存稿》卷 1《廣州新創備安庫記》，第 20 頁。

〔註91〕 《晉書》卷 37《宗室列傳·義陽成王望》，第 1087 頁。

〔註92〕 《宋書》卷 69《范曄傳》，第 1820 頁。

求欲無厭，官吏恣其侵漁，蒼生受其塗炭」，計其贓數十萬有餘，決六十，除名長流溱溪郡。死於路。〔註93〕

宋代「嶺南舶商所湊，珍貨叢委，至者一為利所動，則隳其故節。」〔註94〕「仕者入南以黷為常」〔註 95〕。神宗慶曆三年（1043），詔定天下公田，諸路多誤以戶絕為荒田，給官吏。廣南諸州，坐收戶絕田以贓廢者七十餘人。〔註96〕慶曆四年（1044）正月壬辰（29 日），詔曰：「廉素者，士之常；而富貴者，是人之所欲也。昔先帝詔復公田，合王制班祿之差，得聖人養賢之道。然郡縣受地有無不齊，其議所以均之。」〔註 97〕高宗紹興三十年（1160）十月己酉（5 日），言者論：「國家之利莫盛於市舶，比年商販日疏，南庫之儲，半歸私室，蓋商賈之受弊有四，官中之虧損有二。」其中一個原因就是將帥貴近各自遣舟，既有厚貲，專利無厭，商賈為之束手。並且權豪之家勢足自免抽解，縣官歲入坐損其半。有些權豪冒禁，公以銅錢出海，一歲所失不知其幾千萬。高宗詔有司講究除去宿弊，以便公私，其於國計，誠非小補，戶部奏復抽解舊法，違者許商人陳訴，應命官以錢物附舶舟或遣人過海者，依已得旨徒二年。紹興二十二年（1152）十月辛巳（18 日）敕廣州見任官將錢物寄附綱首，客旅過蕃收買物色，依敕徒二年斷罪。〔註98〕寧宗嘉定（1208～1224）初，提舉廣東常平茶鹽事劉煒言：「仕乎南者多自為裨販，奪州縣徵商之利。請凡仕廣而商者，轉販所經，許州郡沒入其貨。」〔註 99〕嘉定五年（1212）二月十九日，臣僚言：今之任於廣者，凡有出產，皆賤價收之而歸舟滿載。南方地廣民稀，民無蓋藏，所藉土產以為卒歲之備。今為官吏彊買，商旅為之憚行，若不禁戢，慮傷民力。乞下廣東、西兩路監司、帥臣嚴行約束，違者按劾，重寘典憲。從之。〔註100〕理宗端平二年（1235），王邁上館職策言：「廣東諸郡，商賈貿易多有用楮，官民出入乃不流通。廣之科斂最

〔註93〕（宋）王欽若等編纂、周勛初等校訂《冊府元龜》卷 152《帝王部・明罰》，南京：鳳凰出版社 2006，第 1702、1703 頁。

〔註94〕（宋）韓琦《安陽集》卷 50《故尚書工部侍郎致仕贈工部尚書崔公（立）行狀》，《宋集珍本叢刊》第 6 冊第 616 頁。

〔註95〕《宋忠惠鐵庵方公文集》卷 17《書・鄭金部逢辰》，第 89 冊第 528 頁。

〔註96〕《長編》卷 145 慶曆三年十一月壬辰條，第 3511 頁。

〔註97〕（宋）王稱《東都事略》卷 6《本紀六》，《宋史資料萃編》第 142 頁。

〔註98〕《要錄》卷 163，第 3 冊第 295 頁。

〔註99〕《西山先生真文忠公文集》卷 41《劉文簡公神道碑》，第 76 冊第 419 頁。

〔註100〕《宋會要・刑法》2 之 136，第 6563 頁。

為民害，納丁贖罪，率索見緡。仕於其邦，去天既遠，瘠民肥已，滿載而歸。」〔註101〕一些廣州知州利用職務之便，貪墨不法，自玷聲名。如郎簡「在廣州無廉稱。」〔註102〕盧之翰「無廉稱」，徙知永州。〔註103〕王鉄帥番禺，「有狼藉聲」〔註104〕。以下略舉數例：

（一）李昌齡

李昌齡（937～1008），字天錫，宋州楚丘人，太宗太平興國三年（978）進士〔註105〕。歷任大理評事、通判合州。將作監丞、右贊善大夫、通判銀州。京城開金明池，李昌齡獻詩百韻，太宗嘉之，擢右拾遺、直史館，賜緋。改右補闕、知滁州。丁內艱，起為淮南轉運使。雍熙二年（985）十月，以戶部員外郎知廣州。端拱元年（988）八月，清遠縣廨舍有鳳集柏樹，高六尺，眾禽隨之東北去，李昌齡圖以獻。淳化二年（991）代還。路經父親李運在許州的府第時，「包苴輜重悉留貯焉」，帶往京城的「但藥物藥器而已」。故太宗以為李昌齡並非貪墨之人，擢禮部郎中，為樞密直學士。李昌齡將自己對市舶管理的意見上呈，言：「商舶至，官盡增價買之，良苦相雜，少利。請擇其良者，官如價給之，苦者恣其賣，勿禁。」朝廷從之，淳化二年（991）四月，詔廣州市舶：「自今除禁榷貨外，他貨擇良者，止市其半，如時價給之。粗惡者恣其賣，勿禁。」是秋，知審刑院事。月餘，又權判吏部流內銓，數日，授右諫議大夫，充戶部使。三年（992），改度支使，拜御史中丞。李繼隆受命河朔征討，不赴臺辭，李昌齡糾之，遣吏追還，罰俸。又劾陝西轉運使鄭文寶生事邊境，築城沙磧，輕變禁法，文寶坐貶湖外。至道二年（996）二月庚辰（9日），以本官為給事中、參知政事，居位頗選懦，無所建明。太宗垂

〔註101〕（宋）王邁《臞軒集》卷1《乙未館職策》，第79冊第121頁。
〔註102〕《宋史》卷299《郎簡傳》，第9927頁。
〔註103〕《宋史》卷277《盧之翰傳》，第9424頁。
〔註104〕（宋）羅大經撰、王瑞來點校《鶴林玉露·乙編》卷6《韓璜廉按》，中華書局1983，第227頁。
〔註105〕《隆平集》卷6《參知政事·李昌齡》：太平興國二年登進士第。卒年六十二。第272、273頁；《宋史》287《李昌齡傳》：太平興國三年進士。第9652頁。《東都事略》卷37《李昌齡傳》：卒年七十二。第581頁；《宋史》287《李昌齡傳》同。按何冠環《宋初朋黨與太平興國三年進士》：李昌齡中乙科，年四二，壽七二。北京：中華書局1994，第10頁。故《隆平集》所載李昌齡登科時間和卒年均有誤。《東都事略》卷37《李昌齡傳》：右補闕出知徐州（京東路），為淮南轉運使。第580頁。《宋史》287《李昌齡傳》：右補闕，出知滁州（淮南路）。丁內艱，起為淮南轉運使。《宋史》較詳，從《宋史》「滁州」。

危之際，李昌齡與內侍王繼恩、知制誥胡旦等人謀立故楚王元佐。至道三年（997）五月甲戌，坐交結王繼恩，貶忠武軍節度行軍司馬。咸平二年（999），起爲殿中少監。三年（1000），王均作亂，命知梓州。知雜御史范正辭劾其廣舶宿犯，亟代還，知河陽。丁外艱，起復，奉朝請，以風恙求領小郡，復得光州，就改光祿卿。疾不能治事，轉運使以聞，命守本官分司西京。尋請致仕，眞宗曰：「昌齡素無清譽。」乃授秘書監，遂其請。大中祥符元年（1008），卒，年七十二。有《感應篇》一卷。

正如《宋史》所評價的：「李昌齡累更劇任，遂階大用，黨邪徇貨，遂貽終身之玷，良可醜也。」〔註106〕他參與廢立皇帝，則使其在仕途上一蹶不振。

（二）陳繹

陳繹（1021～1088），字和叔，其先大名人，後家洛陽。仁宗慶曆二年（1042）進士，與王安石爲同年〔註107〕。歷任梁山軍判官，改鎮東軍節度推官，西京留守推官，爲館閣校勘，改著作佐郎、秘書丞，進集賢校理，刊定《前漢書》誤謬，同知禮院。英宗臨政淵嘿，密獻五箴曰「主斷、明微言、廣度言、省變言、稽古言」。遷太常博士，同判刑部，獄訟有情法相忤者，讞之。或言刑曹唯知正是否，不當有所輕重。陳繹曰：「持法者貴審允，心知失刑，惡得坐視？」由是多所平反。與修《仁宗實錄》，爲檢討官。遷祠部員外郎、度支員外郎，知涇州。神宗立，爲陝西轉運副使，止環、慶等六州毋散青苗錢，且留常平倉物以備用，條例司劾其罪，詔釋之。轉京東，入爲三司判官，詳定令式。熙寧四年（1071）正月乙未（9日），入直舍人院、知審官東院、判戶部勾院。遷兵部員外郎，修起居注、知制誥。八月，爲遼國母生辰使。熙寧五年（1072）十二月乙未（21日），拜翰林學士，提舉司天監。熙寧六年（1073）八月，以侍講學士知鄧州。還知通進、銀臺司，兼門下封駁事。帝語輔臣曰：「繹論事不避權貴。」權知開封府。因阻盜用公使庫錢吏人推鞫判司農寺張諤，罷開封府。熙寧九年（1076）十二月，出知滁州。元豐元年（1078）閏

〔註106〕以上見《宋史》卷287《李昌齡傳》，第9652、9653頁；卷205《藝文志》，第5197頁；卷281《呂端傳》，第9516頁；卷304《范正辭傳》，第10060頁。

〔註107〕（宋）《王安石全集》卷67《雪中游北山呈廣州使君和叔同年》，第514頁；《（雍正）江西通志》卷49：王安石，慶曆二年壬午楊寘榜進士。第174冊第462頁。

正月，以言者論落知制誥，爲秘書監、集賢院學士。〔註108〕八月，以右諫議大夫知廣州兼本路經略安撫使。元豐三年（1080）十一月庚戌（22日），以太中大夫、集賢院學士、龍圖閣待制再任。元豐四年（1081）十二月丁卯（15日），據廣南東路團結諸軍所奏，體量知廣州陳繹役使團結兵級五百餘人治廨舍，及發諸縣槍手於城中濬河築堤，日役千人，既非城池，又不係公私利書，盛冬興役，劾罪以聞〔註109〕。元豐五年（1082）三月十日，以太中大夫知江寧府。六年（1083）四月丁未（2日），因廣南東路轉運副使孫迴「舞法不忌、耗散官錢」案發，他告發陳繹前知廣州私換公使觀音像。一應罪狀，經蘇軾和范百祿等勘會，所犯罪則包括：私自取索，用市舶庫乳香斤兩至多，外買生羊寄屠行，令供肉，計虧價錢三十七貫有餘。別造杉木胎者貨易州宅元供養檀木觀音入，計虧官錢二貫文；係自盜贓一匹二丈；縱男役將下禁軍織造坐褥，不令赴教；縱男與道士何德順遊從，曲庇何德順弟何迪，偷稅金四百兩，事不斷抽，罰不覺察；公使庫破，男並隨行助教供給食錢；以公使穀養白鷳。〔註110〕據王明清《玉照新志》卷一《熙豐日曆殘帙‧中書箚子》，尚有役使土丁槍手修築廨宇內地基，將官乳香於神寺獨自焚燒等二罪。蘇頌在《太中大夫陳公（繹）墓誌銘》對陳繹的罪責多所辯解，「役使土丁槍」則言「繕城郭，濬溝池，不勞民而功辦」。貪贓納物則言「嘗戒子弟市藥物必案方劑銖兩，示無過取，其廉畏如此。」觀音像事則言「粵俗尚鬼，有病必禱於佛祠。方霧潦薰蒸，瘴癘大作。公命以帑錢制浮屠像，置郡廨，日爲之祈禬。俄而幼女亦被疾，禱之有應，遂用私財仿爲一像」。〔註111〕元豐七年（1084）三月己巳（30日），大理寺丞郭概就江寧府劾陳繹，三供罪狀不盡，乞追攝。六月己巳（1日），陳繹坐前知廣州作木觀音易公使庫檀像，私用市舶乳香三十斤

〔註108〕 以上見《華陽集》卷19《賜秘書丞館閣校勘陳繹進擬御試賦獎諭勅書》，《文津閣四庫全書》第365冊第326頁；《玉海》卷47《治平補日曆》，卷49《嘉祐重校漢書》，卷52《淳化秘閣羣書》、《嘉祐編定書籍、昭文館書》，卷58《紹興修宰輔錄》，第899、935、993、997、1117頁；《歐陽修全集‧補遺‧太常因革禮序治平三年》，第2577頁；《蘇魏公文集》卷30《外制‧尚書祠部員外郎充集賢校理陳繹可度支員外郎依舊充職》，第426頁；《長編》卷219熙寧四年正月乙未條、卷225熙寧四年七月丁酉條、卷241熙寧五年十二月乙未條、卷246熙寧六年八月庚辰條、卷279熙寧九年十二月甲辰條、卷287元豐元年閏正月癸未條，第5322、5477、5478、5884、5991、6844、7029頁。

〔註109〕 《長編》卷321，第7744頁。

〔註110〕 《蘇軾文集》卷21《繳陳繹詞頭奏狀》，《三蘇全書》第11冊第490頁。

〔註111〕 《蘇魏公文集》卷60《太中大夫陳公墓誌銘》，第913頁。

買羊，虧價爲絹二十八匹，上言詐不實，免除名勒停，追太中大夫，落龍圖閣待制，知建昌軍。正如《宋大詔令集》卷二百六《陳繹降官落職知建昌軍制》所言「蔽罪至於除名。而論贓至於自盜。」哲宗繼位，復太中大夫，移密州，元祐三年（1088）正月己巳（21 日）終於州宅之正寢，享年六十八。與修《仁宗實錄》二百卷、《熙編三司式》四百卷。修《宰相拜罷錄》一卷，撰《東西府記》一卷，《南郊附式條貫》一卷。〔註112〕《宋史》論言：「陳繹希合用事，固無足道，然於獄事多所平反，惜乎閨門不肅，廉恥並喪，雖明曉吏事，亦何取焉。」

（三）其他貪墨的廣州知州

除李昌齡、陳繹外，其他還有一些貪墨的廣州知州。

張延範「火焚公帑香藥、珠貝、犀象殆盡，奏不以實。又縱私奴三輩於部下受賕」。太宗太平興國二年（977）五月，責爲護國行軍司馬。〔註113〕

朱服在廣，贓私不法，士大夫頗以廉潔少之。蘇軾爲詩「何如鄭子產，有禮國自閒。至今不貪寶，凜然照塵寰」，聊假夢以諷之。〔註114〕徽宗崇寧元年（1102）八月，朱服以前知廣州「賄賂公行、交通蘇軾」責受建安軍節度副使、興國軍安置。〔註115〕

欽宗靖康元年（1126）十月，陳述以監察御史使嶺外。時廣東西漕臣右文殿修撰鄭良奸利案發，陳述代鄭良爲廣漕，「籍其貲以鉅萬計，私有之。」廣東帥闕，陳述以轉運使、直龍圖閣攝行帥事。高宗建炎二年（1128）正月丁亥，廣南東路轉運判官尹忠臣、徐庚同根括鄭良寶貨。知廣州陳邦光發轉運使陳述奸贓，徐庚亦奏述贓狀，制勘得情，詔陳述除名，英州編管。

孝宗乾道二年（1167）六月五日，陳輝以言者論其「侵盜官錢不知紀極，

〔註112〕 以上見《宋史》卷 329《陳繹傳》，第 10614 頁；《蘇魏公文集》卷 60《太中大夫陳公墓誌銘》，第 911～915 頁；（宋）晁公武撰、孫猛校證《郡齋讀書志校證》卷 6《仁宗實錄二百卷》、卷 7《陳氏樞府拜罷錄一卷》，上海：上海古籍出版社 1990，第 230、319 頁；《宋史》卷 203、204《藝文志》，第 5109、5114 頁。

〔註113〕 《長編》卷 18 太平興國二年五月庚午條，第 405 頁。

〔註114〕 （宋）朱弁《風月堂詩話》卷下之 55，江蘇古籍出版社 1998，《宋詩話全編》第 2956 頁。

〔註115〕 （宋）吳曾《能改齋漫錄》卷 12《責降朱師復製》，上海：上海古籍出版社 1960，第 372 頁。《宋史》卷 347《朱服傳》：貶海州團練副使，蘄州安置。改興國軍。亦與《制》不同。第 11004、11005 頁。

奢侈不法，罪惡貫盈」落職放罷。提舉市舶黃洧檢舉陳輝「市賈胡香不償直」。〔註 116〕

孝宗淳熙十四年（1187）十一月四日，前知廣州鞏湘差主管亳州明道宮，言者論「湘前知廣州，差王彥邦等權攝職事，容縱違法折換簿書，收匿文歷，賒買度牒，侵盜銀兩。事既敗露，藏匿不出。及置勘官司悉皆改除，而湘遂以獲免，乃敢敍述在廣四年，指爲勞效，干求差遣。其爲欺罔，無所忌憚，乞賜黜責。」〔註 117〕

寧宗嘉定八年（1215）九月二十三日，知廣州洪伋以監察御史劉棠言其「前任廣帥，攔截蕃舶，脅取民財」放罷。十二月三十日，洪伋被褫職，以右諫議大夫應武言「伋貪污淫濫。」

嘉定十三年（1220）四月二十七日，知廣州留恭爲右正言張次賢論列「每遇點舶，恣行掇拾，緣此舶舟稀少」罷黜〔註 118〕。

有這些貪墨的地方長官，乃是廣州及廣東人民的不幸，對於嶺南的經濟文化，也是一種破壞。

六、殘酷的廣州知州

如司馬遷所言，酷吏是「上替下陵，姦軌不勝，猛政橫作，刑罰用興。曾是強圉，掊克爲雄，報虐以威，殃亦凶終。」由於廣州知州兼廣南東路經略安撫使，在緝寇滅盜過程中，也有嗜殺貪功或殺人過多之人。如仁宗皇祐四年（1052），儂智高寇廣州時，廣州知州仲簡即被指責「縱步兵馘平民以幸賞」〔註 119〕。哲宗元祐二年（1087）五月乙卯（4 日），詔前廣南東路經略安撫使張頡展二年磨勘，言者論不戢將佐，因捕岑探，殺及平人〔註 120〕。《夷堅甲志》卷十四載：紹興初，連南夫帥廣東，前後所殺海寇不可計，或同日誅一二百人。《中興聖政》載：紹興八年（1138）八月丁卯（14 日），高宗言：「前日連南夫奏廣南盜賊殺戮過多，要降詔。朕以謂盜賊固當殺戮，只恐害及平人，有傷和氣。若得守令平日存撫，使不爲盜，乃上策也。」〔註 121〕寧宗慶

〔註 116〕《朱子全書・晦庵先生朱文公文集》卷 93《轉運判官黃公（洧）墓碣銘》，第 4280 頁，《宋會要・職官》71 之 15，第 3979 頁。

〔註 117〕《宋會要・職官》72 之 47，第 4011 頁。

〔註 118〕《宋會要・職官》75 之 9、10、25，第 4078、4079、4086 頁。

〔註 119〕《宋史》卷 326《蔣偕傳》，第 10520 頁。

〔註 120〕《長編》卷 400，第 9744 頁。

〔註 121〕《要錄》卷 121 紹興八年八月丁卯條注，第 2 冊第 643 頁。

元三年（1197），廣州知州錢之望平大奚山海寇，「盡執島民戮之無唯類，議者
或以為過云。」〔註122〕理宗淳祐九年（1249），邱迪嘉以廣南東路運漕攝帥事，
尉陳知章攝倅。當時廣寇盜作，二人「以殘虐為能，以多殺為功，時號『大
小屠伯』。虎噬蟒吞，俘平民為寇，累累血刀杌。」李昂英斥邱迪嘉「憸巧轉
移，草菅斯民。」〔註123〕

七、昏庸無能的廣州知州

宋代廣州是邊陲重地、經濟中心，如果盜發其間，輒成大患。故此，在
應對緝寇、捕盜、撫民、養葬等諸類事務中，能夠窺見廣州知州的臨政能力。
「番禺軍府，臺閫鼎峙，然仕者舊多逐臭屍素之病。」〔註124〕與清正廉潔、
循良幹練的廣州知州相比，另有一些知州處事失宜，以「昏庸無能」冠之較
宜。

仁宗皇祐元年（1049）九月乙巳（15 日），廣源州蠻儂智高反，寇邕州。
四年（1052）五月初，儂智高在邕州稱帝建元。其後沿江東下，進逼廣州。五
月丙寅（22 日）至七月壬戌（19 日），圍廣州五十七日。敵寇西來之時，廣州
知州仲簡「尚未之信，殊不設備，榜於衢路，令民敢有相扇動欲逃竄者斬。」
端州知州丁寶臣「請兵於廣州，凡九請，不報。」〔註125〕廣州被圍之後，仲簡
「閉子城拒守。郊野之民欲入城者，閉門不納，悉為賊所殺掠。」〔註126〕同僚
尚言仲簡「留兵自守，不襲賊，又縱步兵鹹平民以幸賞。」通過韶州、端州、

〔註122〕《兩朝綱目備要》卷 5《寧宗》慶元三年夏，第 307 頁。
〔註123〕《文溪存稿》卷 13《苦秋暑引（並序）》，第 134 頁；同書卷 5《跋潛守〈治
獄好生方〉》，第 57 頁；同書卷 10《與廣權帥邱嘉治盜書》，第 106 頁。
〔註124〕《漁墅類稿》卷 6《廣東主管帳司元公墓誌銘》，第 78 冊第 101 頁。
〔註125〕《歐陽修全集》卷 25《集賢校理丁君（寶臣）墓表（熙寧元年）》，第 391 頁。
〔註126〕《長編》卷 172 皇祐四年五月丙寅條：及賊至，始令民入城，民爭以金貝遺
閽者，求先入，踐死者甚眾，餘皆附賊，賊勢益張。第 4146 頁。（宋）司馬
光《涑水記聞》卷 13：百姓驚走，輦金寶入城，簡閉門拒之，曰：「我城中
無物，猶恐賊來，況聚金寶於中邪？」城外人皆號哭，金寶悉為賊所掠，簡
遂閉門拒守。第 258 頁。《宋大詔令集》卷 205《兵部郎中仲簡可降授刑部郎
中制（皇祐四年二月丙申）》：暨扶老攜幼。願保城中。又拒而弗納。至使兵
防之具。一以資寇。民室被害。十室八九。朕尚念守城之固。才奪近職。同
卷《兵部郎中充天章閣侍制仲簡可落待制知筠州制（皇祐四年十月己卯）》：
以至賊鋒歊集。而使居民不得入保。戕辱士庶。毀焚官寺。掩奪兵器。培積
金犀。而勢益得逞。比賊去城下。又縱殺羸弱而莫之省者。第 766 頁。從《涑
水記聞》及《詔令集》，仲簡未開城門納民。

惠州等處兵將的相繼救援，廣東轉運使王罕在惠州亦招募土丁回城禦敵，儂智高西還攻賀州，廣州圍解。仲簡的不作爲被朝臣紛紛指責，司馬光言其「性愚且狠」。李覯則一針見血地指出：「彼求戰則不聽，欲走則無路，糧食當有限，寶貨豈可餐？越月踰時，自當干死。」〔註 127〕朝廷以廣州城池未破，徙仲簡知荊南。十月己卯（7 日），因廣州民怨積深，仲簡落職知筠州〔註 128〕。

神宗元豐五年（1082）七月丁亥（8 日），孫迥以廣東轉運副使權知廣州。在任「捕獲舶船不經抽解，犀聽綱首王遵贖銅；又死商銅船價二千餘緡，聽綱首素拱以二百千買之；及市三佛齊溺水臭腐乳香。」元豐六年（1083）四月丁未（2 日），案發。七年（1084）四月丙戌（17 日），降一官。孫迥案犯，廣州知州王臨「坐鞫孫迥受求囑，不檢舉轄下兵替換優重差遣，及失出入鄧滿等罪」，元豐七年（1084）四月丙戌（17 日），落寶文閣待制知濠州〔註 129〕。

高宗紹興二年（1132）三月，曹成犯廣東，李綱言廣州知州林遹「被受指揮總領諸司錢物，應副買牛糴米之類，將諸州錢物盡行刬刷拘占，遂致贍給軍民錢穀不足」。〔註 130〕六月，向子諲替林遹，知廣州。林遹請納祿，《制》即言其「偶愆於衛養，重違勤請，俾即便安」〔註 131〕。

紹興十年（1140）閏六月癸酉（1 日），廣州知州張致遠罷。時廣東提舉茶鹽公事晁公邁權市舶，以貪利爲大食進奉使滿亞裏所訟，詔監察御史祝師龍、大理寺丞王師心往廣州劾治，公邁坐免官，張致遠因亦罷去。〔註 132〕

寧宗慶元四年（1198）二月二十四日，降授朝散大夫徐安國追兩官，降授朝奉大夫。依前直煥章閣知廣州雷深與落職，今後並不得與親民差遣。以臣僚言：廣州大奚山賊劫民旅，蓋安國輕信妄動，差人收捕，愚民懼罪，肆彰兇惡，深遽以酒米撫諭，妄申朝廷，凶徒愈熾。〔註 133〕

〔註 127〕（宋）李覯著、王國軒校點《李覯集》卷 28《寄上孫安撫書》，中華書局 1981，第 308 頁。
〔註 128〕《長編》卷 173 皇祐四年十月己卯條，第 4175。
〔註 129〕以上見《長編》卷 334 元豐六年四月丁未條、卷 336 元豐六年閏六月戊戌條、345 元豐七年四月丙戌條，第 8043、8112、8276 頁。
〔註 130〕《李綱全集》卷 67《乞降旨林遹刷下錢米存留本路支用奏狀》，第 710 頁。
〔註 131〕（宋）張守《毘陵集》卷 9《中書舍人黃唐傳林遹除待制宮祠制》，《文津閣四庫全書》第 376 冊第 891 頁。
〔註 132〕《要錄》卷 136 紹興十年閏六月癸酉條，第 2 冊第 827 頁。
〔註 133〕《宋會要・職官》74 之 2，第 4051、4052 頁。

　　寧宗嘉定二年（1209）閏四月二十一日，前知廣州陳樸放罷，以臣僚言「民事不理，枉無所訴。」〔註134〕

　　理宗端平二年（1235）二月，摧鋒軍亂，廣州知州曾治鳳逃逸。

八、急功近名、貪圖權勢的廣州知州

　　「自唐以來，殿南服者能使海嶺之陬既足既濡，幾何人？故宅牧必謹爾。嚴於治己而不絕物，切於愛民而不近名。」〔註135〕廣州知州除循吏、能吏、賢吏、清吏、貪吏、庸吏外，還有一些人崇尚權勢，交通關節，有人官至高位，但也有人為此黜降，自毀仕途。李惟清、蔣之奇、方滋等三人即是典範。

（一）李惟清

　　李惟清（943～998），字直臣，齊州臨邑人。開寶中，以三史解褐涪陵尉。蜀民尚淫祀，病不療治，聽於巫覡，李惟清擒大巫笞之，民以為及禍。他日又加棰焉，民知不神。然後教以醫藥，稍變風俗。時帝遣宦官督輸造船木，縱恣不法，李惟清奏殺之，由是知名。秩滿，遷大理寺丞。太宗太平興國三年（978），遷為京湖北路轉運判官，五年（980），改左贊善大夫，充轉運副使，升正使，就改監察御史，兼總南路。太平興國八年（983），入奏事，言：「見官場賣鹽，斤為錢六十四足，百姓每以三數斗稻價方能買一斤，此亦甚不易也。」乃詔斤減十錢。徙京西轉運使，入為度支判官，改主客員外郎。雍熙三年（986），大舉攻幽州，李惟清上奏以為兵食未豐，不可輕動。判度支許仲宣建議通鹽法，以賣鹽歲課賦於鄉村，與戶稅均納。李惟清奉詔往荊湖諸路詳定，奏言以鹽配民非便，遂罷。使還，上又問民間苦樂不均事，李惟清言：「前在荊湖，民市清酒務官釀轉鬻者，斗給耗二升，今三司給一升，民多他圖，而歲課甚減。」詔復其舊。未幾，出為京東轉運使。太宗以契丹頻歲入寇，將大發兵討之，遣使往河南北諸州，募丁壯為義軍。李惟清曰：「若是，天下不耕矣。」三上疏爭之。繇是獨選河北，而余路悉罷。擢屯田郎中、度支副使。端拱初，遷右諫議大夫，歷戶部使，改度支使。淳化三年（992），遷給事中，充鹽鐵使，以帳式奏御，建言：「望慎擇將帥，以有威名者俾安邊塞，庶節費用。」淮南榷貨務賣岳茶，斤為錢百五十。主吏言陳惡者二十六萬六千餘斤，李惟清擅減斤五十錢，不以聞。滁泗濠楚州、漣水軍亦以岳茶

〔註134〕《宋會要·職官》75 之 38，第 4093 頁。

〔註135〕（宋）洪咨夔《平齋文集》卷 21《趙彥覃除直寶謨閣權知廣州兼廣東路經略安撫制》，《宋集珍本叢刊》第 75 冊第 191 頁。

陳惡，減價市之。計虧錢萬四千餘貫，爲勾院吏盧守仁所發，左授衛尉少卿。淳化四年（993）四月，出知廣州。自言「番禺重地，交廣要衝，上奉詔條，外撫荒服。敷宣朝旨，遵守官箴。飲冰潔於誠心，食蘗苦其清節」。〔註 136〕太宗聞其廉平，詔拜右諫議大夫。至道二年（996），徙廣南東、西路都轉運使，尋召拜給事中。三年（997）正月丙子（11 日），拜同簽署樞密院事〔註 137〕。眞宗即位，加刑部侍郎，八月丙申（4 日），除御史中丞。咸平元年（998），卒，年五十六，贈戶部尙書。〔註 138〕

李惟清久歷三司官，有鈎距。臨事峻刻，所至稱強幹。宋光宗時，劉光祖上《聖範箚子》即稱李惟清「公平辦職」〔註 139〕。但此人也是崇尙權勢，睚眥必報之人。鹽鐵判官張觀數在省署及長春殿次中，諮事於李惟清，辨說牴牾，失禮容。惟清不能甘，因奏解其任。〔註 140〕既去樞要，以爲宰相呂端抑己。及端免朝謁，乃彈奏常參官疾告逾年受奉者，又構人訟堂吏過失，欲以中端。〔註 141〕爲鹽鐵使時，女壻盜用官錢數十萬，吏畏不敢劾。計司官劉式發舉其事。〔註 142〕

（二）蔣之奇

蔣之奇（1031～1104），字穎叔，常州宜興人，以伯父蔣堂恩蔭補入官，仁宗嘉祐二年（1057）登進士第。曾知通山縣、青陽令。中《春秋三傳》科，遷至太常博士。又舉賢良方正，對策失書問目，黜罷。因盛言歐陽修濮議之善，爲歐陽修所薦，英宗擢爲監察御史裏行，轉殿中侍御史裏行。復懼不爲眾所容，因歐陽修妻弟薛良孺得罪怨修，誣修及婦吳氏事，遂劾修。考驗無實，出監道州稅，改宣州。新法行，爲福建轉運判官。時諸道免役推行失平，蔣之奇約儉庸費，隨算錢高下均取之，民以爲便。權淮南東路轉運判官，神

〔註 136〕（宋）田錫撰、羅國威校點《咸平集》卷 24《代李給事惟清讓密地表》，巴蜀書社 2008，第 259 頁。

〔註 137〕《代李給事惟清讓密地表》：以本官同簽署樞密院公事；《宋史》卷 5《太宗本紀》、6《眞宗本紀》、210《宰輔表》、267《李惟清傳》均作同知樞密院事，第 100、105、5433、9217 頁。（宋）葉夢得《石林燕語》卷 7：同知樞密院，第 97；《容齋續筆》卷 11《祖宗朝宰輔》：樞密副使。第 357 頁。從《代李給事惟清讓密地表》。

〔註 138〕以上見《宋史》卷 267《李惟清傳》，第 9217～9218 頁。

〔註 139〕《歷代名臣奏議》卷 70《劉光祖聖範五》，第 149 冊第 106 頁。

〔註 140〕《宋史》卷 276《張觀傳》，第 9402 頁。

〔註 141〕《宋史》卷 281《呂端傳》，第 9517 頁。

〔註 142〕《長編》卷 40 至道二年十月甲子條注，第 854 頁。

宗熙寧五年（1072）閏七月戊申（1 日），權發遣轉運副使。嘗與王安石言：「百姓列狀乞早行助役新法曰：『上推不貲之惠，下受罔極之恩。』」安石具以白上曰：「百姓如此，或稱人情不安者妄也。」〔註143〕歲惡民流，蔣之奇募使修水利以食流者。如揚之天長三十六陂，宿之臨渙橫斜三溝，尤其大也，用工至百萬，溉田九千頃，活民八萬四千。提舉楚州市易司。歷江西、河北、陝西副使、江淮荊浙等路發運副使。在陝西，經賦入以給用度，公私用足。比其去，庫緡八十餘萬，邊粟皆支二年。神宗元豐六年（1083），漕粟至京，比常歲溢六百二十萬石，錫服三品。開龜山運河，「於漕運往來，免風濤百里沉溺之患」。哲宗立，進直龍圖閣，升發運使。因所薦知吉州魏倫「虐增鹽數」，特展二年磨勘、罰銅。以朝議大夫、天章閣待制、知潭州。〔註144〕御史言其「小人，不足當斯選」。元祐元年（1086），改集賢殿修撰、知廣州，兼經略安撫使。當時，新州土豪岑探率群黨四五千人圍新州，將官童政殺及平民，蔣之奇遣兵馬鈐轄楊從先捕擒魁首岑探，宥免脅從。以措制有功，充寶文閣待制。復修州學，取前世牧守有清節者吳隱之、宋璟、盧奐、李勉等，繪其像，建十賢堂以祀，冀變其習。並著《廣州十賢贊》一卷。再為發運使，改河北都轉運使，知瀛州。元祐七年（1092），拜戶部侍郎出知熙州。夏人論和，請畫封境。蔣之奇揣其非誠心，務守備，謹斥候，常若敵至。紹聖（1094～1098）中，召為中書舍人，改知開封府，進龍圖閣直學士，拜翰林學士兼侍讀。元符（1098～1100）末，諫官鄒浩以言事得罪，蔣之奇折簡別之，責守汝州。閱月，徙慶州。徽宗立，復為翰林學士、知制誥，拜同知樞密院。明年，知院事。沅州蠻擾邊，蔣之奇請遣將討之，以其地為徽、靖二州。崇寧元年（1102）十月癸亥（12 日），自知樞密院事依前右正議大夫，以觀文殿學士出知揚州。二年（1103）八月，以棄河、湟事奪職，由正議大夫降中大夫。以疾

〔註143〕《長編》卷 236，第 5725 頁。

〔註144〕以上分別見《咸淳毗陵志》卷 11《科目》，第 3 冊第 3046 頁；《明一統志》卷 59《湖廣布政司‧名宦‧蔣之奇》，第 161 冊第 502 頁；（宋）沈遼《雲巢編》卷 7《三遊山記其三》，《宋集珍本叢刊》第 23 冊第 545 頁；（宋）王安石撰，秦克、鞏軍標點《王安石全集》卷 98《故樂安郡君翟氏墓誌銘並序》，上海古籍出版社 1999，第 725 頁。《蘇魏公文集》卷 4《次韻蔣穎叔金部遊介亭望湖山二十四韻》，第 35 頁；《長編》卷 344 元豐七年三月乙卯條、卷 372 元祐元年三月乙亥條，第 8260、9018 頁；《蘇軾文集》卷 4《蔣之奇天章閣待制知潭州制》，第 11 冊第 153 頁；《東都事略》卷 97《蔣之奇傳》，第 1493～1494；《宋史》卷 343《蔣之奇傳》，第 10915～10917頁。

告歸，提舉靈仙觀。三年（1104），卒，年七十四。

蔣之奇爲部使者十二任，六曲會府，以治辦稱。特以叛歐陽修之故，爲清議所薄。但爲部使者，興修水利，轉運漕糧，所治稱職。其知廣州，能調兵遣將，平定叛亂，修繕府學，博求清名。故其後，能登顯位。

（三）方滋

方滋，字務德，嚴州桐廬人。蔭補迪功郎，歷江南東路茶鹽司幹辦公事，改浙東，紹興府觀察判官，浙東安撫司幹辦公事、樞密院計議官。改宣教郎，闕行宮留守司準備差遣。復除左承議郎、直顯謨閣樞密院計議官，提舉江南東路茶鹽公事。高宗紹興九年（1139），以殿中侍御史周葵論罪罷〔註145〕，主管台州崇道觀。起知秀州，除直秘閣。紹興十二年（1142），言者論方滋因爲御史中丞常同密薦於趙鼎，「遂得書局。自爲秀守，凡遇遷客必款延厚遇以結其它日復用之歡。」〔註146〕落職復得崇道觀，知楚州。高宗嘗需龍腦爲藥，而內庫偶闕，求之秦檜。秦檜取一匣進之，至上前啓緘而匣內有書題名銜，乃滋送檜者，誤不揭去。紹興十八年（1148）五月甲申（27日），以右朝請郎、廣南西路轉運判官，復直秘閣，知靜江府。〔註147〕紹興二十一年（1151）二月丁未（6日），升直敷文閣知廣州兼舶事兼經略。二十四年（1154）七月，移知福州，二十五年（1155）七月己巳（24日），移知明州。十一月二十一日，以侍御史湯鵬舉言「方滋陰狠恣橫，奸贓狼籍。自楚州移桂府，自廣帥移福州，其所出珠翠犀象盡入於權貴之家，復得明州優厚之處。」放罷。〔註148〕據《齊東野語》卷八《香炬錦茵》所載：方滋帥廣東，爲蠟炬以眾香實其中，遣馹卒持詣相（秦檜）府貢獻。紹興八年（1138），諫官胡銓因上書力阻議和，秦檜謫銓監廣州鹽倉，後又至新州編管。紹興二十六年（1156），秦檜死後，胡銓移衡州。其謫嶺南，士大夫多凌蔑之，否則畏避之。方滋本秦檜黨，待

〔註145〕《要錄》卷 129 紹興九年六月丙寅條，第 2 冊第 747 頁。

〔註146〕《要錄》卷 147 紹興十二年十二月庚申條，第 3 冊第 61 頁。

〔註147〕以上見《要錄》卷 157，第 3 冊第 206 頁；（宋）張守《毘陵集》卷 3《薦張嶲等箚子》，第 376 冊第 870 頁；（宋）張擴《東窗集》卷 8《知秀州方滋除直秘閣制》，第 377 冊第 282 頁；（宋）陳長方《唯室集》卷 2《送方務德序》，第 380 冊第 837 頁；《南澗甲乙稿》卷 21《方公（滋）墓誌銘》，《文津閣四庫全書》第 389 冊第 329、330 頁。

〔註148〕《要錄》卷 170 紹興二十五年十一月辛未，第 3 冊第 381 頁；《宋會要·職官》70 之 41：作二十七日，又載「自福移廣，厚遺權貴之家故也。」應爲自廣移福。第 3965 頁。

之獨有加禮。檜死，其黨皆逐。方滋入京，謀一差遣不可得，棲棲旅館。胡銓偶與王十朋語及其事，王十朋曰：「此君子也。」率館中諸公訪之，且揄揚其美，方滋由此遂晉用。〔註149〕紹興三十一年（1161），除京西轉運副使。孝宗乾道九年（1173），卒，以敷文閣學士、右通議大夫致仕，桐廬縣開國伯，食邑八百戶，贈右宣奉大夫。

廣州知州除方滋懷祿貪勢，以財富結交權貴外，寧宗嘉定十五年（1222）五月四日，廣東經略留筠與宮觀，以臣僚言「筠居官所至，政以賄成」。〔註150〕

第三節　宋代廣州知州的個案分析

一、官至宰執的廣州知州：向敏中與龔茂良

向敏中和龔茂良都是廣州知州中官至宰執之人，他們在廣州政績斐然，這段任職經歷鍛鍊了他們的為政能力，為其仕宦生涯增添了一項砝碼。不過，他們在身居高位後的遭遇卻截然不同，一個榮顯一生，一個黯然零落。

（一）向敏中

向敏中（949～1020），字常之，開封人，父瑀，後漢符離令，性嚴毅。惟敏中一子，躬自教督，不假顏色。敏中及冠，繼丁內外憂，能刻厲自立，有大志，不屑貧窶。太宗太平興國五年（980）龍虎榜進士，此榜狀元為蘇易簡單，與王旦、寇準、張詠等名臣為同年。歷任將作監丞、通判吉州，改太子右贊善大夫，轉運使張齊賢薦之，代還，遷著作郎，奏對稱旨，命為戶部推官〔註151〕。出為淮南轉運副使，取一警百，甄明吏課，勤恤民隱。將授諸司副使，懇辭不就，獻所著文，加直史館，遣還任。以耕籍恩超擢左司諫，入為戶部判官、知制誥、同判大理寺〔註152〕。當時，罰沒了祖吉的贓錢，分

〔註149〕《鶴林玉露・乙編》卷2《存問逐客》，第145、146。
〔註150〕《宋會要・職官》75之31，第4089頁。
〔註151〕《文簡向公神道碑銘》：著作郎……選於三司戶部判官，賜五品服。龔延明《宋代官制辭典》：三司推官位次於本部判官、高於本部巡官。中華書局1997年，第122頁。按後向敏中超擢左司諫，入為戶部判官。故前任戶部推官為是。從《宋史》卷282《向敏中傳》，第9553頁。
〔註152〕《文簡向公神道碑銘》作「同判」，《宋史》卷282《向敏中傳》作「權判」。第9553頁。查《宋史》卷293《王禹偁傳》：未幾，（王禹偁）判大理寺，盧州妖尼道安誣訟徐鉉，故時判大理寺為二人，「同判」較準確。第9794頁。

賜給法吏，向敏中獨不受。太宗淳化二年（991）﹝註153﹞，尼道安狀告大理寺判案不公，事連敏中嶽父開封判官張去華，敏中罷知制誥，出知廣州，兼掌市舶。行前，於太宗面前辭行，敏中言：「今之此行非敢憚遠，幸生還於京闕，期盡瘁於國家」，太宗感動之餘，遷敏中職方員外郎，以「申獎任之意」，特許不三年召還。自潘美、尹崇珂就任廣州知州以來，開啓了廣州穩步發展的新局面。不過，潘、尹二人之後也出現了一些貪污舞弊、德行有虧的知州，被人多所詬病。如張延範「火焚公帑香藥、珠貝、犀象殆盡，奏不以實，又縱私奴三輩於部下受賕。」李昌齡「不能以廉自守。」向敏中到任前，爲表明自己的清廉，「至荊南即市南藥以往」。到任後，兢兢業業，踰年，就領廣南東路轉運使。「跋履山川之嶮道，推行米鹽之細務，辨官屬之能否，齊市價之貴廉，遠民悉安，列國胥化。」人稱「在官一無所須，以廉清聞」﹝註154﹞。未至三年，太宗親書向敏中和張詠之名付與中書，言：「此二人，名臣也，朕將用之。」淳化四年（993）六月，召向敏中爲工部郎中，以樞密直學士同知銀臺、通進司。皇甫侃監無爲軍榷務，以賄敗，發書歷詣朝貴求爲末減，嘗有書及門。向敏中睹其名，不啓封遣去。有人構陷向敏中曾受書，瘞臨江傳舍。馳驛掘得，封題如故。太宗慰諭賞激。十月辛未（17日），拜右諫議大夫、同知樞密院事。時西北用兵，樞機之任，專主謀議，敏中明辨有才略，遇事敏速，凡二邊道路、斥堠、走集之所，莫不周知。至道（995～997）初，遷給事中。真宗即位後，對敏中信任不減。進戶部侍郎、樞密副使。咸平元年（998）十月己丑（4日），拜兵部侍郎、參知政事。二年多，兼知樞密院事。命爲河北、河東安撫大使，以陳堯叟、馮拯爲副，發禁兵萬人翼從。所至訪民疾苦，宴犒官吏，莫不感悅。咸平四年（1001）三月庚寅（18日），以本官同平章事，當時，呂蒙正、李沆亦爲相，敏中充集賢殿大學士，成爲三宰相中的末相。第二年（1002）十月丁亥（25日），因違詔購買前宰相薛居正私第，又對議婚情況奏對不實，罷爲戶部侍郎，出知永興軍。景德初（1004），復兵部侍郎。夏州李德明納款，就爲鄜延路緣邊安撫使，俄還京兆。是多，真宗幸澶淵，與遼軍作戰，賜敏中密詔，盡付西鄙，許便宜從事。二年（1005），任鄜延路都部署兼知延州，兼經略。在任勤於政事，所至著稱。真宗言：「大臣如臨方面，不當如向敏中耶？」﹝註155﹞景德四年（1007）六月，改知河南府兼西京留守，大中祥符初（1008），東封泰山，命權東京留守。

﹝註153﹞《宋史》卷287《宋湜傳》：淳化二年，袄尼道安訟大理斷獄不當。第9645頁。
﹝註154﹞《仕學規範・向文簡》卷21蒞官，第4輯第1281頁。
﹝註155﹞《長編》卷65景德四年六月條，第1466頁。

禮成，拜尙書右丞，俄兼秘書監。又領工部尙書，充資政殿大學士。祀汾陰，復爲留守。拜刑部尙書。大中祥符五年（1012）四月戊申（11日），拜同平章事，充集賢殿大學士，再次進入宰相群體。當時，宰相是王旦和向敏中，王旦爲首相，向敏中爲次相。天禧改元（1017），授吏部尙書。七月，首相王旦罷，八月，向敏中進右僕射兼門下侍郎，監修國史，成爲宰相第一人。命下，如平常日，帝曰：「向敏中大耐官職。」天禧三年（1019），進左僕射、昭文館大學士。天禧四年（1020）三月己卯（28日），卒，年七十二。帝親臨，哭之慟，廢朝三日，贈太尉、中書令，諡文簡。

向敏中智略過人，有宰相風度。諳熟民政，出臨繁劇，有撫字之長。判大理寺，不納賕錢，拒通關節。出知廣州，「入鎮厲酌泉之節，罷郡無囊實之資」。太宗正是看重他的清廉，拔擢顯要，位至宰相。

（二）龔茂良

龔茂良（1121～1178），字實之，興化軍莆田人。自言：「蚤緣閥閱之恩，得繼箕裘之緒」。高宗紹興八年（1138），年十八，登進士第。同鄉黃公度則爲當年狀元，後官至宰相的陳俊卿爲榜眼。「故事，拜黃甲，推最老者一人，最少者一人。是歲，茂良年最少，莆人以爲盛事。」〔註156〕七月丁酉（13日），黃公度就以榜首特授京官，爲左承事郎簽書平海軍節度判官廳公事。四年後，紹興十二年（1142），龔茂良才被吏部差遣爲南安簿〔註157〕，他自己解釋說「書馬粗知五尾，頗明謹畏之方。食蟹莫辨二螯，殊乏疏通之識。」赴任之前，黃公度贈詩互勉，曰「北闕舊通籍，南州先著鞭。郤詵丹桂早，萊子彩衣鮮。側耳聆佳政，成名及妙年……龔黃眞喬竊，末路共騰騫。」〔註158〕龔茂良後歷任邵武司法、泉州察推等官，沉浮州縣近二十年。以同知樞密院事黃祖舜薦，召試館職，紹興三十二年（1162）五月丁未（11日），除秘書省正字〔註159〕。累遷吏部郎官、監察御史。孝宗繼位後，即以藩邸內知客龍大淵爲樞密院副都承旨，曾覿帶御器械兼幹辦皇城司。龍、曾二人與內侍押班

〔註156〕《直齋書錄解題》卷20《靜泰堂集十卷》，第603頁。
〔註157〕（宋）黃公度《知稼翁集》卷上：壬戌（紹興十二年）中秋，沿檄行縣，與
　　　　龔實之同宿於琹泉軒。搖落江城暮，招提訪舊遊，泉聲終夜雨，竹影一堂秋，
　　　　露湛衣裳冷，山空枕簟幽，故人憐寂寞，抱被肯相投。第44冊第455頁。（清）
　　　　厲鶚輯撰《宋詩紀事》卷36《李邴‧琴泉軒次韻》，選自《南安縣志》，上海：
　　　　上海古籍出版社1983，第927頁。
〔註158〕《知稼翁集》卷上《送龔實之赴官南安十韻》，第44冊第453頁。
〔註159〕《要錄》卷199紹興三十二年五月丁未條，第3冊第867頁。

梁珂由恩澤攀附富貴，又事連宮禁，爲朝臣所憂。隆興元年（1163）三月六日，右諫議大夫劉度連上兩奏劾龍大淵「輕儇浮淺，憑恃恩寵。入則侍帷幄之謀，出則陪廟堂之議。搖唇鼓舌，變亂是非。凡皇闈宴昵之私，宮嬪嬉笑之語，宣言於外，以自誇嫮。至引北人孫昭出入清禁，爲擊毬胡舞之戲。上累聖德，伏望斥退」。九日，孝宗雖罷免了龍大淵樞密院職司，卻依舊除其知合門事，曾覿權知合門事。當時中書舍人張震、殿中侍御史胡沂、給舍金安節、周必大、新參知政事張燾等人都對龍、曾二人的任命表示反對，金安節，周必大封還錄黃，言：「二人功過能否，臣等初不詳知。但見縉紳士民指目者多，今論其職事，或舍劇而就閒，論班次則皆遷矣。陛下即位以來，凡臺諫所彈奏，雖兩府如葉義問，大將如成閔欲罷則罷，欲貶則貶，一付公議。獨於二人乃爲之遷就諱避，殆非舍已從人之義也。」十四日，孝宗命陳康伯、史浩二相「召給舍，至都堂宣示御箚，大略謂安節等爲人扇動議論群起，又謂在太上時小事不敢如此。」一場臺諫與皇權的風波被孝宗冠以「破朋黨、明紀綱」的名目，眾人皆出外就職或奉祠。五月二十五日，龍大淵自左武大夫宜州觀察使幹辦皇城司除知合門事，曾覿自武義大夫文州刺史帶御器械幹辦皇城司除權知合門事，依舊兼幹辦皇城司。其後，三人勢焰愈張，被都人稱爲「天上三奇日、月、星，地上三奇乙、丙、丁，人間三奇梁、龍、曾，謂其能爲人禍福也。」〔註160〕士大夫之寡恥者潛附麗之。由於言官及舍人的相繼離職，隆興元年（1163）十月，龔茂良以權知樞密院事周葵薦，遷右正言〔註161〕。

　　隆興二年（1164）七月癸丑（30日），江東、浙西大水，孝宗詔侍從、臺諫、卿監、郎官、館職陳闕失及當今急務。八月初，龔茂良上疏曰：「水至陰也，其占爲女寵，爲嬖倖，爲小人專制，爲夷狄亂華，而其間因權倖以致者蓋十七八。方崇觀之間，小人道長，內則奄腐竊弄威柄，至其末年，濁亂極矣。於是有京城大水之異，馴至夷狄亂華，海內橫潰。今左右近習不過數人，眾所指目形於謠誦，一二年來進退人才，施行政事，命由中出，人心譁然，指爲此輩。甚者親狎之語流聞中外，賡酬之作傳播邇邇。昔孝元信任恭顯，漢業始衰，京房嘗因燕見所以覺悟，其主者類數百言，元帝不能去顯而京房由是以死。臣每讀其書而深悲湧水之變，由顯而致房卒，當之可哀也。」疏入，即居家待罪。八月五日，孝宗罷內侍押班梁珂爲在外宮觀。後十四日，

〔註160〕《建炎以來朝野雜記逸文（從吳志伊藏明鈔本錄補）》之《龔實之論曾龍》，
　　　　第903頁；《宋史》卷384《蔣芾傳》：（梁珂）事上潛邸，撓權。第11818頁。
〔註161〕《宋史》卷385《周葵傳》，第11836頁。

龔茂良還右正言，入對首論：「今積陰弗解，淫雨益甚，熒惑入鬥，正當吾分。天意若有所慍怒而未釋者，二人（曾覿、龍大淵）害政甚珂百倍，陛下罷行一政事，進退一人才必掠美自歸，謂爲已力，或時有小過，昌言於外，謂嘗爭之而不見聽，群臣章疏留中未出，間得窺見，出以語人，有司條陳利害，至預遣腹心之人以副封公然可否之，若夫交通貨賂，干求差遣，大臣畏忌，依阿聽從，此又其小小者。」孝宗爲曾、龍辯解說：「二人皆潛邸宮僚之舊，非其它近習比，且俱有文學，敢諫爭，杜門不出，未嘗輒預外事，卿宜退而訪問。」時內會議李珂沒，贈節度，謚靖恭，龔茂良又諫曰：「中興名相如趙鼎，勳臣如韓世忠，皆未有謚，如朝廷舉行，亦足少慰忠義之心。今施於珂爲可惜。」九月二日，罷內侍李珂賜謚。其後，龔茂良又以唐德宗和李泌的對話諷喻孝宗，「唐德宗謂李泌曰人言盧杞姦邪，朕獨不知，泌言此其所以爲姦邪也。今大淵、覿所爲，行道之人類能言之，而陛下尚未之覺，更頌其賢。此臣所以深憂屢歎百倍於未言之前者也。」疏入不報，龔茂良再次居家待罪。十九日，王之望除參知政事，奏除龔茂良太常少卿，五辭不拜。十月十三日，又除直秘閣知建寧府，復請奉祠不允。會吏部侍郎陳俊卿自請外除，知漳州，乾道元年（1165）七月，改建寧。陳俊卿言：「茂良前以言事補郡，且臣故交，今往奪之，於義有不安者」。朝廷不許，龔茂良遂沖替。〔註162〕龔茂良雖因直諫導致仕途受損，但聲譽日隆，「蹇然追慶曆諫官之名」〔註163〕。

　　乾道三年（1167）〔註164〕，起復龔茂良廣東提刑〔註165〕。時知泉州的王

〔註162〕《建炎以來朝野雜記逸文（從吳志伊藏明鈔本錄補）》之《龔實之論曾龍》，第904頁。

〔註163〕（宋）楊萬里撰、辛庚儒箋校《楊萬里集箋校》卷51《賀龔實之運使啓》，北京：中華書局2007，第2445頁。

〔註164〕《建炎以來朝野雜記逸文‧龔實之論曾龍》：乾道三年七月提點廣東刑獄，踰年擢知廣州，六年夏召還得見。此爲仲貫甫聞之劉晦伯諸公云。第904頁。《王十朋全集‧文集》卷22《廣州重建學記》：乾道三年，詔前右正言龔公茂良，自憲臺爲方伯。……明年（乾道六年）公召還，道溫陵，謂守臣王某曰：「公爲我記其略。」某與公嘗同事史館，稔知其爲人……乾道七年正月，敷文閣直學士、左朝奉郎、提舉江州太平興國宮王某記。第958、959頁。（宋）楊冠卿《客亭類稿》卷4《代莫干賀廣東提刑龔正言》：茲爲蒼生而起，來宣直指之威，當道埋輪，諒必誅於封豕，援經折獄，豈徒總於祥刑。第虞墨突之未黔，又促曹裝而入覲。或乾道三年年底自「自憲臺爲方伯」，又入覲，還知任。第389冊第374頁。《（康熙）廣州府志》卷18《官師表‧宋知州軍事》：龔茂良，乾道四年十一月到任。

〔註165〕（宋）蔡戡《定齋集》卷9《賀龔運使啓》：擢居卿寺之聯，出領憲臺之寄，

十朋贈詩詠曰：「堂堂人物冠清流，不減當年宋廣州。持節分符聊爾耳，直尋枉尺斷還不。初開宣室漢思賈，欲復侵疆魯召丘。整頓乾坤趁頭黑，早須歸伴赤松遊。諫坡烏府迹相望，眼底何曾識六郎。去國雅欽龔勝節，得州欣近鄭公鄉。尺書遠荷鴻博至，好句惟憂電取將。未見紫芝人已說，天庭喜氣十分黃」。〔註166〕龔茂良赴任之時，海寇尚不時騷擾民眾。乾道三年（1167）秋，他奏乞令州縣團結保伍防守鄉井〔註167〕。當年，「自憲臺為方伯」，就知廣州兼廣南東路經略安撫使〔註168〕。為任期間，加強防禦，關心田畝，注重教化。他採用了清海軍節度判官留正的辦法，通過警示百姓以約束那些鋌而走險淪為海寇之人。「在法：劫盜贓滿五貫死，海盜加等。小民餌利，率身陷重辟。請鑱梓海上，使戶知之。」將警示文書公佈於眾後，「民始知避」〔註169〕。宋室南渡後，廣東經濟地位愈加重要，農業收入成為國家仰仗的資本。龔茂良注重田畝收成，就廣東多變的氣候表達了對農業生產的擔心，「十里平疇際遠山，土膏未動覺牛閒。行人多謝晴相送，只恐妨農雨大慳。晴雲當午爭揮扇，曉霧生寒又著綿。此是嶺南春氣候，日中長有四時天。」〔註170〕乾道六年（1170），還朝奏對，孝宗問及廣南農事，龔茂良言：「嶺外土曠人稀，亦多不耕之田，蓋緣頃歲湖寇侵擾廣東，人戶流移。今漸次復舊。」龔茂良知廣州，影響最大的是將廣州州學修繕一新，「下車之初，務先風化」。到任後的第二年春上丁日，乾道五年（1169）二月八日，他帶領官員和師生舉行釋奠禮。重修州學，聘請頗精易學的博羅縣潘預來州教學。自從潘預任教後，「南州經學自是日盛。」龔茂良亦頗欣慰，言：「偶塵泮水之除，喜有英才之育。舍六經濟者寡矣，當令飽仁義，不願膏粱招諸生，立而誨之，或可變瀟湘，令為洙泗。」楊萬里亦言其「一新嶺表之文風」〔註171〕。正如王十朋所《記》：「公出典大藩，又能行其所學，不鄙夷遐方僻壤之民，廣儒宮以教之，可謂儒者矣。郡博士日與諸生登忠恕堂，明一貫之道，講論齊家、治國、平天下之要，

漢遣八使，咸名先肅於京師，唐有四人，清德獨傳於廣府。蓋應有卿、寺的任命。《文津閣四庫全書》第386冊第843頁。
〔註166〕《王十朋全集・詩集》卷28《次韻龔實之正言見寄》，第547頁。
〔註167〕《建炎以來朝野雜記》卷18《甲集之廣西土丁（廣東保伍）》417。
〔註168〕《宋史》卷385《龔茂良傳》：起茂良廣東提刑，就知信州。誤，應知廣州。第11843頁。
〔註169〕《宋史》卷391《留正傳》，第11972頁。
〔註170〕《永樂大典方志輯佚・三陽圖志》之《題詠・龔茂良・惠來驛》，第2782頁。
〔註171〕《楊萬里詩文集》卷51《賀龔實之運使啟》，第892頁。

於正心誠意間移孝爲忠，盡臣子之大節，上不負天子，下不負賢師帥，所以教化作成者，異日揚王庭立名節，姓名光史冊，如張曲江、姜日南、余襄公者，不一而足，又豈止讀紙上語，工文詞，取科第，抗衡上國而已哉！」〔註172〕教化之餘，龔茂良又立恤政，「城東舊有廣惠庵，中原衣冠沒於南者葬之，歲久廢，茂良訪故地，更建海會浮圖，茹寄暴露者皆拼藏無遺。」〔註173〕

乾道六年（1170），龔茂良召還，對崇政殿，左丞相陳俊卿欲留之，「以奏留龔茂良忤上意，上震怒甚」〔註174〕。右相虞允文不樂。夏五月，陳俊卿罷政。遂除龔茂良直顯謨閣、江西運判，後又兼知隆興府、轉運使〔註175〕。江西運判就職命下，龔茂良雖感謝聖慈，但還是有怏怏之意，在給漕使向伯元的信中寫道：「人隅方慶於勤拳解榻，即垂於顧遇。津津和氣，發於眉宇之間；矗矗清風，藉以笑談之欸。俯念棲棲之迹，重興惻惻之嗟。諭之以遇合有時，勉之以少安毋躁。自領聞於斯語，實感激於中心。富貴倘來，不入清宵之夢寐；名教可樂，益遵前輩之典型。」並對江西的情況表示了擔憂，「倘非饑腸之所驅，寧復寒蹤之在此？十方常九潦，難期卒歲之豐，一髮引千鈞，孰脫垂淵之厄，豈意遭逢之幸？」不過，他就任之時，恰逢旱情嚴重，「六月初吉，方深旱」。「請雨徧群望，擾擾沖塵埃。際天麥浪空，刺水秧針摧。已近尺五天，未動滿盈雷。地欲赤晉國，年將饑魯哀。」〔註176〕故龔茂良到任後，「愁止驚水旱於旬月之間，官獨奈何問錢穀於星火之頃。顧初心而自怍，脫世網以奚從」。史言其「戒郡縣免積稅，上戶止索逋，發廩振贍。」〔註177〕所幸，很快天降甘霖，「忽聞蕭蕭聲，高灑熙熙臺。雲陣潑墨暗，電光搖幟帷。燈前落簷花，欣街少陵杯。綠波滿四澤，花柳村村開。知有一尺霖，來從傅岩隈。不作天寶詞，淋鈴悲馬嵬。定有元和詩，中街諫書來。」〔註178〕「二天所開，頓有穆如清風之喜，不但轉輸之恃坐，令凋瘵之蘇。」由於救荒工作突出，朝廷嘉獎，以右文殿修撰再任。然而，境內又疫癘大作。龔茂良命醫治療，全活數百萬。進待制敷文閣，召對，奏言：「潢池弄兵之盜，即南畝

〔註172〕《王十朋全集·文集》卷22《廣州重建學記》，第958頁。
〔註173〕《宋史》卷385《龔茂良傳》，第11843頁。
〔註174〕《宋史》卷383《虞允文傳》，第11797頁。
〔註175〕《楊萬里詩文集》卷51《賀龔實之運使啟》：恭審召從帥藩，就拜計相。第891頁。
〔註176〕《王十朋全集·詩集》卷28《用喜雨韻呈龔實之》，第548頁。
〔註177〕《宋史》卷385《龔茂良本傳》，第11843頁。
〔註178〕《王十朋全集·詩集》卷28《用喜雨韻呈龔實之》，第548頁。

負來之民。今諸郡荒田極多，願詔監司守臣條陳，募人從便請耕，民有餘粟，雖驅之爲寇，亦不從矣。」除關注民生疾苦外，龔茂良在江西察舉人才，不過這正是被朱熹詬病的地方，朱熹曾寫信言：「明公以厚德重望爲海內所宗仰者有年矣，而天下之賢士大夫似未得盡出於門下也。豈明公所以好之者未至歟？所以求之者未力歟？所以待之者未盡歟？此則必有可得而言之者矣。」朱熹一針見血地指出，僅關注文字的華靡，而忽略人物的品格和才能，怎能挖掘到好的人才？「所謂對偶駢儷，諛佞無實，以求悅乎世俗之文，又文字之末流，非徒有志於高遠者鄙之而不爲。若乃文字之有識者，亦未有肯深留意於其間者也。而間者竊聽於下風，似聞明公專欲以此許天下之士。若其果然，則熹竊以爲誤矣。」「江右舊多文士，而近歲以來，行誼志節之有聞者亦彬彬焉。惟明公留意，取其強明正直者以自輔，而又表其惇厚廉退者以厲俗，毋先文藝以後器識，則陳太傅（陳俊卿）不得專美於前，而天下之士亦庶乎不失望於明公矣。」〔註179〕龔茂良將府治廳事後堂爲改名爲襟帶堂，乾道九年（1173）閏一月五日，范成大路過此地，書其榜文，曾戲曰「襟者，金也，不三年，府公其腰黃乎？」〔註180〕

淳熙元年（1174）十一月，龔茂良召還，除禮部侍郎。未滿十日，十五日，即以禮部侍郎兼權吏部尚書，除參知政事。淳熙二年（1175）九月乙未（17日），右丞相葉衡罷。龔茂良以首參行相事。四年（1177）六月罷。龔茂良爲政不足三年，行相事不足兩年〔註181〕。爲政期間，修改吏部銓選法令，救荒賑災，調查淮東總領所賄案，提倡節儉，注重修史。

入政伊始，龔茂良即請詔有司刊定七司法，言：「官人之道，在朝廷則當量人才，在銓部則宜守成法。法本無弊，例實敗之。法者，公天下而爲之者也；例者，因人而立以壞天下之公者也。昔之患在於用例破法，今之患在於因例立法。諺稱吏部爲『例部』。今《七司法》自晏敦復裁定，不無速略，然守之亦可以無弊。而徇情廢法，相師成風，蓋用例破法其害小，因例立法其

〔註179〕《朱子全書‧晦庵先生朱文公文集》卷37《與陳丞相（浙本作與龔實之）》，第1615頁；《宋史》卷383《陳俊卿傳》：俊卿以用人爲己任，所除吏皆一時選，獎廉退，抑奔竟。或才可用，資歷淺，密薦於上，未嘗語人。每接朝士及牧守自遠至，必問以時政得失，人才賢否。第11788頁。
〔註180〕（宋）范成大撰、孔凡禮點校《范成大筆記六種‧驂鸞錄》，中華書局2002，第49頁。
〔註181〕《宋史》卷161《職官志‧參知政事》：龔茂良行相事近三年，亦創見也。第3775頁。所言不實。

害大。法常嶄，例常寬，今法令繁多，官曹冗濫，蓋由此也。望令裒集參附法及乾道續降申明，重行考定，非大有牴牾者弗去，凡涉寬縱者悉刊正之。庶幾國家成法，簡易明白，賕謝之奸絕，冒濫之門塞矣。」於是重修。既而吏部尚書蔡洸以改官、奏薦、磨勘、差注等條法分門編類，名《吏部條法總類》。此後，陸續有《淳熙重修吏部左選敕令格式申明三百卷》、《七司敕令格式申明》、《淳熙重修敕令格式》等書被刊刻出版〔註182〕。

淳熙二年（1175）九月乙酉（7日），朝廷下旨振恤淮南水旱州縣。龔茂良奏取封樁米十四萬，委漕帥振濟。或謂：「救荒常平事，今遲取封樁米，毋乃不可？」茂良以爲：「淮南咫尺敵境，民久未復業，飢寒所逼，萬一嘯聚，患害立見，寧能計此米乎？」他日，上獎諭曰：「淮南旱荒，民無饑色，卿之力也。」十二月甲午（17日），行高宗七十慶壽禮，大赦，文武官封父母，賞諸軍。龔茂良慨然歎曰：「此當以身任怨，不敢愛身以弊天下。若自一命以上覃轉，不知月添給奉與來歲郊恩奏補幾何，將何以給？」當年，孝宗宣示中宮褌衣曰：「珠玉就用禁中舊物，所費不及五萬，革弊當自宮禁始。」因問風俗，龔茂良奏：「由貴近之家，仿傚宮禁，以致流傳民間。粥簪珥者，必言內樣。彼若知上崇尚淳樸，必觀感而化矣。臣又聞中宮服浣濯之衣，數年不易。請宣示中外，仍敕有司嚴戢奢僭。」

淳熙三年（1176）九月壬子（10日），因淮東總領錢良臣以歲用不足言於朝，乞借撥。龔茂良向戶部查證後，發現當年撥淮東贍軍錢六百九十萬緡，而本所歲用六百十五萬緡而已。因奏遣戶部員外郎馬大同、著作佐郎何萬、軍器少監耿延年分往升、潤、鄂三總司點磨錢物。「近習者恐賕賄事覺，極力救之，實之不顧。」十二月，何萬奏總所侵盜大軍錢糧累數十萬，耿延年言湖廣總所錢物有別庫，別歷，所收已行改正。龔茂良即上奏下有司立案調查，但孝宗次日御批令具析，既又改爲契勘。俄中旨令錢良臣赴闕奏事。錢良臣入朝後，淳熙四年（1177）正月即除起居郎。後官至簽書樞密院事、參知政事〔註183〕。除嚴查淮東總領所錢糧貪弊一案外，龔茂良對四川總領所椿官錢則盡量充實，他「奏損四川緡錢之贍湖廣者四十七萬緡，以減酒課，既又暫損其餘一百十九萬緡者，凡五年，以爲邊備。自是計所椿積稍充。」〔註184〕十

〔註182〕《宋史》卷204《藝文志》、《宋史》卷158《選舉志四·銓法上》、《宋史》卷34《孝宗本紀》，第5145、3715、664頁。
〔註183〕《建炎以來朝野雜記》卷16《乙集之龔實之點磨三總所錢物》，第797頁。
〔註184〕《建炎以來朝野雜記》卷16《乙集之《四川椿管錢物》，第803頁。

一月二十四日，龔茂良言袁樞編《通鑒紀事》有補治道，或取以賜東宮，增益見聞，詔嚴州摹印十部，仍先以卿本（繕本）上之。〔註185〕

　　淳熙四年（1177）三月乙巳（5 日），孝宗召前宰相史浩爲侍讀，龔茂良頓覺聖眷漸衰，己酉（9 日），上《仁宗玉牒》、《徽宗實錄》、《皇帝玉牒》。四月，龔茂良和曾覿發生了一場正面衝突。乾道六年（1170），陳俊卿罷相後，十一月，曾覿即以京祠召，提舉祐神觀。乾道七年（1171）春，立皇太子，曾覿又以伴讀之勞特遷安德軍承宣使。八年（1172），曾覿又與試吏部尚書姚憲賀金主尊號而歸，除武泰軍節度使。在龔茂良入政之前，淳熙元年（1174）九月乙酉朔（1 日），以曾覿開府儀同三司，是爲使相。故此，龔茂良參政命下，四方期望之意溢於紙上。朱熹即言：「龔實之入參，時事似欲小變。」〔註186〕同鄉蔡戡致書言「願以陳善閉邪之說，推爲救焚拯溺之方，先上格於君心，次堅明於國論，廣開眾正之路，盡窒群枉之門，力振頹綱，愛護元氣，厲廉隅以抑奔競之俗，重名器以塞僥倖之塗，無偏無黨，而皇極是遵，不愆不忘，而舊章是式，幸斯文之未喪也，則吾國其庶幾乎。」〔註187〕同鄉廣東提刑林光朝恭賀其「以十年供奉之班，勢在廟朝。」但亦警醒他莫在盛名之下，反無所作爲，「盛事尤激懦衷，且合天下國家之謀而爲邦人父兄之喜。究觀大臣出處之際，要當一世利害之沖，惟無私則眾所歸，苟不伐則事必濟」〔註188〕因曾、龍事件被貶，遠在四川的陸游也諄諄告誡他「誠使元臣大老，守紀綱而不紊；近習外戚，保富貴而有終。政一出於廟堂，權弗移於貴幸。豈獨坐消於外侮，固將馴致於太平。孰成伊尹格天之功，其在孟子敬王之學。」〔註189〕曾爲江西下屬的彭龜年亦期望他能獎擢正人，「士氣自此少伸，公論於是復出。拔援善類，過於食而吐哺之勤；慰藉人心，若夫渴者爲飲之易。然竊觀今日之事勢，或似良醫之設施，當疾病將去之時，而氣血未充之際。用人如用藥，豈以既效而弗圖？畏惡如畏風，定知自衛之益密。盡出生平之韜養，以爲不世之功名。」〔註190〕楊萬里則直接砥礪他繼續以往排斥群小的事業，「抑

〔註185〕　《玉海》卷 47《藝文・紀事本末四十二卷》，第 898 頁。
〔註186〕　《朱子全書・晦庵先生朱文公別集》卷 6《書・林擇之》，第 4952 頁。
〔註187〕　《定齋集》卷 9《賀龔參政啓》，《文津閣四庫全書》第 386 冊第 844 頁。
〔註188〕　（宋）林光朝《艾軒先生文集》卷 6《賀龔參政實之啓》，第 45 冊第 2 頁。
〔註189〕　（宋）陸游《陸游集・渭南文集》卷 9《賀龔參政啓》，中華書局 1976，第 2049 頁。
〔註190〕　（宋）彭龜年《止堂集》卷 16《賀龔參政啓》，《文津閣四庫全書》第 386 冊第 300、301 頁。

天下無難療之病，惟藥者有宜老之方。倘苦口之貯儲，則元氣之充實。此執事平生之所挾，豈今日得時而不爲？」〔註191〕但是，孝宗雖以龔茂良爲參政，又旋除葉衡爲右丞相兼樞密使，「人謂出於曾覿云。」〔註192〕在孝宗的親自斡旋下，龔茂良只能暫時以低姿態與曾覿和解，《朝野雜記》言：「上諭實之令與覿釋憾。實之雖奉詔，而覿銜之終不釋也。」〔註193〕淳熙二年（1175）五月辛卯（11日），孝宗宴群臣，又再次重申朋黨之議，言「朝廷所行事，或是或非，自有公議。近來士大夫又好倡爲清議之說，不宜有此。此語一出，恐相煽成風，便以趨事赴功者爲猥俗，以矯激沽譽者爲清高，浸浸不已。如東漢杜喬之徒，激成黨錮之風，殆皆由此，可不痛爲之戒？況今公道大開，朝政每有缺失，雖民間亦得論之，何必更言清議。」龔茂良曰：「天下有道，則庶人不議。惟公道不行於上，然後清議在下，此衰世氣象，不是好事。」〔註194〕他對新除左司諫蕭燧寄予厚望，《宋史》卷385《蕭燧傳》載：

> 上諭執政：「昨除蕭燧若何？」龔茂良奏：「燧純實無華，正可任言責，聞除目下，外議甚允。」燧首論辨邪正然後可以治。上以外臺耳目多不稱職，時宦官甘升之客胡與可、都承旨王抃之族叔柜皆持節於外，有所依憑，無善狀，燧皆奏罷之。

但是，當時察官、諫院已不復隆興（1163～1164）時期人才濟濟之狀，僅憑龔茂良和蕭燧的力量，難以撼動曾覿一黨的勢力。淳熙四年（1177），曾覿欲以文資官其子孫，孝宗親自派人到吏部辦理相應事宜，龔茂良則以文武官各隨本色蔭補法繳進。此時，曾覿已非隆興（1163～1164）年間正七品的武義大夫，而是階官最高的開府儀同三司。龔茂良此舉大大觸怒了曾覿。據《賓退錄》卷二記載：

> 淳熙四年四月甲戌（5日），垂拱殿六參，使相曾覿起居退，肩輿歸第。直省官賈光祖、散祗候李處和、使臣唐章騎從。已而參政龔茂良奏事畢，馳馬入堂，遂踵相躡。街司促光祖革避道，光祖革出語不遜。光祖、處和，實隸籍三省、密院。茂良大不能平，明日奏其事。上諭覿致謝。又明日，覿以光祖、處和申省施行。上謂茂

〔註191〕《楊萬里詩文集》卷51《賀龔參政啓》，第895、896頁。

〔註192〕《宋史》卷384《葉衡傳》，第11824頁。

〔註193〕《建炎以來朝野雜記逸文》之《龔實之論曾龍》，第904頁。

〔註194〕《建炎以來朝野雜記》卷3《乙集之孝宗論不宜有清議之說（龔實之沈持要周子充論奏附）》，第541頁。

良先權沖替二人，然後施行。茂良遽下臨安府，杖罷。丁丑（8 日），

　　上批問茂良：「昨已面諭，何遽也？」

九日，龔茂良上奏乞罷政，不許。五月甲子（25 日），戶部員外郎謝廓然由曾覿薦，賜出身，除殿中侍御史，命從中出。時任中書舍人的林光朝愕曰：「是輕臺諫、羞科目也。」立封還詞頭。天子度光朝決不奉詔，改授工部侍郎，不拜，遂以集英殿修撰出知婺州。〔註195〕謝廓然首論茂良，六月丁丑（9 日），龔茂良罷，以資政殿學士知鎮江府。臨行前，孝宗令內殿奏事，乃手疏恢復六事，上曰：「卿五年不說恢復，何故今日及此？」退朝甚怒，曰：「福建子不可信如此！」是日，謝廓然對。壬午（14 日），再對。曾覿姻家韓彥古獻議，「三省、密院舊奏事退，徑批聖旨，非是。乞朝退一一覆奏，禁中詳觀乃付出」。孝宗大以為然，自是朝政即行覆奏之制，「每事於奏目後，用黃紙貼云『得旨』云云，朝退封入，改則改，留則留。」曾覿、謝廓然藉此又言「其（龔茂良）進擬多挾私以詭取上旨」〔註196〕，癸未（15 日），龔茂良落職、放罷。七月癸丑（16 日），龔茂良責授寧遠軍節度副使，英州安置。淳熙五年（1178）閏六月壬寅（10 日），龔茂良卒於英州。樓鑰和陸游分別作《祭文》以示哀悼〔註197〕。有《靜泰堂集十卷》、《龔實之奏稿六卷》、《靜泰堂集三十九卷》〔註198〕。

　　按龔茂良觸怒孝宗一是罔顧皇帝命令，如曾覿等人所論「矯傳上旨，輒斷賈光祖等罪」。二是徇私，謝廓然言龔茂良內弟林宓本官幹辦審計司，遇郊恩，而林尚京秩，乃白上以六院官班寺監丞之上，林用是得封贈父母。〔註199〕三是所謂「多變」問題。前兩條就客觀事實而言，無可述之處。但「多變」問題，確是一場冤案。在曾覿與謝廓然死後，茂良家投匭訟冤，遂復通奉大夫。周必大獨相，進呈復職，上曰：「茂良本無罪。」淳熙十五年（1188）十二月丙寅（5 日），追復龔茂良資政殿學士。諡莊敏。淳熙十六年（1189）正月十六日，朱熹將自己從龔茂良兒子那裡看到的《參政龔公陛辭奏稿》的副本和真迹的內容公諸於世，讀之「乃極論不可輕舉之意，蓋猶其平生之素論

〔註195〕《宋史》卷 433《林光朝傳》，第 12863 頁。

〔註196〕（宋）羅濬等《（寶慶）四明志》卷 9《史浩傳》，第 5 冊第 5100 頁。

〔註197〕《攻媿集》卷 83《祭龔參政茂良》，《文津閣四庫全書》第 385 冊第 461 頁；《渭南文集》卷 41《祭龔參政文》，第 2390 頁。

〔註198〕《直齋書錄解題》卷 22《章奏類》、卷 20《詩集類下》，第 603、639 頁；《宋史》卷 208《藝文志》，第 5377 頁。

〔註199〕《建炎以來朝野雜記》卷 10《甲集之六院官》，第 209 頁。

也。」「塗乙點定，手筆粲然，而其指意審重詳密，又與江西奏箚實相表裏。於此足以見公平生之言未嘗少變。」〔註200〕正如明人所感歎的：「孝宗蓋信覿之讒言已深，而不察其意耳。或謂覿令人訹之云若論恢復必再留，茂良信之。此言尤爲無理！茂良平日言事切直，略不以窮通介意，今豈以區區一去留間而遽變其所守哉？」〔註201〕實際上，龔茂良也並非一味妥協之人。早在紹興三十一年（1161），金帝完顏亮撕毀紹興和議，大舉南侵之時，而立之年的龔茂良就和友人黃公度爲詩互和，雖現已不見其詩，但從黃公度的詩中可看出一洗國恥的激情，「請纓未繫單于頸，置火湏然董卓臍。列郡奔馳喧羽檄，聖朝哀痛下芝泥。盟寒關隴無來使，春晚江淮有戰聲。十載枕邊憂國淚，不堪幽夢破晨雞。」〔註202〕入參政後，葉適也曾殷切期望他能成恢復之志，「某官德博而道大，體備而用全。元化運於四時，莫測機緘之際；善馭調於八駿，靡勤銜勒之勞。屹然公輔之資，蚤著諫垣之日。惠流舊楚，聲冠中都。民具十年之瞻，帝求一德之賚。果發大議，分別忠邪；多舉訓詞，旁招俊乂。豈徒因陋就簡，襲制度於漢、唐之餘？必將用夏蠻夷，復版籍於祖宗之故。竚超鼎鉉，大布甄衡。」〔註203〕但初次入朝爲官的起伏經歷，讓龔茂良的熱情有所變化，《後村詩話》中曾記有他的一首絕句，言：

> 故參與龔公行役過一山，有老木參天。再過其山，童矣。居人云：「巨室以此造屋。」公記以絕句云：「千章古木轉頭空，去與人間作棟隆。未必眞能庇寒士，不如留此貯清風。」晦翁後見此詩歎曰：「此龔公一生詩讖」。意謂公初爲諫官，負重名，晚不必爲執政也。〔註204〕

或許正是由於龔茂良入政後，已經能夠審時度勢，而沒有對曾覿等奸黨進行清除，導致朱熹對他的評價明顯低於莆田籍丞相、龔茂良的同年陳俊卿。朱熹很早即與龔茂良結識，龔茂良罷政返鄉後，曾致信言：「獨念頃歲黃亭客舍拜違左右，屈指於今十有五年。」〔註205〕亦有「曩從公遊甚

〔註200〕《朱子全書・晦庵先生朱文公文集》卷82《記參政龔公陛辭奏槁後》、《再跋參政龔公陛辭奏槁》，3883、3886。

〔註201〕《未軒文集補遺》卷下《龔茂良列傳論》，《文淵閣四庫全書》第 1254 冊第605、606 頁。

〔註202〕《知稼翁集》卷上《和龔實之（茂良）聞戎人敗盟》，第 44 冊第 452 頁。

〔註203〕《葉適集》卷 27《賀龔參政啓》，第 558 頁。

〔註204〕（宋）劉克莊《後村詩話》，南京：江蘇古籍出版社 1998，《宋詩話全編》第8379 頁。

〔註205〕《朱子全書・晦庵先生朱文公文集》卷 25《與龔參政書・熹竊伏田里》，第1131 頁。

久」〔註206〕之語。朱熹對龔茂良評價言：「陳應求（俊卿）方寸平正，遠過龔實之。然龔又卻好事，每到處便收拾得些人才。」「龔實之多讀書，知前輩大體，頗識義理。又有才，做得去。亦有文。小官時甚好，爲正言時，攻曾龍。後來心術一偏至扵如此，可惜，可惜！反不爲陳應求，全不如他卻較好」。〔註207〕儘管在江西時已經被朱熹批評選才不當，龔茂良爲參政後，還是力邀朱熹入朝，曾奏言：「朱熹操行耿介，屢召不起，宜蒙錄用。」淳熙二年（1175）春，因朱熹居家，不領祠官，知建州軍州事韓元吉上報朝廷，申飭所司特給符券。朱熹認爲這是參政龔茂良憐惜之舉，「此非明公矜憐之厚，則亦何以得之？」致信以示謝意，並希望：「明公深以平生所學爲念，仰體聖天子所以圖任仰成之心，端本清源，立經陳紀，使陰邪退聽，公論顯行」〔註208〕。淳熙三年（1176）夏六月，經龔茂良薦舉，授朱熹秘書省秘書郎官職。朱熹以自己「氣質偏滯，狂簡妄發，不能俯仰取容於世」力辭，且言「明公乃欲引而致之搢紳之列，不識明公將何所使之也？使之隨群而入、逐隊而趨耶？則盛明之旦，多士盈庭，所少者非熹等輩也。使之強顏苟祿，以肥妻子耶？則熹於飢寒習安已久，所病者又不在此也。且必無已，而使之得以其所聞於古而驗於今者，效其愚於百執事之後，則熹之所懷，將不敢隱於有道之朝。竊料非獨一時權倖所不樂聞，意者明公亦未必不以爲狂而斥之也。」〔註209〕朱熹的幾次請辭，也可能是發現龔茂良的氣節有所變化，志不同而道不合的緣故吧。

　　龔茂良參政三年多，儘管未能去除小人，但對當時時政還是有所裨益的。在他去政後，曾覿、王抃更加無所顧忌，如史書所言「使人主疑大臣而信近習，至是益甚。」〔註210〕淳熙五年（1178）十月，前丞相陳俊卿除特進，起判建康府兼江東安撫。召對垂拱殿，命坐賜茶，因從容言曰：「將帥由當公選，臣聞諸將多以賄得。曾覿、王汴招權納賄，進人皆以中批行之。賊吏已經結勘，而內批改正，將何所勸懲？」朝辭，奏曰：「去國十年，見都城穀賤人安，惟士大夫

〔註206〕《朱子全書・晦庵先生朱文公文集》卷82《記參政龔公陛辭奏薦後》，第3883頁。
〔註207〕《朱子全書・朱子語類》卷132《本朝六・中興至今人物下》，第4138頁。
〔註208〕《朱子全書・晦庵先生朱文公文集》卷25《答龔參政書・乃者明公還朝》，第1122、1123頁。
〔註209〕《朱子全書・晦庵先生朱文公文集》卷25《與龔參政書・伏自去春拜啓之後、熹衰陋亡庸》，第1123、1130頁。
〔註210〕《宋史》卷470《佞倖・曾覿傳》，第13691頁。

風俗大變。」上曰：「何也？」俊卿曰：「向士大夫奔覿、抃之門，十才一二，尚畏人知，今則公然趨附已七八，不復顧忌矣。人材進退由私門，大非朝廷美事。」〔註211〕孝宗這才感悟，自是浸覺曾覿其奸，嘗謂左右曰：「曾覿誤我不少。」遂稍疏覿。淳熙七年（1180）十二月，曾覿卒。〔註212〕淳熙八年（1181）閏三月戊子（12 日），舉子黃由廷對，論「甘昇爲入內押班，見知用事二十年，招權市賄，與曾覿、王抃相盤結。」孝宗察甘昇奸，遂抵之罪，籍其貲，竟以廢死。〔註213〕九年（1182）正月癸未（12 日），罷樞密都承旨王抃爲在外宮觀，不復召。淳熙十一年（1184），王抃以福州觀察使卒。〔註214〕作爲孝宗嚴防臣僚結黨、偏信佞臣的帝王權術的犧牲品，此時，或許可以慰龔茂良的在天之靈。

　　向敏中與龔茂良，作爲宋代廣州知州位至宰執的代表人物：向敏中早遇伯樂，奏對稱旨，爲太宗所重，由親友落罪出知廣州，雖遠離京師，但他能在廣州躬行政務，悉心教化，著有廉名，將劣勢化爲優勢，故召還，即予以重任。此後，兢兢業業，忠心耿耿，榮顯一生。龔茂良雖早登第，但沉浮州縣，未見顯用。擢爲諫官後，又因直諫皇帝任用佞幸去國。任職廣州是龔茂良起復的重要良機，故在任招撫海寇、修繕州學、安民養葬。召還，本可留用，但終爲皇帝、時相不喜，又徙江西。參擢大政後，因不能與佞幸同流合污，終至貶謫。向、龔二人的廣州經歷，是顯示他們治撫之才的重要平臺，是改變命運的難得良機。二人所處時代不同，君臣關係不同，最終導致命運迥異。

二、頗具謀略的廣州知州：余靖與錢之望

　　在宋代廣州知州中，余靖與錢之望都頗具軍事才略，二人歷任地方，參與軍事，安撫廣東。但都屢遭貶謫，未及顯用，即撒手人寰，殊爲可惜。

（一）余靖

　　余靖（1000～1064），本名希古，字安道〔註215〕，韶州曲江人。仁宗

〔註211〕《宋史》卷 383《陳俊卿傳》，第 11789、11790 頁。
〔註212〕《宋史》卷 470《佞倖・曾覿傳》，第 13692 頁。
〔註213〕《宋史》卷 35《孝宗本紀》、卷 469《宦者・甘昇傳》，第 675、13673 頁。（明）林世遠等纂修《（正德）姑蘇志》卷 51《人物・黃由傳》，《北京圖書館古籍珍本叢刊》第 27 冊第 793 頁。
〔註214〕《宋史》卷 35《孝宗本紀》、卷 470《佞倖・王抃傳》，第 677、13694 頁。
〔註215〕《涑水記聞》卷 10，第 186、187 頁。

天聖二年（1024）進士，初任贛縣尉。又中書判拔萃科，改將作監丞知洪州新建縣。〔註 216〕遷秘書丞。因校勘《史記》、《漢書》、《後漢書》，擢集賢校理。仁宗景祐三年（1036），天章閣待制、權知開封府范仲淹落職，知饒州。余靖爲之上言，尹洙和歐陽修也分別對范仲淹進行了聲援，被時人稱爲「四賢」。自此，朋黨之論起。余靖落職監筠州酒稅、泰州酒稅，知英州。丁母憂，服除後，復校理。李元昊建立西夏后，不斷騷擾西北邊疆，經過三川口、好水川、定川寨三次戰役，宋軍戰備鬆弛、武器落後、士氣低靡、指揮失當，慘敗的事實使得積弱的形勢逐漸暴露出來。慶曆二年（1042），仁宗命韓琦等充涇原等四路都部署，韓琦、范仲淹並於涇州駐箚，差文彥博知秦州。余靖上言：「韓琦數年在邊，雖未成功，羌賊知名，士卒信服。今一旦使文彥博代之，恩信未洽，緩急有難，兵將肯用其命乎？且彥博新進，懷德無聞，羌賊固輕之矣。今雖以韓琦、范仲淹在涇原遙制諸路，以爲聲援，但益秦州之憂耳。賊若出其上策，以一軍守瓦亭，則涇渭之師不得南矣；以一軍趨隴坻，則岐隴之兵不復西矣；以一軍直搗秦州，而援軍不至，雜羌外附，則秦州非我之有也。賊若出其下策，前驅雜羌，志在掠奪，則吾之救兵可至，勝負未可知也。若謂賊輕去巢穴以爲不然，此所以出我不意也。」〔註 217〕慶曆三年（1043），爲重振國勢，宋仁宗「增置諫官四員，使言天下事」。余靖被任命爲右正言，「感激奮勵，遇事輒言無所迴避，奸諛權倖屏息畏之，其補益多矣。」慶曆四年（1044），李元昊納誓請和，將加封冊。而契丹以兵臨境上威脅宋毋與和。余靖認爲中國息兵養勇，不利契丹，故用此以撓我爾，是不可聽。朝廷假余靖諫議大夫以報契丹。余靖率十餘人馳出居庸關，見敵於九十九泉，從容坐帳中，辯言往復數十，卒屈其議，取其要領而還。宋夏議和，北邊亦未生事。是歲以本官知制誥、史館修撰。余靖前後三使契丹，益習外國語，嘗對契丹主爲蕃語詩，侍御史王平、監察御史劉元瑜等劾奏余靖失使者體，請加罪。劉元瑜又言余靖知制誥，不當兼領諫職。慶曆五年（1045）四月庚午（15 日），余靖出知吉州。六年（1046）七月丙申（18 日），余靖由於早年更名換籍科

〔註216〕《歐陽修全集》卷 23《贈刑部尚書余襄公神道碑銘（並序）》，第 366 頁；《端明集》卷 40《工部尚書集賢院學士贈刑部尚書諡曰襄余公墓誌銘》，第 364 冊第 522 頁；《宋史》320《余靖傳》均言書判拔萃改將作監丞知新建縣。第 10407 頁。《長編》卷 109 天聖八年六月戊申條：以書判拔萃人宣州司理參軍曲江余靖爲將作監丞、知海陽縣。第 2540 頁。
〔註217〕《長編》卷 138 慶曆二年十一月辛巳條，第 3324 頁。

考一事被人告發，左遷將作少監、分司南京。皇祐元年（1049）六月丙戌（25 日），爲左神武大將軍、雅州刺史、壽州鈐轄。尋請以舊官侍養，許之。皇祐元年（1049）九月，廣源州蠻酋儂智高起兵反宋，劫掠廣西，攻佔邕州，東進廣州。皇祐四年（1052）五月丙寅（22 日），圍廣州。余靖時在家鄉韶州，丁父憂，他與知州「結輯農兵，完葺堡障，共爲守禦計」。六月乙亥（2 日），朝廷起復余靖爲秘書監、知潭州。後又改知桂州、充廣南西路都鈐轄兼經略安撫使、經制廣南東西路賊盜事。余靖到任後，一方面約束將吏不要貿然出戰，另一方面分化地方部族首領，「儂、黃諸姓酋長，皆縻以職」，意使儂智高孤立無援。九月庚午（28 日），以抗擊西夏而聞名的狄青被任爲宣徽南院使、荊湖北路宣撫使、提舉廣南東、西路經制賊盜事。皇祐五年（1053）正月，狄青布兵陳列於崑崙關，余靖將後陣，共同出兵圍堵叛軍，儂智高逃亡大理。十二月，余靖遣部吏入特磨道生擒儂智高之母、弟、子，送京師斬首。此後，遷給事中、工部侍郎、戶部侍郎，出知潭州、青州。嘉祐五年（1060），交趾兵入邕州，殺巡檢五人。余靖再任廣南西路體量安撫使，尋獲首犯五人，糾紛議絕。嘉祐六年（1061）五月乙未（13 日）〔註 218〕，「嶺服之外越徼相通，俾臨此州以辦邊事」，仁宗以余靖「策慮無遺，忠義有素。文理足以綏眾，武備足以折衝」〔註 219〕，任尚書左丞、集賢院學士、知廣州軍州事、兼管內勸農、市舶使、提點銀銅場公事、充廣南東路都鈐轄兼本路經略安撫使。余靖對即將到任的廣州的現狀做了深刻分析，如何保持前人的功勳，又能有所發展成爲他關注的重點。他發現廣州城本無外城圍捍，經過儂智高的圍攻，修築外城以憑防禦是可行的，前任知州魏瓘已經開始了此項工作。余靖擔心「民力凋弊之後，大興力役」，自己「才術短淺」，「當此重寄，必致曠敗」〔註 220〕。再三請辭不行後，毅然赴任。到任後，針對「廣多奇貨，南官者蓄以爲利」的弊政，余靖「戒其北歸勿得持南物、當任官吏不得市南藥、在任官吏不得受給由蘇息二錢。」爲復興海外貿易，奏「罷番舶船稅」。〔註 221〕當地風俗輕揚，

〔註 218〕《長編》卷 193，第 4668 頁。
〔註 219〕《武溪集校箋》卷 15《免轉尚書左丞知廣州狀（並答詔）》，第 469 頁。
〔註 220〕《武溪集校箋》卷 15《免轉尚書左丞知廣州狀（並答詔）》，第 468 頁。
〔註 221〕以上見《端明集》卷 40《工部尚書集賢院學士贈刑部尚書謚曰襄余公墓誌銘》，第 364 冊第 522～523 頁；朱熹纂集《宋名臣言行錄前集》卷 9《余靖襄公》，《宋史資料萃編》，第 303～316 頁，《屈大均全集·廣東新語》卷 15《貨語·贖貨》，第 4 冊第 390、391 頁。

余靖「教之禮法，簡而不苛」。英宗即位，拜工部尚書，代還，道病卒，享年六十五。有《漢書刊誤》三十卷，《國信語錄》一卷，《余靖集》二十卷。〔註222〕高宗紹興七年（1137）二月十六日，詔：故工部尚書諡襄公余靖祠載於祀典〔註223〕。

　　余靖早登諫垣，三使契丹，於國政多所創建。一旦左遷，「既不虞而致毀，固無望於復燃」。儂智高之亂，雖平定盜賊，但賞薄，因御史梁茜言才遷尚書工部侍郎。戰後廣州，「瘡痍未平，力役尚繁，生業猶困，將祈存恤，當擇循良。」故余靖在任以持重爲先，不興土木，發政施仁，「所至有惠愛」。若非天不假年，異日榮登顯位，亦未可知。不過，如楊萬里所言：「雖然，文獻相唐，而襄公未及大用。或以是爲襄公憾，吾獨不然。聖賢君子之於斯世，顧道之行與否爾。相與否奚顧哉！兩公者，道行則宋隆；道不行則唐斁。然則兩公之於斯世，孰遇孰不遇乎？」〔註224〕余靖能爲官廣州，實是廣民之福。

（二）錢之望

　　錢之望（1131～1199），字表臣，又字大受〔註225〕，常州晉陵人。孝宗乾道五年（1169）進士。歷任襄陽府大軍倉錄事參軍，丞相差爲江西帥屬。淳熙二年（1175），與黃倬誘茶寇賴文政，擒之〔註226〕。淳熙五年（1178）十月，以宣教郎添差通判鎮江府〔註227〕。淳熙十年（1183），權知和州〔註228〕，極諫括田擾事、不速集，但擇故荒圩美田五百七頃，溝埠牛犂，踰月皆具，兵甌就屯，民不知役。除金部郎官。淳熙十三年（1186），知楚州，升直秘閣。進直徽猷閣。在州四年，招募民兵萬弩手七千八十九人，參之軍制，束以隊伍，別以事藝，嚴以訓練。他日，上遣官拍試，獨楚應格。羊家寨

〔註222〕以上見《歐陽修全集》卷 23《贈刑部尚書余襄公神道碑銘》，第 2 冊第 366 ～369 頁；《宋史》卷 203、208《藝文志》，第 5085、5105、5365 頁。
〔註223〕《宋會要·禮》13 之 26，第 586 頁。
〔註224〕《楊萬里詩文集》卷 72《韶州州學兩公祠堂記》，第 1164 頁。
〔註225〕《直齋書錄解題》卷 8《楚州圖經二卷》，教授雪川吳革商卿撰，太守毗陵錢之望大受。第 251 頁。《南宋館閣錄續錄》卷 9：錢之望，字大受，常州晉陵人。第 391 頁。（宋）許及之《涉齋集》卷 6《五言律詩·送錢大受帥廣東》，第 61 冊第 38 頁。
〔註226〕《建炎以來朝野雜記》卷 14《甲集之江茶》，第 304 頁。
〔註227〕《嘉定鎮江志》卷 16《通判·西廳壁記》，第 3 冊第 2488 頁。
〔註228〕（清）畢沅編著《續資治通鑒》卷 149 淳熙十年十二月條，北京：中華書局 1957，第 3980 頁。

瀕大海，姦猾所聚，錢之望籍其尤剽悍二千三十五人，約為急難備，且弛禁，許挾弓弩自便，皆感悅從命。淳熙十五年（1188），進奏三邊戰守事，言：「卒饑財匱兵少，今日之大患也，然而卒欲飽則財愈乏矣。財欲無乏，則減兵且不暇，其何以增？若兵自耕，民自戰，沿江諸軍，各擇地分內閒田種之，而民兵萬弩手用一法，給器械，較精惰，略計可十五萬，與屯田大兵相參，此三路之郛郭也。」而「近諸郡修城築堡，遣兵更戍，犬牙占認，尺寸之外，胡、越自分。如是，則誰肯出力會戰於要害之地耶？」諸軍氣習「今昔頓殊。昔欲戰不欲守，今言守不言戰，馴致疲懦。十年之外，雖守不能矣。」所言句句切中時弊，孝宗撫奏歎息，太子亦深為認同。時大雨自五月至六月，清河溢，隳城千丈。錢之望拊循賑貸，恩紀勤備，楚人德之。他還與教授吳莘合著《楚州圖經二卷》。進直寶文閣知襄陽府。以言者論隳城，罷職。知鎮江府，朝廷議禁絕兩浙私錢，提點鐵冶劉煒請以私錢二當官錢一，抽貫數百，約其多少，府庫皆封鐍，市邑關閉，兩淮騷然。錢之望四疏言：「淮東地不產鐵，人不私鑄，貨幣轉易，民何罪焉！且天下安危在邊，北使過淮，耳目所接，係國體尤重。」孝宗乃以官會樁管米、度牒僧費數百萬緡，盡收淮東、西私錢，納爐鞴中，而後少定。由於言論過切，忤時相，錢之望以失察私錢坐鐫一官。帥揚州〔註229〕，復直寶文閣。安撫司兵名號雜，軍律不齊，豪盜隱伏為一方患。錢之望並及強勇，募材武足千人，隸御前，置統領守將之，宿蠹始革。他以楚州法治兩淮民兵，上奏取丁、結隊、執色、總首、分部、開收等任責七事，孝宗一一行之。他選丁壯四萬八千二百餘人，增舊籍三之一。當時淮西趙鞏奏罷萬弩手，錢之望極言：「民兵萬弩手，最為近古，孝宗所命，潛所行，不可廢也。不原其立法之初而議其受弊之末，則羊亡而禮從之矣。」除直龍圖閣再任。強勇軍歸併禁軍，總領必欲使揚州自當券食之半。錢之望爭之不得，乃別為營運以其息給之，以本錢歸備邊庫。言官論以營運販易，降顯謨閣，罷職，屢被詆輒黜。後得彈文，乃提點鑄錢事，留為軍器監，兼實錄院檢討官〔註230〕。寧宗慶元三年（1197）夏，廣東提舉茶鹽徐安國遣人入大奚山捕私鹽，島民不安，即嘯聚千餘人入海為盜。劫副彈壓高登為首，揭牓疏安國之罪，掠商旅殺平民百三十餘人。「賊愈橫，遂空巢窟，奪客舟，徑指

〔註229〕《宋史》卷 66《五行志》，第 1452 頁；《攻媿集》卷 34《知揚州錢之望復直寶文閣制》，《文津閣四庫全書》第 385 冊第 291 頁。
〔註230〕《南宋館閣錄續錄》卷 9，第 391 頁。

城下，州人大恐，將逃。」時知州不能治，「諸司招捕前卻，異同紛紜」。八月庚辰（9 日），除錢之望秘閣修撰知廣州、帥廣東。友人徐綸詠曰：「妙籌無遺策，私憂有劇談。豐功期漠北，小試見湖南。暖席君何暇，妨賢我甚慚。詔將須尺一，象可應魁三。淮甸爲僚日，私錢奉令時。同拼軟弱罷，爭忍碎煩爲。報國存忠赤，逢人惜鬢絲。相從又相別，勳業迫男兒。」〔註231〕錢之望到任後，麾諸軍奮擊，一戰殄滅，遂墟其地。之後，列柵山上，請撥摧鋒水軍三百戍之，周季一更。以平海寇功除華文閣待制。葉適即稱「微公決策，廣東幾亂並關官」。罷攝士捐丁田米、分鈔曆日錢，歲萬七千緡，場務積欠四萬餘緡。珠香翠毛，不買一錢，尋知隆興府，改知廬州，至數月，疾病參半，堅持視事。慶元五年（1199）七月十八日卒，年六十九。〔註232〕

　　錢之望少放達、喜奇策，知楚州、揚州，都以屯田、民兵、萬弩手、山水寨爲進戰退守之要。於軍政、民政無不殫精竭力，其所發明、變通，不容於言官、時宰，屢遭非議、貶謫。一旦留朝，將用矣，廣州海寇起，以其有鎮撫才，往厥是任。但在平定動亂中，「盡執島民戮之無唯類，議者或以爲過云。」尚未顯用，憾然離世。如時人所挽：「少年豪氣已如虹，抵掌論兵一世雄。智略獨超倫輩上，功名只在笑談中。弄兵坐掃澒池盜，賣劍潛回渤海風。恢復未酬人奄忽，佳城那忍葬滕公。」「淝水功名取次休，空令遺恨滿滄洲。禁中新賜黃金帶，天上俄成白玉樓。京峴兒童應墮淚，江淮草木亦生愁。一朝雙劍齊飛去，會見光芒射斗牛。」〔註233〕

　　余靖和錢之望二人才華外露，遭時人所妒，由諫官言之，仕途受挫。他們都具鎮撫之才，爲官廣州，政績斐然，但終因壯士遲暮，不及顯用，即蕭然離世，令人憾之。

三、忠心愛國的廣州知州：向子諲與方大琮

　　宋代廣州知州中，向子諲堅持民族氣節，卻僞楚官；方大琮以綱常倫理之說諫理宗釋濟王之冤，爲時人所尚。

〔註231〕（宋）許及之《涉齋集》卷6《五言律詩・送錢大受帥廣東》，第 61 冊第 38 頁。
〔註232〕以上見《葉適集》卷 18《華文閣待制知廬州錢公（之望）墓誌銘》，第 341～347 頁；（宋）章定《名賢氏族言行類稿》卷 17，第 310 冊第 73 頁。
〔註233〕《定齋集》卷 19《錢大受挽詩》，《文津閣四庫全書》第 386 冊第 875 頁。

（一）向子諲

向子諲（1085～1152〔註234〕），字伯恭，自號薌林居士〔註235〕。其先開封人，徙臨江新淦〔註236〕。故相向敏中五世孫，忠肅皇后再從姪。哲宗元符三年（1100），以忠肅皇后恩補假承奉郎，次年（1101）遷雄州防禦推官，監濱州鹽酒稅。當時新法行，人皆幸賞奔湊，榷貨客鈔，既人皆談食，蠶無以繅。州民素以煮鹽為生，抵罪者不可勝紀。向子諲言於部使者，聽近郭官置牢盆募亭戶煮，於是所積如丘山，民商咸便。除鎮南軍節度推官，聽事健決，守正不撓，府中畏服。時行養濟，政者務多數以幸賞，一家有冒三四名者，蠶食太倉，不給則反誅剝於民，向子諲令計屬邑所入析處之。改真州司錄事，權知開封府咸平縣。府尹盛章以獄空覬賞，不受豪民席勢獄案，向子諲上奏，盛章劾以他事勒停。徽宗宣和（1119～1125）初，復官，除江、淮發運司主管文字。淮南連年旱，漕不通，有欲濬河與江淮平者。發運司檄向子諲行視，他通過實地調查後，上言：「運河高江淮數丈，河至江淮凡數百里，欲通之使平，萬萬無此理。前此有司率三日一啓閘，復作澳以瀦水，故水不乏。比年行直達之法，重以應奉往來，啓閉無朝夕，復何暇歸水乎？昔之堰閘往往不存，今第修復故迹，嚴其禁約則無患矣。」所條畫盡悉，使者用其言，漕復通，徽宗嘉之，遷秩一等，除淮南轉運判官〔註237〕，陛辭力論財用所以不足故，且言伏見手詔應奉司所費皆從中出。徽宗即以向子諲專一覺察應奉騷擾違法者，按治無所避。宿亳通海四州饑，方移真揚米賑之，發運司乃言江淮米賤，乞均糴，而淮南當四十萬斛，向子諲力論其欺罔，取所在實直以聞。於是不悅者益眾，以諸路起發

〔註234〕（宋）胡宏《胡宏集》之《向侍郎行狀》：壬申（紹興22年，1152）三月十有六日（辛亥）以疾卒於正寢，享年六十八。第180頁。（宋）汪應辰《文定集》卷21《徽猷閣直學士右太中大夫向公墓誌銘》：紹興二十有三年三月辛亥（22日），享年六十有八。並言「以武夷胡宏所狀公之行以來請銘……次序而銘之，距公之葬蓋十年矣。」《文津閣四庫全書》第380冊第584、585頁；《要錄》卷163：紹興二十有二年三月庚戌，徽猷閣直學士致仕向子諲卒於臨江軍。第3冊第283頁；《墓誌銘》或以三年為二年傳寫之誤。《攻媿集》卷52《薌林居士文集序》：（向公言）餘生於元豐之乙丑（1085）。則生卒年應為1085～1152。《文津閣四庫全書》第385冊第355頁。
〔註235〕《孫尚書大全文集》卷56《薌林銘》，第35冊第306頁。
〔註236〕《江西通志》卷9《山川‧臨江府‧天柱峰》，第174冊第77頁。
〔註237〕《宋史》卷175《漕運志》，第4259頁。《向侍郎行狀》作京畿轉運判官。

上供不及數，降一官。欽宗繼位，向子諲以直秘閣爲京畿副運兼淮浙荊湖制置發運副使〔註238〕。時運法大壞，令向子諲相度，他言：「祖宗置發運司，經制六路財賦，法令周密，其爲利甚博。今轉搬廢而爲直達，諸路鹽課之利奪而歸榷貨，糴本錢罷而爲羨餘，公私俱病矣。方時艱難，舊法未易卒復，欲且權宜救急，請令發運使、副、判官三員，迭相往來，周而復始。其一在眞州主江湖，其一在泗州主淮浙，其一在京主交納理欠。在泗州者循例奏計」。帝可其奏。金人迫京師，欲詣都堂白事，而敵騎已至，城閉不得入。至黎陽、太康，趨汴上，而發運司迓吏方至。高宗建炎元年（1127），金兵犯亳州。向子諲至宿州，選宋良嗣權鈐轄帥眾捍戰，收江淮潰兵得數萬遣詣南京朱勝非及范訥軍，令入援。他還自遣書勤王。康王在濟州，向子諲遣進士李植獻金帛及本司錢穀，以助康王軍費〔註239〕。並派王儀統勤王兵至城下。執張邦昌使者械於獄。他派遣僚屬及子澹請於大元帥，曰：「今天下無君，人心皇惑，大王宜處分軍國事，乘勤王忿怒之兵，親率諸將北渡大河，擊金人惰歸之兵，救二聖之急，若失機會，恐謀逆之徒內連外結，未易誅鋤也。」康王繼位，五月庚子（11日），遷直龍圖閣、江淮發運副使〔註240〕。既而張邦昌以三公參預大政，向子諲乞致仕或久任宮觀。未幾，賞宿州守禦之勞，宋良嗣預焉，亦遷子諲一官，辭曰：「前日以爲非則今日不當以爲是。」時黃潛善執政，大怒，御史遂言向子諲有不法事，按驗無一實，尤降三官，知襲慶府，丁開府憂。建炎三年（1129）九月丙辰（11日），張浚起向子諲知潭州〔註241〕。金人圍潭州，督兵巷戰，不敵，率官吏奪門遁。金人去，又收潰卒復入治事。上章以失守自劾，坐落職放罷。高宗以向子諲與他守臣望風遁者殊科，詔復職。紹興元年（1131），移鄂州，主管荊湖東路安撫司〔註242〕。他布兵扼兵匪曹成南下，爲曹成所執，自劾，以朝奉大夫提舉江州太平觀〔註243〕。後以胡安國言於秦檜，復加收用。紹興二年（1132）六月辛卯（2日），知廣州兼廣東經略安撫使。在任督捕海賊，安撫善後，理清訴訟，政聲翕然〔註244〕。當時南海賊大棹「與福建多槳船商販者劫掠海道，所在竊發，咸不奠居，兵

〔註238〕《廬陵周益國文忠公集》卷50《跋向子諲遺書》，第51冊第520頁。
〔註239〕《宋史》卷379《李植傳》，第11701頁。
〔註240〕《要錄》卷5建炎元年五月庚子條，第1冊第107頁。
〔註241〕《要錄》卷28建炎三年九月丙辰條，第1冊第428頁。
〔註242〕《要錄》卷41紹興元年正月壬子條，第1冊第580頁。
〔註243〕《宋史》卷377《向子諲傳》，第11641頁。
〔註244〕（宋）胡寅《斐然集》卷9《應詔薦監司郡守奏狀》，第380冊第119頁。

時疲於奔命，討捕不能得。公一日召胥魁詰之曰『吾聞大棹陰與汝曹通，故兵將動息，賊皆先知。今逐實言，不然置爾於死地矣。』胥魁大恐，具言城中富家某人大棹之囊橐也。遂命捕至，盛陳刑具詰責之，即首服。令悉具徒眾名姓往來宿食之所，窮詰盡得其實。令州縣籍其產業，五家為甲，羈縻其家族，已乃釋之，令指縱，多無不獲。」平定海賊之後，向子諲將其槳船，命依市泊過蕃法召保給據，然後得行。於是「賊黨消散，河道清靜」。廣州為蕃商所聚，人多入其貨而隱。其置計訟則書不可識，語不可曉。官必憑譯者，而譯者受交，隱其情實，蕃商終不能自白。為釐清蕃商訴訟，向子諲「求蕃書千文及他書數種，先識之矣」。然後以蕃文發書告諭，有訴訟者前來州府上聞。結果「群商爭來愬，盡得其情。應負之者悉徵還，咸呼舞歸其國，清明之政播於海外。」處理州政之餘，他還用自己的薪俸翻新了光孝寺復殿之側的筆授軒，「施軒如初，加壯且麗」。明代，還發現廣州經藏樓閣有佛頂首楞嚴經，向子諲姓名見於經卷之首〔註245〕。九月壬申（15日），以宰相呂頤浩言「輕肆妄作」罷，乞致仕〔註246〕。紹興五年（1135）八月，以右朝請大夫直龍圖閣起知江州兼管內安撫司公事，江東轉運使、進秘閣修撰〔註247〕。時江東使者當饋餉大將劉光世、張俊軍。凡軍中追求之非法者，向子諲隨事裁抑。偽齊入寇，劉光世軍合淝，以乏糧為詞，請退保，向子諲晝夜倍道至合淝，光世引兵欲出，子諲直入城，按簿書具以見在泉穀與沿路綱運。高宗聞以大義責光世，光世乃不復退，進擊賊破之。後徙浙漕。入覲奏事，從容自言終老薌林之意，高宗親書薌林二大字賜之。紹興六年（1136），為徽猷閣待制、兩浙都轉運使〔註248〕。紹興七年（1137），入為戶

〔註245〕 （明）李日華《六研齋二筆》卷3，第287冊第392頁。

〔註246〕 《要錄》卷58紹興二年九月辛未條：呂頤浩因奏左朝奉大夫新知廣州向子諲輕肆妄作請罷去。翌日批旨行下。第1冊第770頁；朱德才主編《增訂注釋全宋詞·向子諲·西江月序》：紹興癸丑（紹興三年，1133），罷帥南海，即棄官不仕。北京：文化藝術出版社1997，第897頁。《攻媿集》卷52《薌林居士文集序》：嘗云淵明生於興寧之乙丑，歸以義熙之乙巳，年四十有一，餘生於元豐之乙丑，歸以紹興之壬子（紹興2年）。《文津閣四庫全書》第385冊第355頁。《全宋詞·向子諲·西江月序》時間誤。

〔註247〕 《要錄》卷92紹興五年八月甲辰條、卷94紹興五年十月乙卯條，第2冊第296、322頁；《斐然集》卷13《向子諲江東漕制》，第380冊第141頁。

〔註248〕 （宋）李彌遜《筠溪集》卷5《向子諲徽猷閣待制兩浙都轉運使制》，第377冊第682頁；（清）倪濤《六藝之一錄》卷160《向子諲題高宗臨蘭亭賜本》，第275冊第535頁；（明）張國維《吳中水利全書》卷13《向子諲奏禁練湖侵佃狀（紹興七年上狀存略）》，第193冊第418頁。

部侍郎〔註 249〕。紹興八年（1138）八月，以徽猷閣直學士、右朝請大夫知平
江府〔註 250〕。上賜舟，親題曰「汎宅」。向子諲聞王倫議和使回，欲行非義之
禮，上章言：「自古人主屈己和戎，未聞甚於此時，宜卻勿受。」紹興九年（1139）
三月，致仕歸臨江居住。紹興二十二年（1152）三月十六日，以疾卒於正寢，
享年六十八。

　　向子諲出身相家，忠直耿介，不畏權貴，救國於危難之中，仕途幾度沉浮。
但其忠君愛國的事略為時人所尚。卒後，胡宏為其作行狀達七千二百六十餘字，
引其父胡安國高贊之語「向某氣質忠鯁，心向國家，尊戴君父，徇公忘私，正今
日扶持三綱可備使令之人也。」汪應丞作墓誌銘，引劉安世言「公必有立於世」
〔註 251〕。孝宗淳熙十二年（1185），向子諲季子刊刻其文集三十卷，朱熹作《向
薌林文集後序》，述其生平大節，比之張良、陶淵明，「此其平生始終大節，豈不
凜乎！其有子房（張良）元亮（陶淵明）之心哉！」〔註 252〕其後，曾孫向公起
又集向子諲家傳、行狀、誌銘為一編，又刊拘儒偽楚檄稿及諸賢跋語。樓鑰作《薌
林居士文集序》，言「公之忠孝大槩愈著，而世之持論者大定矣」。〔註 253〕

（二）方大琮

　　方大琮（1183～1247），字德潤，號鐵庵，又號壺山。興化軍莆田人，寧
宗開禧元年（1205）進士。嘉定五年（1212）三月，任南劍州州學教授〔註 254〕，
充江南西路轉運司幹辦公事〔註 255〕，平大斗、決險訟，兩造皆伏。知將樂縣，
祀濂溪（周敦頤）、明道（程顥）、伊川（程頤）、龜山（楊時）、了齋（陳瓘）、
豫章（羅從彥）、延平（李侗）、晦庵（朱熹）等八賢於學務〔註 256〕，以禮遜
迪民，剽悍革心。丁中奉憂，知永福縣〔註 257〕。適值兵機，守隘立柵，禁港

〔註 249〕　（宋）胡銓《澹庵文集》卷 4《跋鄭亨仲樞密送邢晦詩》，第 380 冊第 13 頁。
〔註 250〕　《斐然集》卷 13《向子諲落致仕知江州制》，第 380 冊第 138 頁；《吳郡志》
　　　　　　卷 11《本朝牧守題名》，第 1 冊第 772 頁。
〔註 251〕　《文定集》卷 21《徽猷閣直學士右太中大夫向公墓誌銘》，《文津閣四庫全書》
　　　　　　第 380 冊第 586 頁。
〔註 252〕　《朱子全書・晦庵先生朱文公文集》卷 76《向薌林文集後序》，3663。
〔註 253〕　《攻媿集》52《薌林居士文集序》，《文津閣四庫全書》第 385 冊第 355 頁。
〔註 254〕　《宋忠惠鐵庵方公文集》卷 32《南劍州州學造祭器記》：嘉定壬申三月晦，
　　　　　　某來倚席。第 89 冊第 717 頁。
〔註 255〕　《宋忠惠鐵庵方公文集》卷 38《丙申考朝請郎告廟祝文》，第 89 冊第 755 頁。
〔註 256〕　《宋忠惠鐵庵方公文集》卷 38《縣學安奉八先生祠》，第 89 冊第 755 頁。
〔註 257〕　《宋忠惠鐵庵方公文集》卷 17《與王尚書（伯大）書之一》：「某庚寅（1230）
　　　　　　春再試福之永福，先入城謁帥，始獲拜於里第」。第 89 冊第 507 頁。

發廩，日不暇給，然延致士友講論文義亦不輟。丁林碩人憂，理宗紹定二年（1229），擢監六部門〔註258〕，歷司農寺簿，兼提領安邊所。遷太府寺丞，擢秘書郎，兼景獻府教授。遷著作郎兼權尚左郎官。端平三年（1236），除右正言。以綱常倫理之說諫理宗釋濟王之冤。嘉熙元年（1237），遷起居舍人，兼國史院編修官、實錄院檢討官〔註259〕，兼權直舍人院。當年五月，臨安發生了重大火災，「延燎之家四萬七千有奇，而邸第官舍營寨寺觀不與焉；暴露之民為口二十九萬三千有奇，而斃於虐熖者不與焉」。戶部侍郎權兵部尚書兼知臨安府浙西安撫使趙與懽乞削奪竄斥，但理宗以「禍雖烈於前，而太室無恙」為由，今日曰「不允」，明日曰「不得再有陳請」而已，「今月且半矣，晏然無以異於常時」。「不惟不加罪，而彈壓與扈衛之臣亦得同宰士樞掾並賜金焉。」方大琮上書，憤然反問曰「然則彼四萬七千有奇何辜焉？」力請理宗「速賜區處，勉從所請，俾還橐班，亦少見重民所以重廟社之意。」務必使大臣能引咎知恥，並且「修實德、行實政之不暇，匪徒日恔一憂心足以懼災也，出一善言足以退舍也」〔註260〕。火後，求直言，有李子道、鄒雲從者上書，御筆並補將仕郎。方大琮封還曰：「昔方仲弓勸章獻立七廟，范亦顏請濮園稱親，章闢光欲出岐王於外，皆為先朝所斥。今夤人寒士，揣摩希合，傷陛下之友睦，反從而官之乎？」卒寢其命〔註261〕。因屢論綱常，殿中侍御史蔣峴劾方大琮鼓扇異端，與王逸、劉克莊同日去國。主管紹興府千秋鴻禧觀。起知建寧府，除秘閣修撰、福建路轉運判官〔註262〕。

淳祐二年（1242）至七年（1247），方大琮以集英殿修撰知廣州、廣東經

〔註258〕《宋忠惠鐵庵方公文集》卷1《端平三年八月第二箚》：己丑冬，調官都門，第89冊第350頁。

〔註259〕《宋忠惠鐵庵方公文集》卷5《辭免御筆除右正言申省狀》、《辭免御筆除起居舍人申省狀》、《辭免兼國史院編修官、實錄院檢討官申省狀》，第89冊第377頁。

〔註260〕以上見《宋忠惠鐵庵方公文集》卷3《繳奏戶部侍郎權兵部尚書兼知臨安府浙西安撫使趙與懽奏火災乞削奪竄斥奉聖旨依累降指揮不得再有陳請錄黃》，第89冊360、361頁。

〔註261〕《後村居士集》卷40《方閣學墓誌銘》，第79冊第777頁。

〔註262〕以上見《宋惠鐵庵方公文集》卷7《謝秘撰福建運判到任表》，第89冊第386頁；（宋）衛涇《後樂集》卷13《奏舉留丙楊恕葉澄俞遷張清臣許祓徐清叟方大琮等乞賜旌擢狀》，第390冊第801頁；（宋）洪咨夔《平齋文集》卷20《方大琮除司農寺簿樓杓除軍器監制》，第75冊第407頁；《東澗集》卷3《方大琮除秘書郎誥》，第73冊第174頁；（宋）周密撰、張茂鵬點校《齊東野語》卷14《巴陵本末》，中華書局1983，第255頁。

略安撫，升寶章閣待制經略安撫使再任，進寶章閣直學士〔註263〕。授任之初，南轅或曰：「傅長沙者畏卑濕，牧始安者歎瘴厲，人之情也。公此行能郁郁久居乎？」方大琮曰：「君言過矣，上付吾方面不已重乎？」〔註264〕方大琮到廣四月，就論及治廣方略，言「撫安遠氓之道，惟以精別郡守為先」，但是「聰察之吏患在鍥薄，慈惠之長或不，事事求其寬和。」〔註265〕方大琮自己亦曾為將樂縣、永福縣令，並且「癖雅慣於田廬，居間最久」，「幼知有絃歌愛人之言，與習聞撫字催科之說。以鹽為命，則譜所無驚局面之生疏，況心機之短拙，包茅不貢則闕賦，繭絲太甚則厲民，斟酌圖惟，厥中伸縮，全繫乎上」。〔註266〕而廣東又尤為難治，「竊謂莫難於今之令。有撫字焉，有催科焉，為嶺南之令尤難，撫字催科之外有弭盜焉。」〔註267〕所以廣東守令應「能舉職治辦而不病民者」〔註268〕。而自己亦在任內身體力行「撫科並舉」之道。

　　方大琮深知廣州地處海港，是國家海外貿易的重要支柱，又位於南部邊陲，域內地形複雜、盜匪迭出，而近鄰廣西的交趾都曾入侵犯境，防禦極其重要。自紹定之戊子（1228）至於癸巳（1233），江閩大擾，而邊無強敵，中間雖有蜀之警方動而旋息。在難得的戰情平穩時期，他認為當時應該群策群力，共圖救國大業，「必敵勢稍寬，而後可言治兵，可言儲將，必事會稍紓而後可議節用，可議救楮。」他建議成立專門機構，「如慶曆之開天章閣，極其議論；如淳熙之對選德殿，置國用一局，使曉暢財用、長於心計者居焉；置邊防一局，使明習兵事、熟於地形者與焉。凡今之所難者，使之朝夕講求焉、商確焉，可也。」〔註269〕「兵弱而土蹙，財匱而國貧，將帥乏而人材衰歇，皆今日大患」〔註270〕，針對兵弱將缺的情況，方大琮創言「若夫合諸屯之伍

〔註263〕《宋忠惠鐵庵方公文集》卷5《辭免寶章閣直學士仍任申省狀》，第89冊第377頁。

〔註264〕《後村居士集》卷40《方閣學墓誌銘》，第79冊第778頁。

〔註265〕《宋忠惠鐵庵方公文集》卷5《舉知潮州劉克遜知循州趙彥珽知梅州楊應巳知肇慶府林士燮奏狀》，第89冊第380頁。

〔註266〕《宋忠惠鐵庵方公文集》卷10《通劍守傅寺丞啟》，第89冊第412、413頁。

〔註267〕《宋忠惠鐵庵方公文集》卷5《舉知河源縣夙子與狀》，第89冊第383頁。

〔註268〕《宋忠惠鐵庵方公文集》卷5《舉知潮州劉克遜知循州趙彥珽知梅州楊應巳知肇慶府林士燮奏狀》，第89冊第380頁。

〔註269〕以上見《宋忠惠鐵庵方公文集》卷2《直前劄子（端平三年十一月十一日）》，第89冊第356、357頁。

〔註270〕《宋寶章閣直學士忠惠鐵庵方公文集》卷3《西掖奏議‧繳奏御筆李子道鄧雲從應詔論事文理可採並特補將侍郎錄黃》，第89冊第362頁。

符而考覆軍實,則兵精而財有餘;以出戍之生劵而就募邊勇,則兵倍而財亦省。」〔註271〕端平二年（1235）,摧鋒軍亂,以致「叛兵之變自南而北,殆遍天下」。〔註272〕前事不忘,後事之師。方大琮到任後,增摧鋒軍、水軍軍資,「歲給增萬六千緡」〔註273〕。春衣錢。舊水軍出戍借一年糧,公命別給,免借剋。」為增強廣州城的威嚴和堅不可摧,他翻新了清海軍門樓,「授匠以式,築室廣十丈四尺,深四丈四尺,高二丈三尺,皆甃以石,覆以磚廬。其東西二間為雙門,而樓其上者七間,旁為兩翅。東通親效營,西為團結軍。前則頒春宣詔。二亭規模宏壯,巨麗為諸道冠。」並且,對城樓、櫓郡、苑囿、堂榭亦加增築,皆出新意,營繕和好如中州。所有工事都「費出於官,工募於市,而民不知役。」訖事,會木石磚瓦與工費糜錢二萬七千緡。還改西城西門、北門分別為和豐門、朝天門,子城西門為有年門。個中寓意,不言而明。

加強軍備之餘,方大琮力行簡儉節縮之策。寧宗嘉定九年（1216）,知州楊公長孺嘗謂州用歲闕數萬,理宗嘉熙四年（1240）,劉克莊攝帥時,曾言:「唐公璘每言郡計歲缺六萬,嘗攝事,稽其籍大約欠四萬。」方大琮「治其賦而垢玩淄蠹迎刃去,未嘗嚴趣苛斂。民信之,租不逋;商樂之,稅不慢。財用之充,政事之以自衣食其軍外,凡不急無益費,一切省。鳩所餘,就百役而又有餘。比及四年,得錢以緡計者三十萬,別藏之為甲、乙、丙庫,庫十萬。曰:『猝一方警遽甚,無他鏹可支,取諸此。』名曰『備安』,所以備非常,安遠氓也。聽民以物抵質,而微取其息,官民相資,生生無窮。」淳祐五年（1245）夏五晦（30日）,狂飇怒突,過夜潮不得退,復駕晝潮,沓之西北江,滔潦適暴至,瀕海室廬倏在四五尺湍浸中,凡八千餘家災。方大琮「巡拊賙賑,為錢緡若干」。臘初,大雪三日,積盈尺,銀城瑤林,群犬猖狷,炎方昔所未見瑞也。方大琮「充猶已寒之之心,城表寠民,與諸營健兒給有差,為錢緡若干」。皆庫所獲利,毫芒之積效亦速矣。〔註274〕

〔註271〕《宋忠惠鐵庵方公文集》卷2《直前劄子（端平三年十一月十一日）》,第89
　　　　冊第357頁。
〔註272〕《宋忠惠鐵庵方公文集》卷1《諫院奏議‧端平三年七月分第一劄》,第89
　　　　冊第341頁。
〔註273〕《宋忠惠鐵庵方公文集》卷21《與劉侍郎伯正書之二》、第89冊第578頁。
〔註274〕《文溪存稿》卷1《廣州新創備安庫記》,第20、21頁。

早在端平三年（1236），任右正言的時候，方大琮就力言綱常之重，曰「臣自立朝以來，每見群臣論議，始則言成敗，中則言安危。至於去歲夏五之後，景象頓異，則以存亡言矣。今也，亡之一字慣熟於上下之口，然徒知天下有將亡之形，不知古今有不可亡之理。理者何？綱常是也。綱常者，天地所以付宗子，祖宗所以遺後人，臣民所以戴君上，夷狄所以畏服中國者也。微失之則敗，重失之則危，終失之而不悔則亡。」並指出，「蜀口之敗雖轊也，而終蕩於潰兵之擾；襄州之失非轊也，而實壞於叛兵之變；州縣之兵，則蔑其守將；京畿之兵，則疾其長上。以至遐方赤子皆眲眲然有作慝之念，其為綱淪常斁，不既多乎！」〔註275〕故此，他在任內極其重視教化，「不鄙夷其人，以兼司倅，盡送三學」。增建講堂，旁建番山書院。淳祐四年（1244），他在州學建二獻祠，祀唐朝名相張九齡和端平名相崔與之。又化民易俗，修《南海志》十三卷，如李昴英所言：「廣素號富饒，年來浸不逮昔，而文風彪然日以張。雖蕉阜桃林之墟，蠣田蟹窟之嶼，皆渠渠齋廬，幣良師以玉其子弟，絃歌琤相聞，挾藝待試上都者，數甚嗇，每連聯登名與中州等。惜人士重於簦笈遠遊，所以發其身秖鄉舉一途，故仕進者鮮。雖然，中天地而立，為世所珍，必有卓然殊於流俗者，窮達不論也。匹夫、匹婦，以一行稱於鄉，皆可書。或高顯通貫，而泯淪無聞。幢節來南，前後凡幾？清名嫩政，照圖牒有幾人？使仕此而州志之，觀其孰無強為善之心哉？亦扶持世教一助也。」〔註276〕

在任南劍州州學教授時，方大琮曾得朱熹修訂的《州縣釋奠至聖文宣王儀》，據書所畫祭器圖，重新造製了州祭器，「如是而豆籩，如是而簠簋，為俎，為尊，為爵，為坫，為罍為洗，為鼎，為登，為盤勺巾篚，大略已具」。於仲春上丁日行釋奠禮，按書所載規範禮文，儀程。「行事禮文，前此循習有畔於書者，據於是正。」「敝者改，缺者補」。事後，對郡守言曰：「祭以教敬，器以藏禮，折旋進退之頃，名物度數之微，非直為是觀美也。目擊先王之器，神馳古人之境，由粗達精，自微觀妙，以此成德，以此通性命之理。」對於祭器保存和維護，方大琮亦表示了擔憂，「愛羊所以愛禮，自不愛者而言，則歲兩日用耳已，則又芻狗。然則洗濯之不精，出入之不時，有轉而不歸者，往尚可鑒。今幸漸備而製作之功，宜於久存，此固某所甚愛者。然去是矣，

〔註275〕《宋忠惠鐵庵方公文集》卷 1《諫院奏議・端平三年七月分第一箚》，第 89
　　　　冊第 341 頁。
〔註276〕《文溪存稿》卷 3《重修南海志序》，第 33、34 頁。

有職於學者宜相與愛之，俾勿壞，若夫增益之，則在後之人。」〔註277〕來廣之後，他按朱熹所定禮更造冕服，以及爵、俎、樽、罍、籩、豆、簠、簋等祭器。在南恩州訪得十座編鍾，又取石於英韶鑄足之。祭器、祭服、樂器逐一完備後，舉行古禮儀式，「行釋菜者十，鄉飲者三」。

除去除弊政、宣化承流外，方大琮還積極為朝廷薦舉人才外。知潮州劉克遜抵郡之初，鄰有嘯聚，直逼近境。劉克遜「申嚴保障，開諭禍福。不畏怯而弛備，不忿激而貪功。賊知難犯，逡巡退遁。又能蠲月解無名之賦，以寬縣計，復丁錢自輸之規，以惠戶長。」循陽如斗之州，前守竭澤，知循州趙彥珽「樽節冗費，而官用無乏；省除橫斂，而民瘼以紓；綏集保伍而境絕篁竹之虞；率屬官僚而吏知簡書之畏。庭無留訟，圄無宿囚。」「所謂寬和而能舉職者也。」梅州為程江僻陋之邦，素號狠頑之俗，繹騷末已，拊御良難。多春之間，鹽丁為暴。知梅州楊應已「厲兵屯而震以威，通鹺禁而開以信，寇不侵軼，民以安全」。知肇慶府林士燮，「剔蠹縮浮而帑庾自足，洗冤直枉而詞訴得平，戢奸禁暴而閭閻無警，曾未期月，百廢具舉」，是「所謂治辦而不病民者也」。其他如知博羅縣王旦、知河源縣夙子與都能「賦輸足乎上，撫字行乎下」，「設寨柵、結保伍、明賞罰」，足稱賢令。連州教授周梅叟任濂溪書院山長，不以高科自居，他訪得周敦頤「熙寧中行部過郡之大雲留題，既刻於岩，又取《太極圖通書大成集》刊於學宮」。「校士羊城，衡鑒尤精」。方大琮曾想在廣州建濂溪書院，準備和周梅叟商議，但未果。〔註278〕以上七人，方大琮都舉薦於朝，以應國家講求人才之道。

方大琮在廣五年，「晨出治事，午未小憩，復出夜漏，上數刻乃休，已病猶自力屬，纜語不及私」〔註279〕。他「講求民瘼，洗濯吏饕。兵於尺，籍以常，蒐財以寸累而僅足。諭歸峒客，期劍犢之習空；親蒞海祠，幸風魚之災息。」〔註280〕去任之時，自言「山海息驚擾之虞，田裏慶豐登之樂，上或可

〔註277〕《宋忠惠鐵庵方公文集》卷32《南劍州州學造祭器記》，第89冊第717、718頁。

〔註278〕《宋忠惠鐵庵方公文集》卷5《舉知潮州劉克遜知循州趙彥珽知梅州楊應已知肇慶府林士燮奏狀》、《舉知博羅縣王旦奏狀》、《舉連州教授周梅叟乞旌擢奏狀》、《舉知河源縣夙子與狀》、卷21《書·周連教梅叟》，第89冊第380、381、382、383、586、587頁。

〔註279〕《後村居士集》卷40《方閣學墓誌銘》，第79冊第778頁。

〔註280〕《宋忠惠鐵庵方公文集》卷7《謝寶制再任廣州升使表》，第89冊第386、387頁。

以逭朝廷之譴，下稍可以謝嶺嶠之民」。朝中亦對其政績讚賞有加，敕言「卿宅牧海南，五載淹久，颶風炎瘴，迥隔中州，乃能不彼夷其民，布宣中和，藹有善最，眷念忠盡，不忘於心。」〔註281〕侍右郎官李昴英曾奏言：「方大琮在南海，頗與士民相安，百廢具舉，而清苦自將，故能積羨錢近四十萬緡，治績為諸鎮之冠。其人又時望所歸者，宜召用之，以示激勸。」〔註282〕

　　淳祐六年（1246），方大琮進龍圖閣直學士後，上書辭免，並請致仕，「許畀二毛之餘景，獲遂歸休，別求一面之長才，早為鎮撫」。朝廷不允，又徙知隆興府。尚未赴任，七年（1247）五月庚申（8日），感微疾，乙丑（13日），終於州治。年六十五，積階至朝議大夫。有《鐵庵集》傳於世，載其奏議、書信、謝表、詩文之類。四庫館臣言「蓋亦謇諤敢言之士，故其奏疏多能疏通暢達，切中時弊，經義亦頗有可觀。雖文格稍涉平衍，而要非遊談無根也。」〔註283〕

　　方大琮之學出朱熹之門，劉克莊曾言「端平以後，言綱常者眾矣，公最切。」方大琮認為綱常淪落為國勢衰微之因，而救國之途則要朝廷上下正心誠意，他言：「先儒嘗謂夷狄為患由中國先無三綱，故臣以綱常為弭亂之本。又謂一念覺處便是天理，故臣以一念為綱常之本。然則宗社存亡之決、夷狄向背之機、天命人心去留之會，在陛下今日之一念。」「觀瞻嚬笑之間，理亂繫焉。天不可欺，人不可愚，則陛下之心其可不正乎？」「君不可欺，眾不可蓋，則大臣之心其可不公乎？」他直接指出當時朝政可疑慮之處：「三邊功賞有頻年未下者，而後宮新封數十之宣，雖不一夕取辦未遲也；五閫將佐猶有待激勸者，而腑肺近親雙節之命，雖不同日並拜未害也；襄蜀流移，糠粃不飫，而進勸，豈群貂之所宜爭媚哉？江北居民千里清野，而木妖豈內庭之所宜時有哉？」故此，皇帝挽救國勢的關鍵在於「敬仁勤儉之一念耳」。他殷殷期望「願陛下正心以修德，大臣同心以修政，二三執政盡心以修輔，轉亡為

〔註281〕以上見《宋忠惠鐵庵方公文集》卷 5《辭免差知隆興府奏狀（不允詔附）》，第 89 冊第 378 頁。

〔註282〕《文溪存稿》卷 7《淳祐丙午侍右郎官赴闕奏箚第二箚・李氏後人按語》，第 81 頁。

〔註283〕《四庫全書總目》卷 163《鐵庵集》：作三十七卷，浙江鮑士恭家藏本。第 1397 頁。《四庫全書・鐵庵集書前提要》作三十五卷，實存三十五卷。《宋集珍本叢刊》第 78、79 冊影印了清鈔本《宋寶章閣直學士忠惠鐵庵方公文集三十六卷》，《北京圖書館古籍珍本叢刊》第 89 冊影印了明正德刻本《宋忠惠鐵庵方公文集四十五卷》。

存。」對於自身修養的重視，並不意味著忽視躬行踐履。針對端平三年（1236）「自立春以來先雷而雪，星文失紀，迭奉諱惡。立秋之始大雹，暴風積潦逾月，畿甸最甚」的惡劣天氣，方大琮即認爲不能僅僅停留於心存敬畏，而指出「臣竊疑陛下知恐懼而未知所以修省也。蓋畏天之實不在中庭露禱而在於暗室；屋漏之頃，應天之實不在緇黃祈禱，而在於發政施令之際。蓋恐懼者其心，而修省者其事也。陛下誠能端居靖念，某事當戒，某事當舉，修飭省悟，揆之於心，當戒者不憚改，當舉者不憚行，則父母之變容動色者將悅豫之矣。否則蘊積之怒既泄，而無以爲解，則將棄絕之矣。」〔註284〕他在廣東的五年，腳踏實地，兢兢業業，其惠政爲廣人所銘記，建生祠以祀。李昂英祭言曰：「蓋海旍幢，前誰五期。精神筋力，畢竭於茲。器古樂成，幅巾深衣。鄉飲凡三，動中禮儀。齋廬閎閎，書閣巍巍。玉女青衿。賢哉帥師。牘累千言，判墨淋漓。兩造息爭，曉之片辭。雪軫爾寒，荒恤爾饑。手捫遐氓，父母其慈。崇堂大樹，闤闠東西。杖屨婆娑，民共敖嬉。突兀軍門，雄視南維。庫曰『備安』，貯繻不貲。爲此州千年計，而百廢必治。子產之仁，校人猶欺；孝肅之明，吏計得施。人知公心，如玉無疵。大書連篇，幾德政碑。萬人香火，在在生祠。蓋信之久、德之深，不待其去而後思。」〔註285〕

向子諲與方大琮二人，一個堅持民族氣節，立言恢復，不忘國恥；一個講綱常倫理，以爲救亡圖存之道。廣州爲官經歷，本可作爲向子諲起復的良機，但終因忠言讜論，爲時宰不喜，而再次去位。方大琮以中書舍人去國，由福州徙廣州，將自己的救國之途付諸軍政、民政、學政，於教化之事，尤爲眷顧，躬行實踐自己的綱常倫理之說。向、方二人雖處在不同時代，仕宦經歷不同，但其忠心愛國的精神是一致的。

四、不稱循吏的廣州知州：張田與周自強

（一）張田

張田，字公載，澶淵人。登進士第，知應天府司錄、通判廣信軍。夏竦、楊懷敏建策增七郡塘水，詔通判集議，張田曰：「此非禦敵策也，壞良田，浸冢墓，民被其患，不爲便。」因奏疏極論，謫監郢州稅。通判信安軍，著《邊

〔註284〕以上見《宋忠惠鐵庵方公文集》卷 1《端平三年七月第一箚、第二箚、八月份第一箚、九月分第一箚（貼黃）》，第 89 冊第 344、345、346、347、348、352、353、354 頁。

〔註285〕《文溪存稿》卷 12《祭廣帥右史方鐵庵大琮公文》，第 118 頁。

說七篇》，有詔獎諭。〔註286〕通判冀州。內侍張宗禮使經郡，酗酒自恣，守貳無敢白者，張田發其事，詔配西陵灑掃。三司使包拯薦張田攝度支判官，執政阻之，張田乃貽富弼書，數其過失五事曰：「公負天下重望數十年，今爲元宰，而舉措如此，甚可惜也。」拯由是得請。〔註287〕祫享太廟，張田又請自執政下差減賫費，諫官唐介劾其「資任至淺，幸得擢佐大計，內挾奸心，外誇敢言，陰附宗室、宦官，不敢裁減，而刻剝其餘，使國家虧恩傷體，乞加貶黜。」仁宗嘉祐四年（1059）九月甲午（2 日），出知蘄州。七年（1062）二月辛巳（3 日），提點湖南刑獄，諫官司馬光又上二狀，言其爲人「傾邪險薄」，「色厲內荏，毀譽出其愛憎，威福發於喜怒，陵其可陵，侮其可侮，眞小人之雄傑」。〔註288〕命不行，改知湖州，創軍資、甲仗庫，又重建都酒務，永寧駱駝儀鳳二（三）橋，開子城東西二衙門，公私爲便。立顏魯公祠，籍吳興登第者題名於學。代者徐仲謀作記云「予觀張君不在謝柳龔黃之下」〔註289〕。徙廬州，治有善迹。英宗治平二年（1065），知桂州、兼廣南西路經略安撫使。自儂智高叛亂後，朝廷不斷增加禁軍屯守廣南東西兩路，據文彥博統計，「景祐（1034～1038）中屯泊兩路就糧本城兵三萬四千餘人，治平三年（1066），兵共五萬一千餘人，比景祐年多一萬七千餘人」。並且，京師禁兵來戍，不習風土，「每至歲滿戍還瘴死者十有三四」〔註290〕。張田以兵法訓練峒丁，由此上奏罷戍。異時蠻使朝貢假道，與方伯抗禮，張田獨坐堂上，使引入拜於庭，而犒賄加腆。土豪劉紀、盧豹素爲邊患，訖張田去，不敢肆。宜州人魏利安負罪亡命西南龍蕃，從其使入貢，凡十反。至是龍以烈來，復從之。張田因其入謁，詰責之，梟其首，欲並斬以烈，叩頭流血請命。張田曰：「汝罪當死，然事幸在新天子即位赦前，汝自從朝廷乞恩。」乃密請貸其死。神宗熙寧元年（1068）四月二十三日，加直龍圖閣、知廣州、太常少卿兼市舶使。在任期間，繼續興建廣州外城，「始築東城，環七里，賦功五十萬，兩旬而成。」因新城地侵郡學，故準備「遷郡學於國慶寺東」。尙未動工，即聞新城東南微陷，前去查看時暴卒，年五十四。「女弟聘馬軍帥王凱，欲售珠犀於廣，顧曰：

〔註286〕（宋）張田編、包拯撰《包孝肅奏議集》卷 9《進張田邊說狀、附賜安信軍通判殿中丞張田敕》，中華書局 1963，第 115、116 頁。
〔註287〕《長編》卷 190 嘉祐四年九月甲午條，第 4592 頁。
〔註288〕（宋）司馬光《傳家集》卷 23《言張田狀、言張田第二狀》，第 365 冊第 562 頁。
〔註289〕（宋）談鑰《吳興志》卷 14《郡守題名》，第 5 冊第 4780 頁。
〔註290〕《文潞公文集》卷 18《奏減廣南東西路戍兵（熙寧元年）》，第 5 冊第 359 頁。

『南海富諸物,但身爲市舶使,不欲自污爾。』作欽賢堂,繪古昔清刺史像,日夕師拜之。」著有《廣西會要》二卷,「載二十九郡及羈縻化外諸蕃山川地理」。〔註291〕還有《幼幼方》一卷〔註292〕。

雖然張田在廣州頗著清名,蘇軾嘗讀其書,「以侔古廉吏」。黃庭堅觀其家書後,言「廣帥龍圖直閣張公公載威名盛於南海,父老追數比之古人。」「特以不貪而蠻獠信服,風行草偃耳。」〔註293〕但爲人「伉直自喜,好嫚罵,氣陵其下,故死無哀者。」〔註294〕張田爲包拯編了集子,見於《包孝肅奏議集》。

(二)周自強

周自強(1120~1181),字勉仲,衢州江山人。以伯父周離亨恩蔭補爲興國軍大冶縣主簿,靳州司法參軍,嚴州桐廬縣丞。舉進士不利,中刑法科,授江南東路提點刑獄司檢法官,大理評事,用薦者改右宣教郎、授淮南西路提刑司檢法官。再爲大理評事,遷本寺丞、正,擢刑部員外郎,升郎中。孝宗繼位,兼權大理少卿,除荊湖南路提點刑獄。孝宗乾道元年(1165)被召命,俄以郴陽盜發例降秩。明年(1166)復召用爲大理少卿,四年(1168),改領右治獄。除江南西路提點刑獄,加直秘閣。未幾又召爲少卿,同詳定重修敕令。除直敷文閣、福建路提舉常平茶事,改廣南西路提點刑獄〔註295〕。請均民戶身丁錢米之不實者,而正其籍。乞置惠民局於諸州,而州以常平錢五百緡給之市藥,俾同判或幕職專領,人賴以濟。論繫囚笞掠凍餒之罪,獄官以計分奏裁。仕嶺南之貧者物故,其妻女或不能自存,至誘賣爲婢妾。周自強奏立法禁,使得自陳,官爲賙恤嫁之。然遺孤有地遠不能歸者,則置庫號接濟,計口賑粟米,俾獲度嶺而北。先是取之公庫,又多所措畫,凡已俸之外,舊餽有不可受且不欲驪異於眾者,積而儲之,得錢八千緡,置田三十頃,以請於朝,刻石具記專爲此費而不取於他司,不得以他用,於是遂爲一道羈旅孤煢之利。九年(1173)召爲大理卿。淳熙改元(1174),權刑部侍郎兼詳定敕令,提領左藏庫。以獄議不合請祠,知寧國府未赴。淳熙二年(1175),知廣州充廣南東路經略安撫使,逾年,加集英殿修撰,拜敷文閣待制。七年(1180)

〔註291〕《玉海》卷15《地理書》,第287頁。
〔註292〕《宋史》卷207《藝文志》,第5319頁。
〔註293〕《山谷全書正集》卷25《跋張龍圖家問》,第25冊第533頁。
〔註294〕《宋史》卷333《張田傳》,第10707頁。
〔註295〕(宋)林光朝《艾軒先生文集》卷2《廣西憲到任謝表》,第44冊第338頁。

五月七日，以「久任間寄，備宣忠力」進龍圖閣待制再任〔註296〕，偃息六年。湖南東西盜相扇竊發，陳峒徂封川，瞰德肇二府，周自強激勵諸將，敗之於三江，又敗之於廬田。李接繼作，狂獗尤甚。遣摧鋒軍將張喜迎挫之於緣務，李接竄逸，而獲於鬱林。以知潮州朱朝宗捕盜功聞於朝。疏論補足摧鋒軍額。增募義兵四百駐於英連以制宜章盜賊。嚴水軍之律。罷八邑豫借之賦、輸米之暗增其耗者，務爲寬政，而用常有餘。雖監司亦疑而問其故，周自強笑曰：「是無他術，惟擇僚吏之賢，委而察之，使財賦不至欺隱，則用自足爾。」修治學宇，在府學後建番山亭。濬南濠，決渠流。兩兼市舶，視公帑如私藏，一毫無所妄費，持己嚴潔，清譽尤著。集本朝潘武惠、向文簡公而下八人祠之。〔註297〕大奚山海寇竊發，言者論之，第降一秩，恬不以辨。淳熙七年（1180）十二月，移知鎮江府〔註298〕，改建寧府。席不暇暖，方盡還軍食之負，而戢醨商之盜。八年（1181）十月四日卒於治寢，享年六十二。官至中大夫，職冠待制於龍圖閣，爵開國江山縣子，食邑五百戶，贈正議大夫。

　　周自強兩爲刑使之屬，再爲廷尉平，四爲寺長官，以至司寇貳卿之選。「其治獄，則先屏奸吏，躬聽斷，務得其情。編配入贓，償監係無已者，悉奏蠲之。及其議獄也，大理有阿楊殺小兒案，而公以爲可疑，不顧眾論，爭之，引向敏中、錢若水所讞獄疑二事，欲傅中孚之義，緩其死以俟小兒之獲否。蓋治心之厚如此。」歷任兩廣，皆發政施仁。任職廣州，能居中指揮，捕盜緝寇，「番山中居屹然數千里，倚以爲安」。不過，其爲人亦有可議之處，淳熙七年（1180），楊萬里任廣南東路常平使者，後言：「自淳熙戊戌（1178）以迄辛丑（1181），凡四年間，有以小司寇帥番禺者，既憸且忮，礪齒思噬，倚門人爲諫大夫，怙執旁行，聲氣出部刺史上，小迕厥指，輒以飛語聞。於是護漕、布憲、常平諸使者如葛世顯，如黃溥，如李綸，如趙公瀚，咸被噴言，繼繼坐黜。齰舌而斃，弗敢校也。帥既連得意，同時使者恕者靡，傳者嗽」。〔註299〕

　　張田急功近利，盛氣凌人。周自強連任廣州，政績良多，但又作風蠻橫。二人雖在廣州多所建設，一個暴卒，一個徙知後即卒，境遇都不佳。

〔註296〕《宋會要・職官》62之23，第3794頁。
〔註297〕《南澗甲乙稿》卷22《龍圖閣待制知建寧府周公墓誌銘》，《文津閣四庫全書》第389冊第446、447頁。
〔註298〕《楊萬里詩文集》卷17《詩・送廣帥秩滿之官丹陽》，第291頁。
〔註299〕《楊萬里詩文集》卷122《右司王僑卿墓表》，第1993頁。

　　通過廣州知州的個案分析，廣州作爲這些人仕途中的一環，地位重要。他們或是由此積聚聲名而至通顯；或是由此錦上添花，蜚聲海外；或是兢兢業業，爲當地百姓留下了諸多惠政。無論是身居高位，還是未曾顯達，廣州的爲官經歷都是施展他們政治抱負的平臺，爲宋代廣州的發展留下了自己的印迹。

第八章　宋代中央政策與
　　　　廣州地方的發展

第一節　中央政策對廣州知州的選任

　　廣州作爲嶺南巨屏，南方大藩，地方官員的人選一向是朝廷關注的重點。漢代交趾「以州邊遠。山粤不賓。宜加威重。故刺史輒假節。七郡皆加鼓吹。漢制。人君特寵。皆賜之封邑。」所謂「番禺出守重，漢殿拜恩初。華省郎官宿，名山太史書。剖符從瑣闥，持節上輶車。左顧金龜印，前驅畫隼旟」〔註1〕。三國時期，東吳初據嶺南，交州刺史「持節，郡給鼓吹，以重城鎮」〔註2〕。交、廣初分之時，謁者僕射薛綜上言：「交州雖名粗定，尚有高涼宿賊。其南海、蒼梧、鬱林、珠官四郡界未綏，依作寇盜，專爲亡叛逋逃之藪。若岱不復南，新刺史宜得精密，檢攝八郡，方略智計，能稍稍以漸能治高涼者，假其威寵，借之形勢，責其成效，庶幾可補復。如但中人，近守常法，無奇數異術者，則群惡日滋，久遠成害。」「牧伯之任，既宜清能，荒流之表，禍福尤甚。」〔註3〕西晉統一全國，武帝「置平越中郎將，居廣州，主護南越。」南朝時期，

〔註1〕　（宋）楊億著，徐德明等標點《武夷新集》卷3《詩·史館淩職方知廣州（曾任嶺南轉運）》，福州：福建人民出版社2007，第55頁。

〔註2〕　《晉書》卷15《地理志》載交州刺史尚「加以九錫六佾之舞」，第465頁；《三國志》卷4《高貴鄉公髦紀》甘露二年六月乙巳，詔：「吳使持節都督夏口諸軍事鎮軍將軍沙羨侯孫壹……爲侍中車騎將軍、假節、交州牧、吳侯、開府辟召儀同三司，依古侯伯八命之禮，袞冕赤舄，事從豐厚。」裴松之即言「至乃光錫八命，禮同臺鼎，不亦過乎！」。第140頁。

〔註3〕　（清）嚴可均輯、馬志偉審訂《全三國文》卷66《薛綜·上疏請選交州刺史》，北京：商務印書館1999，第665、666頁。

廣州以誘人的貿易利潤倍受朝廷關注。「南海郡常有高涼生口及海舶，每歲數至，外國賈人以通貨易。舊時州郡以半價就市，又買而即賣，其利數倍。」若廣州刺史選任得人，則歲時貢獻可爲國家財政的重要來源。梁大通（527～529）中，廣州刺史蕭勵征討俚人，平定暴亂。「纖豪不犯，歲十餘至」。歲中數獻，軍國所須，相繼不絕。武帝歎曰：「朝廷便是更有廣州。」入隋以來，嶺南以地方酋帥的歸附爲保證，「署其渠帥爲刺史、縣令」〔註 4〕。朝廷「妙簡清吏以鎮撫之」〔註 5〕。唐代廣州刺史「常節度五嶺諸軍，仍觀察其郡邑，於南方事無所不統。地大以遠，故常選用重人。」「若嶺南帥得其人，則一邊盡治，不相寇盜賊殺，無風魚之災、水旱癘毒之患。外國之貨日至，珠、香、象、犀、玳瑁奇物溢於中國，不可勝用，故選帥常重於他鎮。非有文武威風，知大體可畏信者，則不幸往往有事。」〔註 6〕

　　宋平廣州後，繼續保持廣州嶺南政治、軍事、經濟中心的地位，但於地方行政管理採取多頭管理方式，知州、通判、路分監司將行政、司法、軍事、財政等權利逐一分配，與唐朝「四府得師，連十州而控帶，一邊靜治，匝千里而迎承」的模式迥然不同。「雖云古制之異，今亦見馭輕而居重」。〔註 7〕「今之守是邦者，常節制一道，曰經略安撫使，兼治州焉，其馭事大，其統地侈，朝廷必擇望之爲之。位既高矣」〔註 8〕。「交廣之地，距京師幾萬里。其民俗與山獠雜居，固未嘗見天子旗旄之美，車輿之音，則其聲教之所偓薄，德澤之所漸漬。由上國而施四方，蓋亦有近者詳而遠者略矣。故朝廷常擇文武近臣爲之綏撫。」〔註 9〕「五羊之會府，統百粵之偏方。內撫列城，欲蠻陬之不擾。外通諸國，期海道之無虞。宜得長才，用綏遠服。」〔註 10〕「嶺嶠百粵之區，番禺一都之會，愼擇良守，欲安遠民。」〔註 11〕「番禺聯帥，蓋自古之雄藩；旄節宣風，實當今之重寄。」仁宗皇祐四年（1052）以後，廣州知

〔註 4〕　《隋書》卷 67《裴矩傳》，第 1577 頁。

〔註 5〕　《隋書》卷 55《侯莫陳穎傳》，第 1381 頁。

〔註 6〕　《韓愈全集校注》卷 31《南海神廟碑》，第 2408 頁；卷 21《送鄭尚書赴南海詩並序》，第 887 頁。

〔註 7〕　《斐然集》卷 8《代人賀方帥自桂移廣啓》，第 380 冊第 116、117 頁。

〔註 8〕　《（道光）廣東通志》卷 206《金石略・重修南海廟碑》，第 3714 頁；《廣東通志金石略》，第 181、182 頁。

〔註 9〕　（宋）鄭獬《鄖溪集》卷 4《知廣州制》，第 15 冊第 38 頁。

〔註 10〕　（宋）王炎《重刻雙溪類稾》卷 14《謝宰執啓（代）》，第 63 冊第 224 頁。

〔註 11〕　（宋）張嵲《紫微集》卷 11《王鐵辭免廣東經略不允詔》，《文津閣四庫全書》第 378 冊第 144 頁。

州兼廣南東路經略安撫使，總一路軍權之重，地位上昇。有宋一代，對廣州知州的選任頗爲愼重，或「持重」、或「廉潔」、或「吏幹」、或「威嚴」、「或文武兼具、識大體」，根據朝廷的政策，當時的州情，進行相應的選擇。

　　宋太祖、太宗朝時期，這是廣州從平定至鞏固時期。太祖開寶四年（971），廣州平，爲鞏固這一南部邊陲，太祖、太宗都接連下令廢除當地弊政，減輕百姓負擔。開寶四年（971）二月辛卯（25 日），赦廣南管內州縣常赦所不原者。僞署官並仍舊。無名賦斂，咸蠲除之。除開寶三年（970）以前逋租。亡命山林者釋罪招誘。吏民僧道被驅率者，官給牒聽自便。民饑者發廩賑之。諸軍俘獲，悉還其主。縱遣劉鋹父祖守墳宮人。俊士奇才，所在詢訪。修辭挺節，恥仕僞邦者，長吏以名聞。祠宇邱壟，悉加營護。三月庚子（5 日），禁嶺南民買良人黥面爲奴婢庸雇取直。丁巳（22 日），詔嶺南諸州長吏察僞政有害於民者以聞，當悉除去。四月己巳（4 日），詔嶺南商稅及鹽法並依荊湖例，酒麴仍勿禁。五月丙申（2 日），詔廣南諸州受民租皆用省鬥。八月甲申（21 日），詔廣南道僞漢諸宮庫務所有課役戶，並還本屬州縣，仍給復二年。嶺南民有逋賦者，縣吏或爲代輸，或于謙倂之家假貸，則皆納其妻女以爲質。開寶五年（972）三月甲申（25 日），詔所在嚴禁之。四月丙午（17日），禁嶺南諸州略賣生口。廣南諸州民輸稅米，劉鋹時每石白配百六十錢，開寶六年（973）五月丙辰（3 日），詔但取其十。開寶七年（974）四月丙午（28 日），太祖遣使檢嶺南民田〔註 12〕。太宗淳化元年（990）二月丁未（1日），除嶺南諸州漁禁〔註 13〕。基於朝廷恢復生產，穩定秩序的政策出發，廣州知州以持重、文武兼備、識大體、有干濟才爲選。「使節番禺重，中朝社稷臣。」〔註 14〕「念五羊之會府，統百粵之偏方，內撫列城，欲蠻陬之不擾；外通諸國，期海道之無虞，宜得長才用綏遠服」。〔註 15〕「南海之地，控制蠻獠，風俗輕悍，易動難安，祖宗以來擇帥尤重，必有綏懷之德，濟以肅服之威，使之統臨，乃能鎮靜」。「國家愼重長人，愛綏遠俗，因推不次之命，以付非常之賢。」〔註 16〕「番禺爲一都會，象犀珠香之湊，見者惑之，

〔註 12〕《宋史》卷 3《太祖本紀三》，第 41 頁。
〔註 13〕《宋史》卷 5《太宗本紀二》，第 85 頁。
〔註 14〕（清）吳之振等選、補《宋詩鈔·周必大·省齋集鈔》之《次韻芮漕國憶去年上元二首》，北京：中華書局 1986，第 1618 頁。
〔註 15〕《重刻雙溪類稿》卷 14《謝宰執啓代》，第 63 冊第 224 頁。
〔註 16〕《祠部集》卷 17《代賀廣州王少卿狀》，第 364 冊第 583 頁。

貪泉之詩所爲作也。遐萌隔於朝廷，連率係其休戚，必得文武威風知大體者，乃稱其選。」〔註 17〕「嶺海去京師萬里之遠，民弱而陋，吏貪而愚，法令詔條，所存無幾。非廉平強濟者，孰能稱吾臨遣之意哉？」〔註 18〕「深識大體不至傷惠而傷廉」。〔註 19〕「祝融之奧區，奠天子之南服。內制五嶺，外控諸蠻，蜑俗群居，雖樂衣冠之化，鯨波萬里，迭興蛇豕之妖。故得人則盡治一邊，而選帥則常重他鎮。正直樂易，必求如孔右丞（孔戣）之才，文武威風，或兼取鄭尙書（鄭從讜）之望」。〔註 20〕首任知州潘美是屢立戰功的元勳宿將，「素厚太祖，信任於得位之初，遂受征討之託」。同知尹崇珂，「斤斤謹厚，臨淄攻守之績，嶺嶠廓清之勞，至於瘁事。」〔註 21〕而且，此二人都是太祖姻親，潘美子惟熙娶秦王女，尹崇珂妹爲太宗妻。這樣的人事安排足見太祖對廣州的重視。太宗任用「才智過人、有撫字之長、已著廉名」的向敏中以及「明幹知兵，平蜀鉅賊，振聲鄰敵，肇敏戎公」的雷有終，都是一時之選。

眞宗朝至仁宗皇祐四年（1052），這是宋代廣州初步發展時期。眞宗一度採取措施推動廣南的發展。太宗端拱（984〜987）初，詔嶺南諸州長吏，勸民益種諸谷。眞宗景德三年（1006）二月丙子（3 日），詔少卿監、刺史、合門使已上知州者，併兼管內勸農使。大中祥符四年（1011）七月壬申（1 日），下令除閩、浙、荊湖、廣南歲丁錢四十五萬。〔註 22〕天禧（1017〜1021）末，鬻茶錢增四十五萬餘貫。「天下茶皆禁，唯川峽、廣南聽民自買賣，禁其出境。」〔註 23〕對於廣州的市舶貿易，朝廷一貫實行扶持政策。如泉州、廣西、雷州、化州進行海外貿易的船隻都要到廣州請引。此外，針對廣南惡劣的瘴氣，爲體恤百姓及戍廣士兵，景德三年（1007）七月壬子（12 日），賜廣南聖惠方，歲給錢五萬市藥療病者。仁宗景祐三年（1036）二月甲子（15 日），以廣南兵民苦瘴毒，爲置醫藥。慶曆六年（1046）四月甲寅（4 日），「蠻猺未平，兵久

〔註 17〕 《盤洲文集》卷 23《陳輝知廣州制》，第 45 冊第 189 頁。
〔註 18〕 （宋）汪藻《浮溪集》卷 8《都官員外郎尹忠臣廣南東路轉運判官制》，《文津閣四庫全書》第 377 冊第 25 頁。
〔註 19〕 （宋）曾豐《緣督集》卷 11《迎廣東運使坦大夫啓》，《文津閣四庫全書》第 386 冊第 351 頁。
〔註 20〕 （宋）楊冠卿《客亭類稿》卷 5《代賀廣東經略程直閣啓》，第 389 冊第 375 頁。
〔註 21〕 《宋史》卷 259《尹崇珂傳·撰者論》，第 9010 頁。
〔註 22〕 《宋史》卷 8《眞宗本紀》，第 149 頁。
〔註 23〕 《宋史》卷 183《食貨志·茶》，第 4478 頁。

留戍，南方夏秋之交，常苦瘴霧，其令醫官院定方和藥，遣使給之。」在中央一系列發展政策的推動下，廣州知州以能吏、循吏、廉吏爲選。如眞宗景德四年（1007）十月丁未（14日），以工部郎中、直史館馬亮爲右諫議大夫、知廣州。當時宜州陳進叛亂剛剛平息，上問以桂、廣之政，亮曰：「高謹微、高紳皆循謹，非嶺守之才，宜審擇其人，如張詠、劉綜可也。」上曰：「詠有疾，不可遠適。綜在並門，寄任已重。」初，欲命楊覃知廣州，上察亮願行，乃謂宰相曰：「亮之幹敏，不下覃也。」故授之。亮由兵部員外郎改官才數日，擢升諫垣，以重其命。〔註24〕仁宗天聖三年（1025）廣州闕守，上謂輔臣曰：「此邦控制海外諸國，寶貨所聚，前爲守者，多不能稱職，今宜遴擇其人。」王欽若曰：「禮部郎中、直史館陳從易素有清節，先朝累經任使，臣等以爲從易可。」從易時在荊南。二月乙卯（2日），徙從易知廣州，加太常少卿、直昭文館。〔註25〕慶曆七年（1047）七月辛丑（28日），新淮南江浙荊湖制置發運使、刑部郎中、直龍圖閣王居白爲天章閣待制、知廣州。初，命司農少卿辛若渝代魏瓘，加若渝右諫議大夫，御史何郯等言，若渝雖號清謹，然年已七十，才力非長，不宜使知廣州。遂改命居白。〔註26〕這一時期，出現了頗有聲譽的廣州知州，他們關心民間疾苦，減輕民瘼，疏濬濠渠，開通道路，發展貿易，如邵曄、陳世卿被稱爲「邵父、陳母」，馬亮離任時，「五年（羊）之民闔境遺愛，繪公之像，共致生祠」。

　　仁宗皇祐四年（1052）五月，廣源州蠻儂智高圍廣州，知州仲簡嬰城自守，廣州外城劫掠一空。慘痛的事實使得朝臣對廣南官吏人選產生了懷疑，如蘇洵所言：「智高亂廣南，乘勝取九城如反掌。國家設城池，養士卒，蓄器械，儲米粟以爲戰守備；而凶豎一起，若涉無人之地者，吏不肖也。」他還指責說：「國家分十八路，河朔、陝右、廣南、川峽實爲要區。河朔、陝右，二虜之防，而中國之所恃以安。廣南、川峽，貨財之源，而河朔、陝右之所恃以全。其勢之輕重如何哉？曩者北胡深入，西寇悖叛，河朔、陝右尤所加恤，一郡守、一縣令，未嘗不擇。至於廣南、川峽則例以爲遠官，審官差除，取具臨時，竄讁量移，往往而至。凡朝廷稍所優異者，不復官之廣南、川峽，而其人亦以廣南、川峽之官爲失職庸人，無所歸，故

〔註24〕　《長編》卷67，第1498頁。
〔註25〕　《長編》卷103，第2375、2376頁。
〔註26〕　《長編》卷161，第3883頁。

常聚於此。」〔註27〕皇祐四年（1052）六月己丑（16 日），詔知廣州、桂州自今並帶經略安撫使，「所以重帥權而服羌夷也」〔註28〕。這樣，就更加強調廣州知州文武兼備、識大體、正直、清廉的特點。「踰甌閩而南爲番禺郡，自李唐以來，若東西州，萃崑崙西海之寶財，喧北戶南冥之歌舞，過城門已有數萬，飲貪泉遂懷千金，彼四賢之清政無瑕，雖萬代而高風可激。矧蜒戶賈商之雜處，與洞丁蠻落之難馴，惟有其文武威風可以爲蕃宣屏翰。」〔註29〕「嶺海之陬去朝廷遠矣，夫欲究王澤於下，達民情於上，非吾制閫之臣何望焉？然其帥節所臨於南方，事無所不統，地大體重。必求如昔之人，所謂正直方嚴，中心樂易，祗愼所職者爲之，庶幾乎神人之致喜也。」〔註30〕。「自廣以東，凡十四郡，悉隸帥垣，事權至重，欲稱維藩之任，必資已試之才」。〔註31〕「念南服甚遠於朝廷，故連率每艱其印綬，倘風移俗易，令孚黃木之灣，則海宿山行，害去綠林之盜。」〔註32〕仲簡任職不稱後，初以工部郎中王逵爲太常少卿、直昭文館，代仲簡。而言者以今嶺外方用兵，逵非撫御才，罷之。六月丙戌（13 日），朝廷追論前知州魏瓘有築城功，以知越州、給事中魏瓘爲工部侍郎、集賢院學士、知廣州。又給禁卒五千使往，且聽以便宜從事。神宗熙寧八年（1075）十一月，交趾入寇，接連陷欽州、廉州，圍邕州。十二月丁未（20 日），神宗即表示對廣州局勢的擔憂，「交趾攻陷欽州未即退，恐須沿海東窺廣州，不可不思審處置。」當時廣帥本命集賢殿修撰知潭州蘇採，後「以交趾入寇，嶺外騷然，疑採不能辦」，十二月庚戌（23 日），以祠部員外郎、史館修撰劉瑾知廣州。元豐七年（1084）六月辛未（3 日），朝議大夫、知荊南孫頎直龍圖閣、知廣州。初，除朝奉大夫、鴻臚少卿陳睦爲寶文閣待制，知廣州，給事中韓忠彥言：「睦性行貪狠，才識昏短，偶緣泛海之勞，僥倖至此，擢置侍從，實玷清班。」詔罷睦以命頎。〔註33〕哲宗元祐八年（1093）二月辛亥（4 日），左朝奉郎、直龍圖閣、知荊南府唐義問爲集賢

〔註27〕 （宋）《蘇洵集》卷 12《衡論·重遠》，《三蘇全書》第 6 冊第 156、157 頁。
〔註28〕 （元）富大用編《古今事文類聚外集》卷 7《經略使》，第 308 冊第 548 頁。
〔註29〕 《五百家播芳大全文粹》卷 17《張寵休·賀虞侍郎帥廣啓》，第 452 冊第 136頁。
〔註30〕 （宋）周麟之《海陵集》卷 16《蘇簡除直秘閣知廣州制》，第 381 冊第 607頁。
〔註31〕 《東澗集》卷 5《趙師楷直寶章閣廣東經略安撫制》，第 73 冊第 198 頁。
〔註32〕 《盤洲文集》卷 22《張運知廣州制》，第 45 冊第 181 頁。
〔註33〕 《長編》卷 346，第 8305 頁。

殿修撰、知廣州。中書舍人孔武仲即以唐義問「天資狷薄、不惜事體、躁擾」不可使任，並言：「廣州嶺外之重鎮，節制南方，控遏中外。府庫之藏，市里之聚，其富不貲。一方有事，則蠻夷肆力甘心於此，前日儂智高是也。擇將命守，所宜謹重。」「朝廷慮四邊之患，非不至也。今嶺外雖無事，然豺狼之心不可知。當國家閒暇之際，所倚以爲干城腹心者，惟在將帥得人而已。委任失宜，至於誤事，雖重貶之，亦何所救？如義問之輕肆淺近，誠不可任。伏望別擇沉深有謀之臣，付以一面，以銷未然之患，慰遠人之心。」〔註34〕

　　南宋以來，政事播遷，北部江山淪於敵手。湖南、江西、廣西等處兵匪、茶寇、峒寇不斷入侵廣東，又有海寇遊走於閩、粵之域，大奚山海寇爲亂高、孝、光三朝。在內憂外患的情況下，廣州知州的人選更爲重要。「番禺聯帥，蓋自古之雄藩，旌節宣風，實當今之重寄」〔註35〕。高宗紹興二年（1132），廣州知州林遹緝寇不力，改用向子諲帥廣，李綱言：「伏蒙垂諭，以向子諲代林遹帥廣。子諲作帥，雖未可責備，然賢於遹遠矣。廣西更望留念擇人。今帥府號爲東南全盛者，獨桂廣及福唐耳。方全盛時，輕於畀付；及殘壞後，方欲料理，其難易豈止百倍哉！」〔註36〕向子諲、季陵、連南夫等廣州知州文武兼備，平定了動亂，穩定了秩序。孝宗淳熙三年（1176）九月癸亥（21日），侍讀周必大進讀《三朝寶訓》。他講到眞宗皇帝嘗擇廣南轉運使，因謂左右曰：「交廣之民去朝廷遠，當選操心平允能安遠人者任之。自今凡命遠官，尤須謹擇。」孝宗曰：「於所不聞知處，尤當留意」。〔註37〕寧宗慶元三年（1197），大奚山島民爲亂，朝廷任用治軍有法的錢之望平定動亂，若非得人，則廣州幾危。理宗端平二年（1235），摧鋒軍兵亂，起用七十七歲的治蜀名臣崔與之挽救局勢。

　　朝廷仰給於東南的現實讓統治者對廣州這一遠小路分重視起來，「兩澣省箚自郵筒至，蓋五旬乃達嶺南，去天未爲甚遠」〔註38〕，孝宗、光宗即將廣州視爲畿甸之所。高宗言及「（廣州）市舶之法頗足國用」。正因爲對廣南經濟的倚仗，百姓受到的盤剝更爲深刻。如身丁錢本是南漢政權按照人丁徵收錢糧布帛的一項賦稅。宋初沿襲，「然計口算緡。尚存於僞制。」

〔註34〕《長編》卷481，第11437頁。
〔註35〕（宋）王庭珪《盧溪先生文集》卷39《賀廣東向經略啓》，第34冊第687頁。
〔註36〕《李綱全集》卷118《與秦相公第九書別副》，第1128頁。
〔註37〕《宋史全文》卷26上《孝宗五》，第1795、1796頁。
〔註38〕《宋忠惠鐵庵方公文集》卷17《書‧鄭金部逢辰之四》，第89冊第527頁。

〔註39〕太宗雍熙元年（984），令江、浙、荊湖、廣南民輸丁錢，以二十成丁，六十入老，並身有疾廢者免之。眞宗大中祥符四年（1011）七月壬申（1 日），宋政府下令除閩、浙、荊湖、廣南歲丁錢四十五萬。而米輸如故。丁錢其後亦復。仁宗嘉祐四年（1059）十月癸酉（12 日），「廣南東、西路自祥符中降御箚免身丁錢，至今尚有送納未了處，亦仰轉運司具未放因依以聞。」〔註40〕光宗紹熙元年（1190）六月丙申（13 日），以上供等錢償廣州放免身丁錢數。〔註41〕理宗淳祐十二年（1252），廣東轉運使吳泳奏寬民五事，其一即談到身丁錢，他說「民戶丁錢諸路並已蠲免，獨本路尙爾拘催。然本路所以斷不可以蠲免者，緣本司只藉此以植立，若免丁錢則司存可廢，綱解可罷也。今廣東民貧，豐年尙有不足，何況年來積歉？鶉衣鵠形，救死不贍，官司又從而拘其身丁，眞可憐也。又兼死亡逃移，戶口日耗，縣胥作弊，或當銷而不銷，或當納而不納，詞訟日多，戶長代輸，破家蕩產，本司雖明知其爲民害，奈何別無財計，捨此則無以自立綱解、軍食，捨此則無所從出。每思所以變通之而不得其說。且如梅州一郡，客丁租例納米，本州軍糧全仰此米，欲罷免梅州之丁，則本州無米可納，無以給軍食，梅州之不可無丁米，亦猶本司之不可無丁錢也。其間有可講明者，惟有申嚴州縣，不得於正錢之外，過取糜費，聽民自納，不許攬戶代納，多取利息。當銷者銷，不許妄催貽害。戶長明賜行下，使州縣知所遵守。倘蒙聖慈，酌量事體，或於本司綱解略與蠲減，卻與量減丁錢，少寬民力，如此施行，庶幾細民均拜一分之實惠。」〔註42〕劉克莊亦言丁錢自「每丁十文，繼而加倍至十倍、百倍，米亦如之。遠民以有身爲患，有子爲累，竄於蠻徭，逸爲盜賤，實官吏驅之。」〔註43〕盜賊的竊發，大軍供贍仰給州縣，地方負擔沉重，百姓生活愈難保障，官吏的貪贓枉法更如雪上加霜。寧宗嘉定八年（1215）、十三年（1220）、十五年（1222），廣州知州洪伋、留恭、留筠都以財政問題放罷。理宗嘉熙四年（1240），劉克莊任職廣南東路時，屢言「維粵之南，去天尤遠，民生今日，凋弊可哀。」「戍久而士不飽，糴多而民艱食」。「今軍無宿儲，民苦貴糴，脫有敗缺」。「東南

〔註39〕《宋大詔令集》卷186《除兩浙福建湖廣身丁錢詔（大中祥符四年七月壬申）》，第 678 頁。
〔註40〕《長編》卷 190，第 4595 頁。
〔註41〕《宋史》卷 36《光宗本紀》，第 698 頁。
〔註42〕（宋）吳泳《鶴林集》卷 22《奏寬民五事狀》，第 74 冊第 489、490 頁。
〔註43〕《後村先生大全集》卷 143《寶學顏（頤仲）尚書神道碑》，第 82 冊第 446 頁。

之勢，久矣乖張，中上之家，今皆瓶罄芹味，若可羹而爲獻，葵根恐因刈而愈傷」〔註 44〕。淳祐六年（1246），李昴英言：「惟桀賊頻嘯，重屯婁贅，多乎戰，勞乎戍，人人得累資級，給倍無藝，竭其有共億而州驟貧。餘三十年所目擊，公私氣象，由豐美入狹嗇，歲甚一歲也。江湖瑤峒錯落，巢險苞蘗，出草無時，裹鹽嘯群千百，所過尋釁起剽敓，艑寇駛風濤出沒，飄忽難孰何。」〔註 45〕淳祐十二年（1252），據吳泳所言，本司應辦諸州府摧鋒軍分屯兵馬券食衣襖等錢共計一十四萬六千八百餘貫，鹽舶司、提舉司兩司應辦僅有八萬八千七百餘貫，未及三分之二。本司應辦湖廣總領所荊南出戍軍兵錢，目今一年，尚合解總領所見錢二十七萬四千三百四十五貫，省紐買銀七萬六百七十四兩有零，團綱起發則又有火耗秤折之類，與夫搬運水腳部綱，官吏往來路費，特支諸項，數目浩瀚，無從那補。」「總所銀本太輕，買銀不登，盡一歲銀場之入，不足以補歲額四分之一」。「銀價日增，陪貼日甚，若以省價論之，每兩銀更合貼錢四百五十陌，一年綱解共計銀七萬六百七十四兩零，合貼銀頭錢三萬一千八百單三貫三陌，展計四萬四百七十六貫九百二十七文」。「廣民之有所不堪久矣。」送舊迎新一司支遣、陪貼總領所荊南銀綱買銀錢、起解總領所銀綱搬運水腳部綱官吏路費等三項計八萬餘貫別無科名。「況鹽舶、提舉司及諸郡積欠不解，日見凋弊，官民俱貧」。〔註 46〕劉克莊言：「今百端之供億，殆徧國中；餘一發之本根，獨推嶺外。方且羅舟之發銜尾，麤鈔之取及膚，空熙豐以來之儲，增紹淳未有之額。」〔註 47〕宋廷也曾採取措施減輕廣東負擔，如寧宗開禧元年（1205）六月戊子（2 日），罷廣東八十一壚稅場。度宗咸淳八年（1272）六月辛亥（25 日），罷廣東運司銀場。〔註 48〕在人事安排上，除選擇文武兼備的知州鎮撫廣州外，能寬民力、施仁政、有清名、識大體的官員亦謂得人。如陳橐、楊長孺、陳峴、方大琮等人都是這樣的典型。紹興二十一年（1151）正月乙未（23 日），高宗言：「廣東帥臣及諸路提舉市舶官皆當愼擇，苟非其人則措置失宜，海商往往不至。」〔註 49〕

〔註44〕　《後村居士集》卷 36《祝文・謁南海廣利王廟、除漕謁學、聖妃廟》、卷 42《廣東除運判謝到任表》，第 79 冊第 735、736、792 頁。

〔註45〕　《文溪存稿》卷 1《廣州新創備安庫記》，第 21 頁。

〔註46〕　《鶴林集》卷 22《奏寬民五事狀》，第 74 冊第 487、488 頁。

〔註47〕　《後村居士集》卷 42《廣東提舉謝到任表》，第 79 冊第 792 頁。

〔註48〕　以上見《宋史全文》卷 29 下《宋寧宗二》，第 2050 頁；《宋史》卷 46《度宗本紀》，第 910 頁。

〔註49〕　《要錄》卷 162，第 3 冊第 261 頁。

隆興元年（1163）十二月庚辰（24 日），孝宗曰：「廣帥尚未除人」。宰臣湯思退等奏：「二廣去朝廷遠，犀象珠珍所出，帥守須以廉吏爲先。」〔註 50〕乾道六年（1170）七月丙戌（8 日），詔川廣監司、郡守任滿奏事訖方調。〔註 51〕正如方大琮所言：「廣無巨寇，其黠者多自外至。選帥必有文武威風識大體者爲之，繇唐以來遂爲定論。然元次山在舂陵謝表亦曰『今之爲刺史者必有武略以制暴，有文才以救疲，能清廉以率下則一州不亂。』然則豈獨治廣爲然？其言文武則同，而大體之意宏，清廉之用切，某竊亦有志焉。」〔註 52〕廣州知州除能吏、廉吏外，要切忌任用昏庸無能者。淳熙（宋孝宗年號，1174～1189）間，吳儆論及二廣官吏，他說：「廣南西路二十五州，其間官吏固多，食貧累眾，難待遠缺；或武臣援寡，難入內地；或資格所拘，苟就遠小，皆非其心之所樂爲，往往多貪墨苟且而無功名自喜之心，是以所至州縣，財賦不給，獄訟不平，盜賊公行，奸贓多有，其所以爲陛下任萬里耳目之寄，覺察此曹使之不敢爲非者，惟帥臣監司。容有資賦柔懦不能舉職，務爲寬厚不敢按劾，甚者至有貪婪暴戾身爲不法而與州縣爲市。雖時有強健疾惡之人，欲振其職者，又多躁急輕發不能審察事理之輕重。謂如州縣間事或爲士民所訴，或爲過客所訐，其間不能無撰造增加，往往聽之不審，便興大獄，或送鄰州或送遠郡，牽連枝蔓動數百人，反覆窮究，有至數年而不決者，一夫就逮，一家失所，或死道路，或死笞棰，或死飢餓，或死瘴疫，大獄一竟死者實多，以至推鞫官吏亦多不免，原其所自，只因州縣官吏身爲不法，而使遠方困窮無辜之人被害，至此豈不大可哀憫。」雖然他只是列舉了廣西吏治流弊，但估計廣東情況恐也相差無幾，故他呈請「聖慈特降指揮，應今後除授二廣帥臣監司，必遴選有風力知大體者，然後付之以萬里耳目所寄。」〔註 53〕

從總體上看，正是因爲宋代廣州知州選任得體，廣州才能獲得長足發展。東、西、中、雁翅城蔚爲壯觀，堅不可摧；經濟蓬勃發展，南宋有「二廣爲天子南庫」〔註 54〕之語；學風翕然大變，「番禺文物於今盛，閩浙彬彬未足誇。

〔註 50〕《宋史全文》卷 24 上《宋孝宗一》，第 1645、1646 頁。

〔註 51〕《宋史》卷 34《孝宗本紀》，第 649 頁。

〔註 52〕《宋忠惠鐵庵方公文集》17《書鄭金部逢辰之四》，第 89 冊第 528 頁。

〔註 53〕（宋）吳儆《竹洲文集》卷 1《論二廣官吏》，第 46 冊第 512、513 頁。

〔註 54〕（宋）祝穆撰、祝洙增訂，施和金點校《方輿勝覽》卷 38《廣西路·靜江府》，中華書局 2003，第 684 頁。

丞相宅曾住南郭，鼎魁坊止在東家。」〔註 55〕「君不見端平崔相國，竹杖角巾老辭蜀。清名高節耀千古，寒菊孤香出林谷。又不見咸淳張狀元，落落大對三千言。流離抱忠葬魚腹，要使名字傳遺編。即今聲教震南朔，此州文獻端磊落。荔枝一色紅雲蒸，菖蒲九節清溪明。當年中州人物論風度，曲江之公唐帝顧。吳儂傖父互譏評，坐使官曹異銓注。吾聞八桂山峰如玉簪，衣冠之氣連青雲。穿龜負碑百神拱，色羊跨乘群仙尊。翩翩陳子天都客，萬舞充庭考金石。笑觀滄海陋浮漚，鵬飛暫作天池息」。〔註 56〕元人亦言：「丞相菊坡由上庠取科第，廣之士自是而相勵以學；菊坡自出仕至帥蜀以歸，一琴一鶴，如趙清獻。廣之士自是而愈知有廉恥；菊坡登揆席，宋天子遣使即家徵之，以老辭，廣之士自是而愈知有名節。象犀珠玉之廣，轉而為詩書禮樂之廣。」〔註 57〕

第二節　宋代廣州知州的施政風格

　　知州作為地方父母官，代表皇帝發政施仁，宣化承流，如果任以德才兼備之人，則一方治矣。嶺南作為中央王朝的南部邊陲，以山地、濱海、丘陵等地形組成，氣候炎熱潮濕，原始森林、植被密佈。適合發展農業、漁業、林業。當地土人風俗「質直尚信。椎髻箕踞。胡賈雜居。俗雜五方。喜則人，怒則獸」〔註 58〕。自秦以來，統治者都秉承「合輯百越」的方針，以安靜綏撫為主。漢武帝統一南越王國後，「以其故俗治，毋賦稅。南陽、漢中以往郡，各以地比給初郡，吏卒奉食幣物，傳車馬被具。」〔註 59〕縣官羈縻，示令威服。「田戶之租賦，裁取供辦，貴致遠珍名珠、香藥、象牙、犀角、玳瑁、珊瑚、琉璃、鸚鵡、翡翠、孔雀、奇物，充備寶玩，不必仰其賦入，以益中國也。」〔註 60〕唐代廣州都督府「隸府之州，離府遠者，至三千里，懸隔山海，使必數月而後能至。蠻夷悍輕易怨以變，其南州皆岸大海，多洲島，颶風一

〔註 55〕　《後村居士集》卷 12《詩·廣州勸駕一首（庚子權郡）》，第 79 冊第 523 頁。

〔註 56〕　（元）袁桷《清容居士集》卷 7《古詩·送廬陵陳存道赴廣州教授》，《四部叢刊初編》本。

〔註 57〕　（元）王義山《稼村類稿》卷 5《送張士隆赴廣州教授序》，第 398 冊第 478 頁。

〔註 58〕　《方輿勝覽》卷 34《廣東路·廣州》，第 604 頁。

〔註 59〕　《史記》卷 30《平準書》，第 1440 頁。

〔註 60〕　《三國志》卷 53《薛綜傳》，第 1252 頁。

日踔數千里，漫瀾不見蹤迹。控御失所，依險阻，結黨仇，機毒矢以待將吏。撞搪呼號，以相和應，蜂屯蟻雜，不可爬梳。好則人，怒則獸。故常薄其徵入，簡節而疏目，時有所遺漏，不究切之」〔註 61〕。入宋以來，朝廷對廣州既有防範、又有倚仗，通過政策上的大力扶持和人事上的精心安排達到治理目的。「羊城之劇鎮，處鯨海之上游，蠻蛋雜居，常起鬥爭之事，魚鹽逐利，易興掠奪之謀，多有重辜，號爲難治。」〔註 62〕「番禺之都會，據服領之要津，外連百蠻，內統諸郡。雖久安於無事，當預戒於不虞。至於訓齊師旅之方，和輯邊陲之策，屬亟趨於道路，阻親稟於訓詞。」〔註 63〕廣東經略「內臨鎮於百粵，外羈屬於群蠻。帕首袴靴，爭望塵於道左，卉裳魋結，皆聽命於幕中。必且並行恩威，明示條教，吏有貪泉之恥，物無厲氣之虞。雜五方之民，顧藏於市；重九譯之國，來獻其琛。有以致朝廷之尊，然後居公卿之位。」〔註 64〕「五嶺之南，其極西徼，其旁大海，木深山峭，內有溪洞，外有交趾，皮厚肉堅，鐵爲骨髓，雉兔伏藏，猱猿突起，動如飄風，猛如湍水，獨恩不畏，獨威不懷，擾之則去，撫之則來，恩之與威，不可去一，寬猛交濟，不可無術，坐當一面，則有帥臣，按刑將漕，要皆得人。」廣州知州代表宋廷根據具體的州情聯合運用寬、猛之術，使得廣州得到了長足發展。

首先，廣州作爲邊陲重地、海外貿易中心、蕃獠雜居之處，朝廷總體的政策以綏撫爲主。採取因地制宜的治理方式，推進民族融合事業，穩定邊陲，是統治者控馭廣州的出發點之一。「嶺海去國萬里，民生甚艱。蠻蜑之與居，瘴癘之是虞。爾其仁以撫之，明以察之，毋使寇攘奸宄，相煽以變，然後草雉禽獮以彰吾好生之德。」〔註 65〕「廣鎮宅牧南郊，內柔戎服之小侯，外輯卉裳之諸國，俗龐以獷，吏雜而饕，蕃宣不可以非人，選擇常重於他鎮，」〔註 66〕。中央對廣州官吏無不希望其「內肅清所部，外鎮撫諸蠻，使山行海宿不擇所而安，公藏私蓄不勞力而裕，既有得於邊陲之效」。〔註 67〕「由來百粵地，曾督九年儲。卉服要荒外，棠陰惠愛餘。齎裝天子賜，封部島夷居。

〔註 61〕《韓愈全集校注》之《送鄭尚書赴南海詩並序》，第 886 頁。
〔註 62〕《盤洲文集》卷 69《廣州獄空青詞》，第 45 冊第 453 頁。
〔註 63〕（宋）孔文仲、孔武仲、孔平仲著、孫永選校點《清江三孔集》之《孔平仲集・代廣州謝上表》，濟南：齊魯書社 2002，第 504。
〔註 64〕《文定集》卷 17《賀廣東經略方敷文》，《文津閣四庫全書》第 380 冊 572 頁。
〔註 65〕《盧陵周益國文忠公集》卷 95《李如岡轉一官制》，第 52 冊第 42 頁。
〔註 66〕《漁墅類稿》卷 1《廣東經略謝表》，第 78 冊第 55 頁。
〔註 67〕（宋）周麟之《海陵集》卷 16《蘇簡除直秘閣知廣州》，第 381 冊第 607 頁。

羽檄招溪洞，壺漿慰里閭。國風今已變，民瘼到應除。」〔註68〕「擬議廣帥，它無老成，十四州安得以自伸？二千石又從而相屈？堅持一靜，坐鎮百浮。但凝清香而飲醇酐，不治而治，余尚何求，元功之功，自可不朽」。〔註69〕「二廣之區，五羊最大，藥洲蒲澗，民有嬉遨之風，龍戶馬人，政以撫柔爲上。」〔註70〕眞宗景德三年（1006），交趾內亂，廣州知州淩策建議發兵平亂，「止發本道屯兵，益以荆湖勁卒三二千人，水陸齊進，立可平定。」〔註71〕眞宗以綏撫爲略，徙淩策知青州，差「謹謹」的高紳知廣州。大中祥符（1008～1016）間，陳世卿所任「內治何爲？與人休息。外治何爲？賓柔荒國。」〔註72〕故博得了「陳母」的美名。天禧元年（1017）四月辛卯（23 日），眞宗謂宰臣曰：「如聞知廣州李應機爲政峻急，先任廣南轉運使，嘗言廣州民無丁稅米，建議科納，尋詔本路詳度，累議皆難其事。今應機領郡，因欲遂其前議。遠方之民，務在綏輯，驟增賦調，亦恐非便，可罷之。」〔註73〕乾道四年（1168）二月，孝宗詔湖南北、四川、二廣州軍應有溪峒處，務先恩信綏懷，毋馳防閑，毋襲科擾，毋貪功而啓釁。〔註74〕寧宗嘉定（1208～1224）間，劉強學任廣南東路轉運判官，懷集縣地與島蠻接，帥府督賦急，他移文責誚，「俾體各縣本意，毋釀怨生事」〔註75〕。若在廣州動亂之後，則更要實行寬厚之術。仁宗皇祐四年（1052），儂智高之亂後，魏瓘知廣州加食邑，《制》即言「維番禺之會，民物歉困時，則須寬厚之術」。〔註76〕高宗紹興三十一年（1161），雷州軍賊淩鐵在化州作亂，東南第十二將高居弁會五州巡尉官兵與戰，淩鐵敗死。十一月丁亥（19 日），廣西帥臣李如岡移知廣州，「既底嚴誅，是頒信賞」，李如岡轉一官，《制》言：「嶺海去國萬里，民生甚艱，蠻蜑之與居，瘴癘之是虞。爾其仁以撫之，明以察之，毋使寇攘奸宄，相煽以變，然後草薙

〔註68〕 《武夷新集》卷 3《詩·史館淩職方知廣州》，第 55 頁。

〔註69〕 《緣督集》卷 11《赴廣倅上潘直閣啓》，第 386 冊第 350 頁。

〔註70〕 《盤洲文集》卷 22《張運知廣州制》，第 45 冊第 181 頁。

〔註71〕 《長編》卷 63 景德三年六月辛卯條，第 1407 頁。

〔註72〕 （宋）曾鞏撰，陳杏珍、晁繼周點校《曾鞏集》卷 47《秘書少監贈吏部尚書陳公神道碑銘》，北京：中華書局 1984，第 644 頁。

〔註73〕 《長編》卷 89，第 2057 頁。

〔註74〕 《宋史》卷 494《西南溪峒諸蠻傳下》，第 14191 頁。

〔註75〕 《西山先生眞文忠公文集》卷 46《湖南運判劉公墓誌銘》，第 76 冊第 510、511 頁。

〔註76〕 （宋）王珪《華陽集》卷 26《工部侍郎余靖魏瓘加食邑制》，《文津閣四庫全書》第 365 冊第 350 頁。

禽獺,以彰吾好生之德」。〔註77〕

　　其次,發奸摘伏、威懾嶺嶠需用猛術。廣州去京師遠,吏胥多用本地人,「五嶺之南,去朝廷遠甚,官多假版,吏緣爲奸」〔註78〕。「嶺外郡縣之眾不減中州,然而風土卑惡,士大夫視官府猶傳舍。然吏以去朝廷且遠,並緣爲奸,相煽成俗。」〔註79〕他們與地方勢力盤根錯節,易挾勢弄權。眞宗天禧五年(1021),侍御史燕肅言:「嶺南最處遐遠,攝官校吏多務阿私,命官輩順之以情則息奸,糾之以法則聚怨。其無良者,或遭刑責,或違請求,伺其得替,將到闕庭,因犯微釁,興起訟詞。官司不詳事理大小,即行追對,往來萬里煙瘴之鄉,或懼迢遞,便即款伏,以此負譴,亦可憫傷。又有懼致此患,務於因循者。望行條約。」〔註80〕仁宗嘉祐七年(1062),蔡抗爲廣東轉運使,「嶺外州縣多攝官,廣東凡數百員,悉自部司注補,大吏操事爲奸利。」〔註81〕「番禺號爲劇邑,於東南實係名藩。自皇祐以來隸籍凡三萬戶。由肅政而後,蒞官者歷二十人。星行已及於一周,雷震不聞於百里,吏懷狙狡而頑悍滋甚,民雜蠻蜑而馴治癒難,必須藉我公明斷之能,然後革累年積習之弊。」〔註82〕高宗紹興三年(1133)九月十七日,廣南東路宣諭明橐言:「二廣去朝廷遠,官吏奸贓狼籍,見今合勘者,廣西運判王據、南恩州司戶莫憲章、縣令陳子鎮、桂陽縣令馬緎、廣州通判禧,皆已積年,未曾結絕。」孝宗隆興二年(1164)二月初一日,中書門下省言,訪聞廣州縣鞫獄,推吏受贓,往往指教罪人翻異,移司別勘,累歲不決,使干連無辜之人枉被刑禁,間有死亡。〔註83〕乾道(1165～1173)間,「番禺令近在帥守諸司治所,肆意爲奸,無按舉者。」〔註84〕周必大亦言:「番禺去朝廷數千里,

〔註77〕　《廬陵周益國文忠公集》卷95《李如岡轉一官制》,第52冊第42頁。

〔註78〕　(宋)李正民《大隱集》卷3《蘇恪廣東轉運使制》,第36冊第106頁。

〔註79〕　(宋)張擴《東窗集》卷8《林勳除廣南東路轉運判官制》,第377冊第277頁。

〔註80〕　《長編》卷97天禧五年六月癸丑條,第2248頁。

〔註81〕　(宋)張方平撰、鄭涵點校《張方平集·樂全集》卷40《南陽縣開國男食邑三百戶賜紫金魚袋贈尚書禮部侍郎蔡公墓誌銘並序》,鄭州:中州古籍出版社1992,第734頁。

〔註82〕　(宋)魏齊賢、葉棻同輯《五百家播芳大全文粹》卷24《林豈塵·賀李宰啓》,第452冊第163、164頁。

〔註83〕　以上見《宋會要·刑法》3之74、84,第6614、6619頁。

〔註84〕　《朱子全書·晦庵先生朱文公文集》卷93《轉運判官黃公(洧)墓碣銘》,第4281頁。

文法素闊略」〔註85〕。朝廷則諄諄告誡廣東官員「毋以接荒徼而怠拊循，毋以遠廷朝而略法度。」〔註86〕。這種流弊必須用雷霆手段才能予以克制。宋慈在任廣南提刑時，「南吏多不奉法，有留獄數年未詳覆者，公下條約，立期程閱，八月決闢囚二百餘」〔註87〕。如方大琮所言：「嶺俗，民之爲生稍易於閩。胥隸卒悍，經訟則破，仕者入南以黷爲常，必大吏以身率之，俾無可議。其黷者飭之不悛則去之，遨而悍者時禁戢之，痛獮之，而後窮閻之生可保。」而緝寇捕盜，更需要「猛術」相濟，「廣東環十有三郡，負山並海，而綠林之聚北，與章貢相呼吸；四民之集東，與閩甌相控。引風帆浪，舶出沒乎汪洋浩渺之間者，其程次邅邇，又孰得而計之？而眞奸大偸與健家豪舉，屛匿其間，莫不陰交狷吏，相爲囊橐。」「番禺之城，實參夷夏之俗。並海，故輕於爲盜穿墉者，鮮克畏刑。」〔註88〕「海外舶舸歲至，犀珠、瑇瑁、諸香奇物，官取十一。城中濠與海通，惡少年暮夜乘潮汐苞藏奇貨、重物，不肯輸官。」〔註89〕「此邦岸大海，扁舟出沒，易於反掌，習俗相煽，輕死抵法，化之弗銷，而刑之弗懲也。」〔註90〕「然則牧伯於是者，蓋不宜師曹參之治齊，願直法子產之治鄭，然後得寬猛之分，無廢馳之失也。」〔註91〕孝宗乾道五年（1169）十二月十日，知廣州吳南老言：「廣右封疆闊遠，連接江西福建湖南諸路，多有無賴惡少結爲黨與，私藏器及詐爲商旅，盡入二廣豪右之家，窩藏資給，使之恣行劫殺，或捕盜官有直奸貪克剝之人，反受賊賂，容其出沒。欲望特降指揮應廣南兵官巡尉有御下有方、善於擒捕者，許經略司保明敷奏，憂加褒擢，或庸懦老病奸贓非法者亦令案劾聞奏。重寘典憲，庶幾一路官吏職在捕盜者有所懲勸。」〔註92〕從之。

　　第三，寬、猛相濟是治術良策。寧宗嘉泰元年（1201），胡紘帥廣，傳其《答州縣官啓》二首。其一云：「蒙恩分閫，入境問民，皆言法令頓寬，遂致傳聞不雅。欲銷此謗，豈屬他人。官廉則蚌蛤自回，虎在則藜藋不採。」其

〔註85〕　《廬陵周益國文忠公集》卷196《箚子‧湖南潘帥（時）（淳熙十二年）》，第53冊第96頁。
〔註86〕　《筠溪集》卷4《趙子岩廣東運判》，第377冊第679頁。
〔註87〕　《後村先生大全集》卷159《宋經略墓誌銘》，第82冊第598頁。
〔註88〕　《盤洲文集》卷69《廣州移右獄青詞》，第45冊第454頁。
〔註89〕　《端明集》卷40《光祿卿致仕張公（扆之）墓誌銘》，第364冊第521頁。
〔註90〕　《盤洲文集》卷71《禱南海神廟文》，第45冊第467頁。
〔註91〕　《斐然集》卷17《代人上廣帥書》，第380冊第163頁。
〔註92〕　《宋會要‧兵》13之27，第6981頁。

一云：「茲分帥閫，特辱長箋。固知能作於文章，然亦須閑於法令。人言度嶺，多酌貪泉。久知此謗之未除，願與諸君而一洗。」〔註93〕可見，一味施行「寬術」會使吏治敗壞，亦不能只行「猛術」，寬、猛相濟才是廣州治政的理想狀態。慶曆四年（1044），仁宗在《制》中言及：「廣東、西之路，於東南尤為遠者，而吏多不良。吾之疲民，既有賦斂之勞，而今又罹盜賊之患。」〔註94〕故此，要如唐代孔戢刑德並流，「緩急之施，無不顯仁藏用。善良者如蔭乎慈母，俊傑者如懼乎嚴師。譬夫庖丁之技未經肯綮而發硎之刃，恢恢乎其有餘地矣。」才是「一方之幸，何其盛哉！」〔註95〕洪適亦詠曰：「粵俗苟且，吏具無綱。訓狙警鼯，束馬彎繮。奉牘序進，流汗怖惶。遐萌蜑戶，狃習獷強。繩以周索，燭察隱藏。滅心累化，善者相慶。夙寇多漿，出洲入洋。草薙禽獮，商有肖航。官府丕變，中原之鄉。豆區釜鍾，一其概量。緇黃宣淫，仳偶歸良。冥漠旅骸，相從高岡。盲風怪雨，昔害今祥。卓然治行，趠趫龔黃。」〔註96〕如漢代龔遂、黃霸這樣的循吏是宋代廣州知州傚仿的榜樣。哲宗元祐二年（1087），蔣之奇平定岑探之亂，修繕州學，建十賢堂，友人即贊言：「公曰使者，實典兵刑，增置強弩，多募土兵，宜濬其隍，宜堅其城；公曰弓手，宜如舊制，加之訓練，可使精銳，可代城郭，為民捍蔽；公曰民命，懸在獄官，不可不慎，不可不寬，寬於善良，勿失有罪，惡人如虎，養之成害；公曰生民，不可無教，教民之官，縣令最要，今則不然，困於簿領，甚者可除，煩者可省，仍復鄉官，則無所病。」〔註97〕孝宗淳熙十二年（1185），湖南提刑潘畤知廣州，樞密使周必大即言：「嶺表得吳隱之、孔君嚴（戢），遠民有所恃，而憂顧可以坐寬，非獨為執事賀也。」〔註98〕潘畤在任，緝捕梁氏四彪，嚴肅水軍軍紀，曾自言：「吾之為治，主於寬而不使有寬名，輔以嚴而不使有嚴迹。」「欲寬民力先恤州縣，州縣足則科斂自息，而田瑞安矣」。朱熹

〔註93〕　（宋）趙與時撰、傅成校點《賓退錄》卷7，《宋元筆記小說大觀》本，第4208頁。

〔註94〕　《歐陽修全集》81《京西轉運按察使虞部員外郎杜杞可刑部員外郎直集賢院充廣西轉運使制》，第1180頁。

〔註95〕　《斐然集》卷17《代人上廣帥書》，第380冊第163頁。

〔註96〕　《盤洲文集》卷72《祭王侍郎文》，第45冊第472頁。

〔註97〕　《節孝先生文集》卷4《送蔣憲穎叔並序》，《宋集珍本叢刊》第15冊第573頁。

〔註98〕　《廬陵周益國文忠公集》卷196《箚子·湖南潘帥（畤）（淳熙十二年）》，第53冊第96頁。

即言其「寬猛適宜、大小中度者無出其右。」〔註99〕光宗紹熙四年（1193），
趙彥操知廣州，周必大亦言：「南方巨鎮，綏撫何勞？姑煩宋景之清重，布君
嚴之治。」〔註100〕趙彥操「撫蠻徼以不驚，惠賈胡而無擾」，以職事修舉除煥
章閣待制。〔註101〕

　　正如宋人所詠：「南州最盛肩京都，昔人欲語停杯餘。地靈孕秀多異產，
鼊皮蚺膽如蟲蛆。舊聞民俗蠻頑甚，蜂屯蟻雜難爬梳。聖朝神化與換骨，詎
事草薙髡根株。」〔註102〕宋代廣州城市初具規模，貿易蓬勃發展，文教日興，
驗證了廣州知州的施政成效。

〔註99〕　《朱子全書‧晦庵先生朱文公文集》卷 94《直顯謨閣潘公墓誌銘》，第 4320
　　　　頁。

〔註100〕　《盧陵周益國文忠公集》卷 27《回廣州趙侍郎（彥操）啓》，第 51 冊第 340
　　　　頁。

〔註101〕　《攻媿集》卷 38《集英殿修撰知紹興府趙不流知廣州趙彥操職事修舉並除煥
　　　　章閣待制》，《文津閣四庫全書》第 385 冊第 310 頁。

〔註102〕　（宋）范溶《范香溪先生文集》卷 8《詩‧送兄茂瞻機宜之官廣東（時年十
　　　　七）》，《宋集珍本叢刊》第 42 冊第 420 頁。

結　語

　　宋代廣州是古代中國海外交通的重要港口，海上絲綢之路的起點，在廣
州城市發展史、嶺南經濟文化發展史都是重要的一環。作爲宋代嶺南的政治
中心和經濟中心，國家海外貿易中心，國家既要在廣州綏撫蠻夷，保證南部
邊疆的穩定；又要招徠遠人，保證市舶收入。廣州知州的選任反映了朝廷對
廣州既有扶持又有約束的要求。有宋一代 320 年，朝廷重視廣州知州的選任，
在州治初建時期，選擇威嚴持重的名將宿吏；創業時期，選擇腳踏實地的實
幹家；叛亂非常時期，選擇文武雙全的能吏清官。宋代歷任廣州知州 160 人，
權知廣州 9 人，他們緝寇安民、修築城池、勸課農桑、減輕賦稅、興學重教，
爲廣州的發展和穩定作出了歷史貢獻，值得後人銘記在心。從群體類型來看，
他們可分爲循良奉職，精明幹練，賢德、文武兼備、識大體，清正廉潔，貪
墨，殘酷，昏庸無能，急功近名、貪圖權勢等八個類別。宋代廣州知州群體
既具備宋代知州的一般性，又帶有地方職官的特殊性。這一職官群體籍貫多
爲南方地區，年齡老成，進士出身比例近 3/4，任期短暫，多爲一年半或兩年。
以遷轉資序、方向而言，由他州知州選調是主要方式，廣南路、福建路、江
南西路、荊湖南路的遷轉體現了就近原則。北宋時期，具備轉運使資序出任
廣州知州約占可考人數的 2/3，這一特點反映了經濟管理能力是廣州知州選任
的重要資質，也是管理廣州海外貿易的需要。就整體仕途而言，宋代廣州知
州位至宰相、尚書、侍郎等高級官員者近 40%。任職期間，宋代廣州知州受
到獎勵的官員少於受到懲治的官員。貪污納賄、失職是懲治的主要原因。

　　由於流傳至今的宋代嶺南史料的稀少，筆者雖然盡力搜集，竭力網羅，
但仍感史料不足，難以完整地對宋代廣州知州群體加以考察，詳者亦不足，

更遑論略者，只能說是吉光片羽而已。但就是這吉光片羽，已在很大程度上反映出宋代廣州從「蠻夷」走向「神州」的過程，反映出廣州乃至嶺南的巨大變化與發展，為我們留下了珍貴的記憶。

引用文獻

一、古籍書目

1. 《逸周書彙校集注》，黃懷信等集注，上海：上海古籍出版社 2007 年。
2. 《尚書譯注》，李民、王健譯注，上海：上海古籍出版社 2004 年。
3. 《左傳譯注》，李夢生譯注，上海：上海古籍出版社 2004 年。
4. 《國語譯注》，薛安勤、王連生注譯，長春：吉林文史出版社 1991 年。
5. （漢）鄭玄注、（唐）孔穎達等正義、黃侃經文句讀《禮記正義》，上海：上海古籍出版社 1990 年。
6. 《淮南子集釋》，何寧集釋，北京：中華書局 1998 年。
7. （西漢）司馬遷《史記》，北京：中華書局 1982 年點校本。
8. （東漢）班固撰、（唐）顏師古注《漢書》，北京：中華書局 1962 年點校本。
9. （東漢）劉珍等撰、吳樹平校注《東觀漢記校注》，北京：中華書局 2008 年。
10. （東漢）荀悅撰《漢紀》，收入張烈點校《兩漢紀》，中華書局 2002 年。
11. （晉）袁宏撰、周天遊校注《後漢紀校注》，天津：天津古籍出版社 1987 年。
12. （南朝宋）范曄撰、（唐）李賢等注《後漢書》，北京：中華書局 1982 年點校本。
13. （清）嚴可均輯、馬志偉審訂《全三國文》，北京：商務印書館 1999 年。
14. （晉）陳壽撰、（南朝宋）裴松之注《三國志》，北京：中國書局 1959 年點校本。
15. （南朝齊）臧榮緒等撰、（清）湯球輯、嚴茜子點校《九家舊晉書輯本》，濟南：齊魯書社 2000 年《二十五別史》本。

16. （清）嚴可均輯、何宛屏等審訂《全晉文》，北京：商務印書館 1999 年。

17. （唐）房玄齡等《晉書》，北京：中華書局 1959 年點校本。

18. （南朝梁）沈約《宋書》，北京：中華書局 1974 年點校本。

19. （南朝梁）蕭子顯《南齊書》，北京：中華書局 1972 年點校本。

20. （唐）姚思廉《梁書》，北京：中華書局 1973 年點校本。

21. （唐）姚思廉《陳書》，北京：中華書局 1974 年點校本。

22. （唐）令狐德棻等撰《周書》，北京：中華書局 1971 年點校本。

23. （北齊）魏收《魏書》，北京：中華書局 1974 年點校本。

24. （唐）魏徵等《隋書》，北京：中華書局 1973 年點校本。

25. （唐）李延壽《南史》，北京：中華書局 1975 年點校本。

26. （北魏）酈道元注，民國楊守敬、熊會貞疏，段熙仲點校、陳橋驛復校《水經注疏》，南京：江蘇古籍出版社 1999 年。

27. （晉）張華撰、范甯校證《博物志校證》，北京：中華書局 1980 年。

28. （唐）李林甫等撰、陳仲夫點校《唐六典》，北京：中華書局 1992 年。

29. （宋）王溥《唐會要》，北京：中華書局影印本 1955 年。

30. （唐）杜佑《通典》，北京：中華書局影印本 1984 年。

31. （唐）李吉甫撰、賀次君點校《元和郡縣圖志》，北京：中華書局 2005 年。

32. （唐）歐陽詢撰、汪紹楹校《藝文類聚》，上海：上海古籍出版社 1965 年。

33. （唐）釋道宣《續高僧傳》，臺北：文殊出版社 1988 年。

34. （唐）李肇《唐國史補》，上海：上海古籍出版社 1957 年點校本。

35. （唐）張九齡撰、熊飛校注《張九齡集校注》，北京：中華書局 2008 年。

36. （唐）韓愈撰，屈守元、常思春主編《韓愈全集校注》，成都：四川大學出版社 1996 年。

37. （唐）柳宗元《柳宗元集》，北京：中華書局 1979 年點校本。

38. （唐）徐堅等撰《初學記》，收入董治安主編《唐代四大類書》（第 3 冊），北京：清華大學出版社 2003 年。

39. （清）董誥等編纂、孫映逵等點校《全唐文》，太原：山西教育出版社 2002 年。

40. （後晉）劉昫等撰《舊唐書》，北京：中華書局 1975 年點校本。

41. （宋）歐陽修《新唐書》，北京：中華書局 1975 年點校本。

42. （宋）薛居正《舊五代史》，北京：中華書局 1976 年點校本。

43. （宋）歐陽修撰、徐無黨注《新五代史》，北京：中華書局 1974 年點校本。

44. （清）吳任臣撰、徐敏霞校點《十國春秋》，《五代史料彙編》本，杭州：杭州出版社 2004 年。

45. （宋）司馬光編著、（元）胡三省音注《資治通鑒》，北京：中華書局 1956 年點校本。

46. （元）脫脫等撰《宋史》，北京：中華書局 1985 年點校本。

47. 《太宗皇帝實錄》，《四部叢刊三編》本。

48. （宋）李燾《續資治通鑒長編》（簡稱《長編》），北京：中華書局 2004 年點校本。

49. （宋）李心傳《建炎以來繫年要錄》（簡稱《要錄》），上海：上海古籍出版社 2008 年影印本。

50. （元）佚名撰、李之亮校點《宋史全文》，哈爾濱：黑龍江人民出版社 2005 年。

51. 不著撰人《宋季三朝政要》，臺北：文海出版社《宋史資料萃編第三輯》1981 年影印本。

52. （宋）王稱《東都事略》，臺北：文海出版社《宋史資料萃編第一輯》1979 年影印本。

53. （宋）曾鞏《隆平集》，臺北：文海出版社《宋史資料萃編第一輯》1967 年影印本。

54. 不著撰人《兩朝綱目備要》，臺北：文海出版社《宋史資料萃編第一輯》1967 年影印本。

55. （宋）劉時舉《續宋編年資治通鑒》，影印《文津閣四庫全書》本。

56. （宋）黃震《古今紀要》，影印《文津閣四庫全書》本。

57. （宋）王栐撰、誠剛點校《燕翼詒謀錄》，北京：中華書局 1981 年。

58. （宋）杜大珪《名臣碑傳琬琰集》，臺北：文海出版社《宋史資料萃編第二輯》1969 年影印本。

59. 不著撰人《京口耆舊傳》，影印《文津閣四庫全書》本。

60. （宋）袁韶《錢塘先賢傳贊》，影印《文津閣四庫全書》本。

61. （宋）朱熹纂集《宋名臣言行錄前集》、《宋名臣言行錄五集》，臺北：文海出版社《宋史資料萃編第一輯》1967 年影印本。

62. （宋）王宗稷編、吳洪澤校點《東坡先生年譜》，《宋人年譜叢刊》第 4 冊，成都：四川大學出版社 2003 年。

63. （清）徐松輯《宋會要輯稿》（簡稱《宋會要》），北京：中華書局 2006 年影印本。

64. （宋）不著編纂人《宋大詔令集》，北京：中華書局 1962 年影印本。

65. （宋）謝深甫《慶元條法事類》，上海：上海古籍出版社 2002 年《續修四庫全書》本，第 861 冊。

66. （宋）李攸《宋朝事實》，北京：中華書局 1955 年排印本。

67. （宋）許月卿《百官箴》，鄭州：中州古籍出版社《政書集成》第四輯 1996 年影印本。

68. （宋）李心傳撰、徐規點校《建炎以來朝野雜記》，北京：中華書局 2000 年。

69. （宋）樂史撰、王文楚等點校《太平寰宇記》，北京：中華書局 2007 年。

70. （宋）王存撰，王文楚、魏嵩山點校《元豐九域志》，中華書局 1985 年。

71. （宋）王象之撰、李勇先校點《輿地紀勝》，成都：四川大學出版社 2005 年。

72. （宋）祝穆撰、祝洙增訂，施和金點校《方輿勝覽》，北京：中華書局 2003 年。

73. （宋）歐陽忞撰，李勇先、王小紅校注《輿地廣記》，成都：四川大學出版社 2003 年。

74. （宋）周去非撰、楊武泉校注《嶺外代答校注》，北京：中華書局 1999 年。

75. （宋）胡榘修，方萬里、羅濬纂《寶慶四明志》，北京：中華書局 1990 年《宋元方志叢刊》影印本。

76. （宋）趙不悔修、羅願纂《新安志》，北京：中華書局 1990 年《宋元方志叢刊》影印本。

77. （宋）范成大纂修、汪泰亨等增訂《吳郡志》，北京：中華書局 1990 年《宋元方志叢刊》影印本。

78. （宋）張淏纂修《寶慶會稽續志》，北京：中華書局 1990 年《宋元方志叢刊》影印本。

79. （宋）梁克家纂修《淳熙三山志》，北京：中華書局 1990 年《宋元方志叢刊》影印本。

80. （宋）馬光祖修、周應合纂《景定建康志》，北京：中華書局 1990 年《宋元方志叢刊》影印本。

81. （宋）談鑰纂修《嘉泰吳興志》，北京：中華書局 1990 年《宋元方志叢刊》影印本。

82. （宋）沈作賓修、施宿等纂《嘉泰會稽志》，北京：中華書局 1990 年《宋元方志叢刊》影印本。

83. （宋）史能之纂修《咸淳毗陵志》，北京：中華書局 1990 年《宋元方志叢刊》影印本。

84. （宋）施諤纂修《淳祐臨安志》，北京：中華書局 1990 年《宋元方志叢刊》本。

85. （宋）錢可則修，鄭瑤、方仁榮纂《景定嚴州續志》，北京：中華書局 1990 年《宋元方志叢刊》影印本。

86. （宋）孔延之編、鄒志方點校《會稽掇英總集點校》，北京：人民出版社 2006 年。

87. （宋）陳騤、佚名撰，張富祥點校《南宋館閣錄續錄》，北京：中華書局 1998 年點校本。

88. （宋）晁公武撰、孫猛校證《郡齋讀書志校證》，上海：上海古籍出版社 1990 年。

89. （宋）陳振孫《直齋書錄解題》，上海：上海古籍出版社 1987 年。

90. （宋）張鎡《仕學規範》，鄭州：中州古籍出版社 1996 年《政書集成》影印本。

91. （宋）江少虞《宋朝事實類苑》，上海：上海古籍出版社 1981 年點校本。

92. （宋）趙升編、王瑞來點校《朝野類要》，北京：中華書局 2007 年。

93. （宋）王欽若等編纂、周勳初等校訂《冊府元龜》，南京：鳳凰出版社 2006 年。

94. （宋）李昉等撰《太平御覽》，北京：中華書局 1960 年影印本。

95. （宋）王應麟《玉海》，揚州：廣陵書社 2003 年影印本。

96. （宋）潘自牧《記纂淵海》，影印《文津閣四庫全書》本。

97. （宋）高承《事物紀原》，影印《文津閣四庫全書》本。

98. （宋）謝維新《古今合璧事類備要後集》，影印《文津閣四庫全書》本。

99. （宋）章如愚《群書考索後集》，影印《文津閣四庫全書》本。

100. （宋）葉廷珪撰、李之亮校點《海錄碎事》，北京：中華書局 2002 年。

101. （宋）贊寧撰、范祥雍點校《宋高僧傳》，北京：中華書局 1987 年。

102. （宋）黃震《黃氏日抄》，影印《文津閣四庫全書》本。

103. （宋）王袞《博濟方》，影印《文津閣四庫全書》本。

104. （宋）方信儒《南海百詠》，北京：線裝書局 2004 年《宋集珍本叢刊》影印本。

105. （宋）文瑩撰，鄭世剛、楊立揚點校《玉壺清話》，北京：中華書局 1984 年。

106. （宋）司馬光撰，鄧廣銘、張希清點校《涑水記聞》，北京：中華書局 1989 年。

107. （宋）朱弁撰、孔凡禮點校《曲洧舊聞》，北京：中華書局 2002 年。

108.（宋）朱彧撰、李偉國點校《萍洲可談》，上海：上海古籍出版社 1989 年。

109.（宋）周密撰、張茂鵬點校《齊東野語》，北京：中華書局 1983 年。

110.（宋）吳曾《能改齋漫錄》，上海：上海古籍出版社 1960 年。

111.（宋）莊綽撰、蕭魯陽點校《雞肋編》，北京：中華書局 1983 年。

112.（宋）羅大經撰、王瑞來點校《鶴林玉露》，北京：中華書局 1983 年。

113.（宋）王明清《揮麈錄》，上海：上海書店 2001 年點校本。

114.（宋）王明清撰，王新森、朱菊如校點《玉照新志》，上海：上海古籍出版社 1991 年。

115.（宋）李心傳撰、崔文印點校《舊聞證誤》，北京：中華書局 1981 年。

116.（宋）龔明之《中吳紀聞》，成都：四川大學出版社 2007 年，《宋元地理史料彙編》影印墨海金壺本。

117.（宋）曾敏行著、朱傑人標校《獨醒雜誌》，上海：上海古籍出版社 1986 年。

118.（宋）葉夢得撰、宇文紹奕考異，侯忠義點校《石林燕語》，中華書局 1984 年。

119.（宋）楊億口述，黃鑒筆錄、宋庠整理，李裕民輯校《楊文公談苑》，上海：上海古籍出版社 2001 年《宋元筆記小說大觀》點校本。

120.（宋）蔡絛撰，馮惠民、沈錫麟點校《鐵圍山叢談》，北京：中華書局 1983 年。

121.（宋）岳珂撰、吳企明點校《桯史》，北京：中華書局 1981 年。

122.（宋）范成大撰、孔凡禮點校《范成大筆記六種·驂鸞錄》，中華書局 2002 年。

123.（宋）趙與時撰、傅成校點《賓退錄》，上海：上海古籍出版社 2001 年。

124.（宋）張師正撰、傅成校點《括異志》，上海：上海古籍出版社 2001 年《宋元筆記小說大觀》本。

125.（宋）沈括著《夢溪筆談》，揚州：江蘇古籍出版社 1999 年影印本。

126.（宋）洪邁撰、孔凡禮點校《容齋隨筆》，北京：中華書局 2005 年。

127.（宋）洪邁撰、何卓點校《夷堅志》，北京：中華書局 1981 年。

128.（宋）章定《名賢氏族言行類稿》，影印《文津閣四庫全書》本。

129.（宋）蘇象先編《丞相魏公譚訓》，《四部叢刊初編》本。

130.（宋）許應龍《東澗集》，北京：線裝書局 2004 年《宋集珍本叢刊》影印本。

131.（宋）洪咨夔《平齋文集》，北京：線裝書局 2004 年《宋集珍本叢刊》影印本。

132. （宋）鄒浩《道鄉先生鄒忠公文集》，北京：線裝書局 2004 年《宋集珍本叢刊》影印本。

133. （宋）劉克莊《後村先生大全集》，北京：線裝書局 2004 年《宋集珍本叢刊》影印本。

134. （宋）劉克莊《後村居士集》，北京：線裝書局 2004 年《宋集珍本叢刊》影印本。

135. （宋）劉克莊《後村集》，北京：線裝書局 2004 年《宋集珍本叢刊》影印本。

136. （宋）周必大《廬陵周益國文忠公集》，北京：線裝書局 2004 年《宋集珍本叢刊》影印本。

137. （宋）李正民《大隱集》，北京：線裝書局 2004 年《宋集珍本叢刊》影印本。

138. （宋）眞德秀《西山先生眞文忠公文集》，北京：線裝書局 2004 年《宋集珍本叢刊》影印本。

139. （宋）王庭珪《廬溪先生文集》，北京：線裝書局 2004 年《宋集珍本叢刊》影印本。

140. （宋）程珌《程端明公洺水集》，北京：線裝書局 2004 年《宋集珍本叢刊》影印本。

141. （宋）李曾伯《可齋雜稿、續稿、續稿後》，北京：線裝書局 2004 年《宋集珍本叢刊》影印本。

142. （宋）文彥博《文潞公文集》，北京：線裝書局 2004 年《宋集珍本叢刊》影印本。

143. （宋）陳元晉《漁墅類稿》，北京：線裝書局 2004 年《宋集珍本叢刊》影印本。

144. （宋）穆修《河南集》，北京：線裝書局 2004 年《宋集珍本叢刊》影印本。

145. （宋）虞儔《尊白堂集》，北京：線裝書局 2004 年《宋集珍本叢刊》影印本。

146. （宋）李劉《梅亭先生四六標準》，北京：線裝書局 2004 年《宋集珍本叢刊》影印本。

147. （宋）孫覿《孫尚書大全文集》，北京：線裝書局 2004 年《宋集珍本叢刊》影印本。

148. （宋）孫覿《南蘭陵孫尚書大全文集》，北京：線裝書局 2004 年《宋集珍本叢刊》影印本。

149. （宋）黃公度《知稼翁集》，北京：線裝書局 2004 年《宋集珍本叢刊》影印本。

150. （宋）林光朝《艾軒先生文集》，北京：線裝書局 2004 年《宋集珍本叢刊》影印本。

151. （宋）鄭獬《鄖溪集》，北京：線裝書局 2004 年《宋集珍本叢刊》影印本。

152. （宋）王炎《重刻雙溪類稿》，北京：線裝書局 2004 年《宋集珍本叢刊》影印本。

153. （宋）吳泳《鶴林集》，北京：線裝書局 2004 年《宋集珍本叢刊》影印本。

154. （宋）吳儆《竹洲文集》，北京：線裝書局 2004 年《宋集珍本叢刊》影印本。

155. （宋）王邁《臞軒集》，北京：線裝書局 2004 年《宋集珍本叢刊》影印本。

156. （宋）林希逸《竹溪鬳齋十一藁續集》，北京：線裝書局 2004 年《宋集珍本叢刊》影印本。

157. （宋）包恢《敝帚藁略》，北京：線裝書局 2004 年《宋集珍本叢刊》影印本。

158. （宋）洪適《盤洲文集》，北京：線裝書局 2004 年《宋集珍本叢刊》影印本。

159. （宋）郭祥正《青山集》，北京：線裝書局 2004 年《宋集珍本叢刊》影印本。

160. （宋）梅堯臣《宛陵先生文集》，北京：線裝書局 2004 年《宋集珍本叢刊》影印本。

161. （宋）黃庭堅《山谷全書》，北京：線裝書局 2004 年《宋集珍本叢刊》影印本。

162. （宋）秦觀《淮海集》，北京：線裝書局 2004 年《宋集珍本叢刊》影印本。

163. （宋）許及之《涉齋集》，北京：線裝書局 2004 年《宋集珍本叢刊》影印本。

164. （宋）薛季宣《艮齋先生薛常州浪語集》，北京：線裝書局 2004 年《宋集珍本叢刊》影印本。

165. （宋）徐積《節孝先生文集》，北京：線裝書局 2004 年《宋集珍本叢刊》影印本。

166. （宋）綦崇禮《北海集》，北京：線裝書局 2004 年《宋集珍本叢刊》影印本。

167. （宋）曾肇《曾文昭公集》，北京：線裝書局 2004 年《宋集珍本叢刊》影印本。

168. （宋）林之奇《拙齋文集》，北京：線裝書局 2004 年《宋集珍本叢刊》影印本。

169. （宋）韓琦《安陽集》，北京：線裝書局 2004 年《宋集珍本叢刊》影印本。

170. （宋）陳淳《北溪先生大全文集》，北京：線裝書局 2004 年《宋集珍本叢刊》影印本。

171. （宋）王安禮《王魏公集八卷》，北京：線裝書局 2004 年《宋集珍本叢刊》影印本。

172. （宋）鄭俠《西塘先生文集》，北京：線裝書局 2004 年《宋集珍本叢刊》影印本。

173. （宋）沈遼《雲巢編》，北京：線裝書局 2004 年《宋集珍本叢刊》影印本。

174. （宋）張元干《蘆川歸來集》，北京：線裝書局 2004 年《宋集珍本叢刊》影印本。

175. （宋）張栻《新刊南軒先生文集》，北京：線裝書局 2004 年《宋集珍本叢刊》影印本。

176. （宋）范濬《香溪集》，北京：線裝書局 2004 年《宋集珍本叢刊》影印本。

177. （宋）方大琮《宋寶章閣直學士忠惠鐵庵方公文集》，北京：線裝書局 2004 年《宋集珍本叢刊》影印本。

178. （宋）方大琮《宋寶章閣直學士忠惠鐵庵方公文集》，北京：書目文獻出版社《北京圖書館古籍珍本叢刊》1998 年影印本。

179. （宋）曾豐《摶齋先生緣督集》，北京：書目文獻出版社《北京圖書館古籍珍本叢刊》1998 年影印本。

180. （宋）劉安世《盡言集》，影印《文津閣四庫全書》本。

181. （宋）張守《毘陵集》，影印《文津閣四庫全書》本。

182. （宋）彭龜年《止堂集》，影印《文津閣四庫全書》本。

183. （宋）汪應辰《文定集》，影印《文津閣四庫全書》本。

184. （宋）韓元吉《南澗甲乙稿》，影印《文津閣四庫全書》本。

185. （宋）王珪《華陽集》，影印《文津閣四庫全書》本。

186. （宋）宋庠《元憲集》，影印《文津閣四庫全書》本。

187. （宋）汪藻《浮溪集》，影印《文津閣四庫全書》本。

188. （宋）袁甫《蒙齋集》，影印《文津閣四庫全書》本。

189. （宋）樓鑰《攻媿集》，影印《文津閣四庫全書》本。

190. （宋）陸佃《陶山集》，影印《文津閣四庫全書》本。

191. （宋）慕容彦逢《摛文堂集》，影印《文津閣四庫全書》本。

192. （宋）張嵲《紫微集》，影印《文津閣四庫全書》本。

193. （宋）蔡戡《定齋集》，影印《文津閣四庫全書》本。

194. （宋）李薦《濟南集》，影印《文津閣四庫全書》本。

195. （宋）曾豐《緣督集》，影印《文津閣四庫全書》本。

196. （宋）祖無擇《龍學集》，影印《文津閣四庫全書》本。

197. （宋）胡銓《澹菴文集》，影印《文津閣四庫全書》本。

198. （宋）胡寅《斐然集》，影印《文津閣四庫全書》本。

199. （宋）衛涇《後樂集》，影印《文津閣四庫全書》本。

200. （宋）陳長方《唯室集》，影印《文津閣四庫全書》本。

201. （宋）楊冠卿《客亭類稿》，影印《文津閣四庫全書》本。

202. （宋）程俱《北山集》，影印《文津閣四庫全書》本。

203. （宋）歐陽守道《巽齋文集》，影印《文津閣四庫全書》本。

204. （宋）郭祥正《青山續集》，影印《文津閣四庫全書》本。

205. （宋）司馬光《傳家集》，影印《文津閣四庫全書》本。

206. （宋）蔡襄《端明集》，影印《文津閣四庫全書》本。

207. （宋）強至《祠部集》，影印《文津閣四庫全書》本。

208. （宋）周麟之《海陵集》，影印《文津閣四庫全書》本。

209. （宋）張擴《東窗集》，影印《文津閣四庫全書》本。

210. （宋）劉才邵《檆溪居士集》，影印《文津閣四庫全書》本。

211. （宋）李彌遜《筠溪集》，影印《文津閣四庫全書》本。

212. （宋）晁補之《雞肋集》，影印《文津閣四庫全書》本。

213. （宋）歐陽修撰、李逸安點校《歐陽修全集》，北京：中華書局 2001 年。

214. （宋）張田編、包拯著《包孝肅奏議集》，北京：中華書局 1963 年點校本。

215. （宋）余靖撰、黃志輝校箋《武溪集校箋》，天津：天津古籍出版社 2000 年。

216. （宋）李昴英撰、楊芷華點校《文溪存稿》，廣州：暨南大學出版社 1994 年。

217. （宋）蘇頌著、王同策等點校《蘇魏公文集》，中華書局 2004 年。

218. （宋）蘇舜欽撰、沈文倬點校《蘇舜欽集》，上海：上海古籍出版社 1981 年。

219. （宋）蘇軾撰《蘇軾文集》，北京：語文出版社 2001 年《三蘇全書》點校本。

220. （宋）蘇轍撰，《蘇轍集》，北京：語文出版社 2001 年《三蘇全書》本。

221. （宋）蘇洵《蘇洵集》，北京：語文出版社 2001 年《三蘇全書》本。

222. （宋）田錫撰、羅國威校點《咸平集》，成都：巴蜀書社 2008 年。

223. （宋）陸游《陸遊集》，中華書局 1976 年點校本。

224. （宋）歐陽修撰、李逸安點校《歐陽修全集》，中華書局 2001 年。

225. 王安石撰、李之亮箋注《王荊公文集箋注》，成都：巴蜀書社 2005

226. （宋）葉適撰、劉公純點校《葉適集》，北京：中華書局 1961 年。

227. （宋）范仲淹撰，李勇先、王蓉貴校點《范仲淹全集》，成都：四川大學
出版社 2002 年點校本。

228. （宋）朱熹《朱子全書》，上海：上海古籍出版社、合肥：安徽教育出版
社 2002 年點校本。

229. （宋）張方平撰、鄭涵點校《張方平集》，鄭州：中州古籍出版社 1992
年。

230. （宋）張孝祥著、徐鵬校點《於湖居士文集》，上海：上海古籍出版社
1980 年。

231. （宋）曾鞏撰，陳杏珍、晁繼周點校《曾鞏集》，北京：中華書局 1984 年。

232. （宋）王十朋著、梅溪集重刊委員會編《王十朋全集》，上海：上海古籍
出版社 1998 年。

233. （宋）楊億《武夷新集》，福州：福建人民出版社 2007 年點校本。

234. （宋）胡宏撰、吳仁華點校《胡宏集》，北京：中華書局 1987 年。

235. （宋）孔文仲、孔武仲、孔平仲撰，孔永選校點《清江三孔集》，濟南：
齊魯書社 2002 年。

236. （宋）李綱著、王瑞明點校《李綱全集》，長沙：嶽麓書社 2004 年。

237. （宋）楊萬里著、王琦珍整理《楊萬里詩文集》，南昌：江西人民出版社
2006 年。

238. （宋）李覯著、王國軒校點《李覯集》，中華書局 1981 年。

239. （宋）李昉等編《文苑英華》，北京：中華書局 1966 年影印本。

240. （宋）魏齊賢、葉棻同輯《五百家播芳大全文粹》，影印《文津閣四庫全
書》本。

241. 朱德才主編《增訂注釋全宋詞》，北京：文化藝術出版社 1997 年。

242. 曾棗莊、劉琳編《全宋文》，上海：上海辭書出版社、合肥：安徽教育出
版社 2006 年。

243. （宋）戴復古《石屏詩集》，北京：線裝書局 2004 年《宋集珍本叢刊》
影印本。

244.（宋）阮閱編、周本淳校點《詩話總龜前集》，北京：人民文學出版社 1998 年。

245.（宋）朱弁《風月堂詩話》，南京：江蘇古籍出版社 1998《宋詩話全編》本。

246.（宋）劉克莊《後村詩話》，南京：江蘇古籍出版社 1998《宋詩話全編》點校本。

247.（清）厲鶚輯《宋詩紀事》，上海：上海古籍出版社 1983 年點校本。

248.（清）吳之振等選、補《宋詩鈔》，北京：中華書局 1986 年點校本。

249. 國家圖書館善本金石組編《宋代石刻文獻全編》，北京：北京圖書館出版社 2003 年。

250.（明）宋濂《元史》，北京：中華書局 1976 年點校本。

251.（元）馬端臨《文獻通考》，杭州：浙江古籍出版社 2000 年影印本。

252.（元）吳師道《敬鄉錄》，影印《文津閣四庫全書》本。

253.（元）陳大震纂修、李勇先校點《大德南海志》，成都：四川大學出版社 2007 年《宋元珍稀地方志叢刊》本。

254.（宋）祝穆、（元）富大用《古今事文類聚外集》，影印《文津閣四庫全書》本。

255.（元）揭傒斯《揭傒斯全集》，上海：上海古籍出版社 1985 點校本。

256.（元）貢師泰《玩齋集》，影印《文津閣四庫全書》本。

257.（元）劉塤《水雲村稿》，影印《文津閣四庫全書》本。

258.（元）劉塤《隱居通議》，影印《文津閣四庫全書》本。

259.（元）方回《桐江集》，影印《文津閣四庫全書》本。

260.（元）戴表元著，李軍、辛夢霞校點《戴表元集》，長春：吉林文史出版社 2008。

261.（元）虞集撰、王頲點校《虞集全集》，天津：天津古籍出版社 2007 年。

262.（元）袁桷《清容居士集》，《四部叢刊初編》本。

263.（元）王義山《稼村類稿》，影印《文津閣四庫全書》本。

264.（明）徐一夔等撰《明集禮》，影印《文津閣四庫全書》本。

265. 不著撰人《歷代名賢確論》，影印《文津閣四庫全書》本。

266.（明）楊士奇《歷代名臣奏議》，影印《文津閣四庫全書》本。

267.（明）黃佐撰，陳憲猷疏注、點校《廣州人物傳》，廣州：廣東高等教育出版社 1991 年。

268.（明）黃仲昭《未軒文集》，影印《文淵閣四庫全書》本。

269.《永樂大典方志輯佚》，北京：中華書局 2004 點校本。

270. （明）吳中、王文鳳纂修《（成化）廣州志》，北京：書目文獻出版社1998年影印本：北京圖書館古籍珍本叢刊。

271. （明）戴璟、張岳等纂修（嘉靖）《廣東通志初稿》，北京：書目文獻出版社1998年影印本：北京圖書館古籍珍本叢刊

272. （明）黃佐撰《（嘉靖）廣東通志》，廣州：廣東省地方史志辦公室1997年謄印本。

273. （明）陳大科、戴耀修，郭棐等纂《（萬曆）廣東通志》，北京：中國書店1992年影印本：稀見中國地方志彙刊。

274. （明）郭棐撰，黃國聲、鄧貴忠點校《粵大記》，廣州：中山大學出版社1998年。

275. （明）李賢《大明一統志》，影印《文津閣四庫全書》本。

276. （明）董斯張《吳興備志》，影印《文津閣四庫全書》本。

277. （明）林世遠等纂修《（正德）姑蘇志》，北京：書目文獻出版社1998年《北京圖書館古籍珍本叢刊》影印本。

278. （明）陳槤撰《羅浮志》，廣州：廣州出版社2008年《廣州大典》影印本。

279. （明）淩迪知《萬姓統譜》，影印《文津閣四庫全書》本。。

280. （明）李日華《六研齋二筆》，影印《文津閣四庫全書》本。

281. （明）葉盛撰、魏中平校點《水東日記》，北京：中華書局1980年。

282. （明）張國維《吳中水利全書》，影印《文津閣四庫全書》本。

283. （明）朱橚《普濟方》，影印《文津閣四庫全書》本。

284. （明）張介賓著《景嶽全書》，上海：上海科學出版社1988年影印本。

285. （明）張鳴鳳《桂勝》，影印《文津閣四庫全書》本。

286. （清）陸心源《宋史翼》，臺北：文海出版社《宋史資料萃編第一輯》1980年影印本。

287. （清）畢沅編著《續資治通鑒》，北京：中華書局1957年點校本。

288. （清）黃宗羲原著，全祖望補修，陳金生、梁運華點校《宋元學案》，北京：中華書局1986年。

289. （清）李清馥《閩中理學淵源考》，影印《文津閣四庫全書》本。

290. （清）郝玉麟等監修、魯曾煜等編纂（雍正）《廣東通志》，影印《文津閣四庫全書》本。

291. （清）謝旻等監修《（雍正）江西通志》，影印《文津閣四庫全書》本。

292. （清）郝玉麟等監修《（雍正）福建通志》，影印《文津閣四庫全書》本。

293. （清）嵇曾筠等監修《（雍正）浙江通志》，影印《文津閣四庫全書》本。

294. （清）阮元修、陳昌濟等纂（道光）《廣東通志》，上海：上海古籍出版社 1990 年。

295. （清）蔣廷錫、王安國等纂修《大清一統志》，影印《文津閣四庫全書》本。

296. （清）王永瑞纂修《（康熙）新修廣州府志》，北京：書目文獻出版社 1998 年《北京圖書館古籍珍本叢刊》影印本。

297. （清）金烈等修、沈廷芳纂《（乾隆）廣州府志》，清乾隆 24 年（1759）刻本。

298. （清）戴肇辰等修、史澄等纂《（光緒）廣州府志》，上海：上海書店 2003 年影印本：中國地方志集成。

299. （清）朱彝尊《經義考》，《文津閣四庫全書》本。

300. （清）屈大均《廣東新語》，收入歐初、王貴忱主編《屈大均全集》，北京：人民文學出版社 1996 年點校本。

301. （清）徐乾學等《淵鑒類函》，《文津閣四庫全書》本。

302. （清）倪濤《六藝之一錄》，影印《文津閣四庫全書》本。

303. （清）屈大均《翁山文鈔》，收入歐初、王貴忱主編《屈大均全集》，北京：人民文學出版社 1996 年點校本。

304. （清）仇巨川纂、陳憲猷校注《羊城古鈔》，廣州：廣東人民出版社 1993 年。

305. （清）梁廷楠總纂、袁鍾仁校注《粵海關志》，廣州：廣東人民出版社 2002 年。

306. （清）汪森編《粵西文載》，影印《文津閣四庫全書》本。

307. （清）永瑢等《四庫全書總目》，北京：中華書局 1965 年影印本。

308. （近）劉錦藻撰《清朝續文獻通考》，杭州：浙江古籍出版社 2000 年影印本。

309. （清）阮元主修、梁中民校點《廣東通志金石略》，廣州：廣東人民出版社 1994 年。

二、今人著作

1. 鄧端本編著：《廣州港史（古代部分）》，北京：海洋出版社 1986 年。

2. 曾昭璇《廣州歷史地理》，廣州：廣東人民出版社 1991 年。

3. 廣州市文化局、廣州市文博學會編《羊城文物博物研究》，廣東人民出版社 1993 年。

4. 關履權《宋代廣州的海外貿易》，廣州：廣東人民出版社 1994 年。

5. 廣東歷史地圖集編委會《廣州歷史地圖集》，廣州：廣東省地圖出版社 1995。

6. 楊萬秀、鍾卓安主編《廣州簡史》，廣州：廣東人民出版社 1996 年。

7. 鄧端本、章深《廣州對外貿易史》，廣州：廣州高教出版社 1996 年。

8. 廣州博物館編《廣州歷史文化圖冊》，廣州：廣東人民出版社 1996 年。

9. 廣州市文物考古研究所編《廣州文物考古集》，北京：文物出版社 1998 年。

10. 廣州市地方志編纂委員會《廣州市志（卷十六）》，廣州：廣州出版社 1999 年。

11. 李仲偉、林子雄、倪俊明編著《廣州文獻書目提要》，廣州：廣東人民出版社 2000 年。

12. 廣州市文化局、廣州市地方志辦公室、廣州市文物考古研究所編《廣州文物志》，廣州：廣州出版社 2000 年。

13. 方志欽、蔣祖緣主編《廣東通史》（古代上冊），廣州：廣東高等教育出版社 1996 年。

14. 郎國華《從蠻夷到神州——宋代廣東經濟發展研究》，廣州：廣東人民出版社 2006 年。

15. 徐俊鳴《嶺南歷史地理論集》，廣州：中山大學學報編輯部 1990 年。

16. 李錦全、吳熙釗、馮達文《嶺南思想史》，廣州：廣東人民出版社 1993 年。

17. 胡守爲《嶺南古史》，廣州：廣東人民出版社 1999 年。

18. 吳廷燮《北宋經撫年表 南宋制撫年表》，北京：中華書局 1984 年。

19. 戴揚本《北宋轉運使考述》，上海：上海古籍出版社 2007 年。

20. 吳松弟《南宋人口史》，上海：上海古籍出版社 2008 年。

21. 程民生《宋代地域經濟》，開封：河南大學出版社 1992 年。

22. 鄧小南《宋代文官選任制度諸層面》，石家莊：河北教育出版社 1993 年。

23. 何冠環《宋初朋黨與太平興國三年進士》，北京：中華書局 1994 年。

24. 苗書梅《宋代官員選任和管理制度》，開封：河南大學出版社 1996 年。

25. 龔延明《宋代官制辭典》，北京：中華書局 1997 年。

26. 程民生《宋代地域文化》，開封：河南大學出版社 1997 年。

27. 李昌憲《宋代安撫使考》，濟南：濟南書社 1997 年。

28. 李之亮《宋兩廣大郡守臣易替考》，成都：巴蜀書社 2001 年。

29. 黃寬重《南宋地方武力——地方軍與民間自衛武力的探討》，臺北：東大圖書股份有限公司 2002 年。

30. 黃純豔《宋代海外貿易》，北京：社會科學文獻出版社 2003 年。

31. 李昌憲《中國行政區劃通史（宋西夏卷）》，上海：復旦大學出版社 2007 年。

32. 吳松弟《中國人口史》第三卷《遼宋金元時期》，上海：復旦大學出版社 2000 年。

33. 余國屏《余忠襄公年譜》，香港：龍門書店 1965 年。

34. 駱小明主編《崔與之研究論文集》，廣州：廣東高等教育出版社 1996 年。

35. 金強、張其凡《南宋名臣：崔與之》，廣州：廣東人民出版社 2007 年。

36. 張其凡、孫志超《宋丞相崔清獻公全錄》，廣州：廣東人民出版社 2008 年。

37. 張其凡《宋代人物論稿》，上海：世紀出版集團 2008 年。

38. （阿拉伯）麻肅提（Abu-l-Hasan Ali-el-Mas'udi）《黃金牧地》，收入張星烺編注、朱傑勤校訂《中西交通史料彙編》，北京：中華書局 2003 年。

39. 《中國古今地名大辭典》，上海：上海辭書出版社 2005 年。

三、今人論文

1. 程維新《宋代廣州市對外貿易的情況》，載《食貨》1935 年 1 卷 12 期。

2. 滄州《唐宋兩代廣州之對外貿易》，載《新民月刊》1936 年 2 卷 3 期。

3. 全漢昇《宋代廣州的國內外貿易》，載《史語所集刊》1939 年 8 本 3 分 10 月。

4. 韓振華《唐宋時代廣東番坊本義考》，載《廣東日報・文史 20 期》1948 年 9 月 14 日。

5. 黃文寬《文獻通考校誤（關於北宋廣州府的屬縣問題)》，載《文物參考資料》1957 年總第 81 期。

6. 關履權《宋代廣州的香料貿易》，載《文史》1963 年 3 輯。

7. 關履權《宋代廣州香藥貿易史述》，收入《宋史研究論文集（中華文史論叢增刊)》，上海古籍出版社 1982 年。

8. 麥英豪等《西村窯與宋代廣州的對外貿易》，載《廣州研究》1982 年第 1 期。

9. 小史《宋代廣州西城》，載《嶺南文史》1984 年第 2 期。

10. 鄧端本《宋末元初廣州對外貿易地位的變化》，載《廣州研究》1984 年 3 期。

11. 曾昭璿等《宋、明時期廣州市歷史地理問題》，載《嶺南文史》1985 年第 1 期。

12. 關履權《宋代廣州的外商》，載《學術研究》1985 年第 2 期。

13. 曾昭璿《從廣州宋代三城城址看廣州市的改造》，載《中國歷史地理論叢》1985 年第 2 期。

14. 黎小明《兩宋時期廣州的對外貿易》，載《外貿教學與研究》1985 年第 3 期。

15. 黎小明《廣州「番坊」一名始見於宋》，載《廣州研究》1985 年第 6 期。

16. 黃文寬《宋代廣州西域與番坊考》，載《嶺南文史》1987 年第 1 期。

17. 林天蔚《論宋代對外貿易中廣州的繁榮問題》，收入《宋史研究集第二十輯》，臺北：「國立編譯館」中華叢書編審委員會 1990 年。

18. 王棣《海上絲綢之路與中藥外傳──宋代中藥海道外傳路線考覈》，載《廣東社會科學》1992 年第 2 期。

19. 梁允麟《廣州建制及疆域的演變》，載《廣東史志》1995 年第 3 期。

20. 趙善德《從文化和地理角度考察古代廣州的地位變化》，載《暨南學報（哲學社會科學）》1996 年第 1 期。

21. 司徒尚紀《廣州作為建制城市始於元代》，載《嶺南文史》1996 年第 1 期。

22. 倪俊明《廣州城市空間的歷史拓展及其特點》，載《廣東史志》1996 年第 3 期。

23. 袁鍾仁《古代廣州城的興築和擴建》，載《暨南學報》1996 年第 3 期。

24. 潘安《廣州城市傳統民居考》，載《華中建築》1996 年第 14 卷第 4 期。

25. 廣州市文物考古研究所《廣州市倉邊路發現的宋代城牆遺址》，收入《廣州文物考古集》，北京：文物出版社 1998 年。

26. 楊廣恩《廣州蒲氏家族變遷中的文化因素》，載《回族研究》2000 年第 2 期。

27. 林子雄《二千多年以來的廣州文獻》，載《廣東史志》2000 年第 3 期。

28. 陳澤鴻《南漢興王府建設及其在嶺南建築史上的地位》，載《嶺南文史》2001 年第 4 期。

29. 《廣州市越華路唐代、宋代城牆遺址》，收入《中國考古學年鑒 1999》，北京：文物出版社 2001 年。

30. 邱樹森《唐宋「蕃坊」與「治外法權」》，載《寧夏社會科學》2001 年第 5 期。

31. 《廣州中山四路宋代建築基址》，收入《中國考古學年鑒 2001 年》，北京：文物出版社 2002 年。

32. 張嘉盈《宋代至今羊城八景演變的特點及其規律》，載《廣州大學學報（社會科學版）》2003 年第 2 卷第 11 期。

33. 曾新、曾昭璿《〈永樂大典〉卷一的三幅地圖考釋》，載《嶺南文史》2004 年第 1 期。

34. 李軍《宋元「海上絲綢之路」繁榮時期廣州、明州（寧波）、泉州三大港口發展之比較研究》，載《南方文物》2005 年第 1 期。

35. 《廣州市大塘街宋代河堤遺址發掘簡報》，收入《羊城考古發現與研究（一）》，北京：文物出版社 2005 年。

36. 《廣州市中山六路黃金廣場漢六朝唐宋遺址》，收入《羊城考古發現與研究（一）》，北京：文物出版社 2005 年。

37. 王廣平、馬永《唐、兩宋時期伊斯蘭教在廣州史考》，載《廣州大學學報》2006 年第 1 期。

38. 吳宏岐《廣州城址二千年不變說商榷》，載《學術研究》2006 年第 5 期。

39. 李翰《廣州建城年代新考——兼與麥英豪先生商榷》，載《華中建築》2006 年 12 月。

40. 吳宏岐《唐番禺縣治考》，載《中國歷史地理論叢》2007 年第 3 輯。

41. 吳宏岐《宋代番禺縣治所考》，載《中國歷史地理論叢》2008 年第 1 輯。

42. 汪廷奎《兩宋廣東區域經濟及其變化》，載《廣東社會科學》1996 年第 3 期。

43. 顏廣文《古代廣東的驛道交通與市鎮商業的發展》，載《廣東教育學院學報》1999 年第 1 期。

44. 曾新、曾憲珊的《從族譜看宋元時期珠江三角洲的開發》，載《嶺南文史》2000 年第 2 期。

45. 章深《宋代廣東人口的數量及其分佈》，載《廣東社會科學》2002 年第 2 期。

46. 許秀娟《宋元時期廣東與海外的絲綢貿易》，載《五邑大學學報》2002 年第 4 卷第 4 期。

47. 崔勇《南漢時期的廣東經濟》，載《廣東經濟月刊》2003 年第 2 期。

48. 李默《廣州府志要錄》，載《嶺南文史》1984 年第 1 期。

49. 陳長琦《漢唐間嶺南地區的民族融和與社會發展》，載《華南師範大學學報》1996 年第 5 期。

50. 歐安年《〈萍洲可談〉涉及的嶺南海洋文化》，載《廣州大學學報》1999 年第 1 期。

51. 徐奇堂《唐宋時期嶺南文化的發展及其原因》，載《廣州大學學報（社會科學版）》2002 年第 1 期。

52. 章深《宋初市舶司「不以爲利」辨——兼論宋朝海外貿易收入的變化趨勢》，載《河北大學學報（哲學社會科學版）》2002 年第 2 期。

53. 懷菂民《南宋之節度使》，載《東方雜誌》1918 年第 15 卷第 5 期。

54. 羅志淵《兩宋地方政制與國防》，載《新政治》1940 年 2 卷 4 期。

55. 史鼎《漢唐宋地方制度之研究》，載《國學叢刊》1941 年 5 冊。

56. 聶崇岐《宋代府州軍監之分析（附表）》，載《燕京學報》1941 年 29 期，收入《宋史叢考》，北京：中華書局 1980 年。

57. 金毓黼《宋代府州軍監制度考（附表）》，載《志林》1943 年第 4 期。

58. 金圓《宋代州縣守令的考覈制度》，收入《宋史研究論文集》，杭州：浙江人民出版社 1987 年。

59. 張步天《宋代地方行政制度》，載《益陽師專學報》1989 年第 3 期。

60. 鄭世剛《略論宋代路州縣三級行政體制》，載《上海師大學報》1990 年第 1 期。

61. 苗書梅《宋代通判及其主要職能》，載《河北學刊》1990 年第 2 期。

62. 王世農《宋代通判論略》，載《山東師大學報》1990 年第 3 期。

63. 李昌憲《宋代軍、知軍、軍使》，載《史學月刊》1990 年第 5 期。

64. 汪聖鐸《宋代通判理州財事考辨》，載《西南師大學報》1991 年第 2 期。

65. 苗書梅《宋代地方官任期制初論》，載《中州學刊》1991 年第 5 期。

66. 羅炳良等《宋代通判制度述論》，載《河北師大學報》1993 年第 1 期。

67. 羅文《北宋安撫使制度的淵源》，收入《國際宋史研討會論文選集》，石家莊：河北大學出版社 1992 年。

68. 方寶璋《宋代通判在財經上的監督》，載《遼寧大學學報》1995 年第 2 期。

69. 李昌憲《宋代知州制的形成及其歷史意義》，載《南京大學學報（哲學·人文·社會科學）》1996 年第 4 期。

70. 李裕民《通判不始於宋》，載《晉陽學刊》1997 年第 6 期。

71. 苗書梅《宋代知州及其職能》，載《史學月刊》1998 年第 6 期。

72. 李昌憲《宋代帥司路考述》，載《文史》第 44 輯，中華書局 1998 年。

73. 黃山松等《略論宋代州縣公吏違法》，載《浙江省委黨校學報》1999 年第 5 期。

74. 苗書梅《宋代州級屬官體制初探》，載《中國史研究》2002 年第 3 期。

75. 張春義《〈宋代郡守通考〉繫年考異》，載《華中科技大學學報（社會科學版）》2004 年第 1 期。

76. 屈超立《宋代地方行政管理制度改革簡論》，載《西南民族學院學報》2004 年第 11 期。

77. 賀次君《崔清獻公年譜》，載《廣東建設研究》1946 年 1 卷 1 期。

78. 何國華《「盛德清風，跨映一代」：記南國名臣崔與之》，載《嶺南文史》1993 年第 3 期。

79. 何忠禮《南宋名臣崔與之述論》，《廣東社會科學》1994 年第 1 期。

80. 陳裕榮《南宋名臣崔與之其人其事》，載《嶺南文史》1994 年第 3 期。

81. 歐安年《崔與之的歷史業績和對今人的啓迪》，載《羊城今古》1995 年第 1 期。

82. 何忠禮《崔與之事迹繫年》,載《文史》第 41 輯,北京:中華書局 1996 年。

83. 張其凡《陳獻章與崔與之》,載《暨南學報》1996 年第 3 期。

84. 王德毅《崔與之與晚宋政局》,載《臺灣大學歷史學報》1996 年第 19 期。

85. 李錦全《保家衛國勤政愛民——崔與之人生道路的剖析》,《李錦全自選二集》,中國文聯出版社 2000 年。

86. 陳樂素《余靖奏議中所見北宋慶曆時社會》,收入陳樂素《求是集》第二集,廣州:廣東人民出版社 1984 年。

87. 吳孝斌《從余靖南華寺詩文看其與禪宗的關係》,載《韶關大學學報》2000 年第 6 期。

88. 劉翠英《余靖宗教思想略論》,載《韶關大學學報》2000 年第 6 期。

89. 李貴錄《從余靖《武溪集·學記》談北宋前期的教育》,載《韶關大學學報》2000 年第 6 期。

90. 陳始強《簡評余靖的「仁治」思想》,載《韶關大學學報》2000 年第 6 期。

91. 王兆鵬《向子諲的籍貫應是河南開封》,載《中國文學研究》1986 年第 1 期。

92. 范道濟《向子諲生平雜考(一)》,載《黃岡師專學報》1998 年第 2 期。

93. 路育松《略論向子諲》,載《中州學刊》1999 年第 2 期。

94. 張其凡《有功於廣州人民的宋代狀元張鎮孫》,載《嶺南文史》1995 第 1 期。

95. 徐紅《宋初名臣馬亮的仕宦與婚姻觀》,載《湖南師範大學社會科學學報》2009 年第 3 期。

四、相關碩士論文

1. 鹿軍《宋代縣級公吏職務犯罪考察》,河北大學 2005 年 5 月。

2. 許兵《宋代市舶制度述論》,河北師範大學 2002 年 5 月。

3. 陳姿瑩《方大琮與〈鐵庵集〉研究》,臺灣東吳大學 2008 年 7 月。

五、相關博士論文

1. 楊文新《宋代市舶司研究》,陝西師範大學 2004 年 4 月。

2. 余蔚《宋代地方行政制度研究》,復旦大學 20031106。

3. 盧山《宋代東南港市研究》,東南大學 20021101。